トルコの歴史

〈上〉

永田雄三

刀水書房

はじめに――本書の位置づけと狙い

『トルコの歴史』と題された戦後唯一の本(1)は、アナトリアに建国された最初のトルコ系王朝であるルーム・セルジューク朝（一〇七七～一三〇七）から書き始めている。しかし、「序説」で「トルコ族の足跡」として内陸アジア（近年の言い方では中央ユーラシア）との関連にごく短く言及している。欧米でも、たとえば『ケンブリッジ版トルコ史』(2)の第一巻は「ビザンチウムからトルコへ――一〇七一年～一四五三年」と題してルーム・セルジューク朝のアナトリア進出の糸口となった一〇七一年から始めている。

いま、ヨーロッパとアジアからなる旧大陸（ユーラシア）の地図を広げてみると、アナトリアは、ユーラシアの東北部にある広大なオアシスと草原地帯に連なっていることがよくわかる。したがって、アナトリアに展開した「トルコ史」といえども、それは、匈奴・突厥などモンゴル高原から中央ユーラシアにかけて展開した騎馬遊牧民の一部が、西アジアへと移動した人口動態の結果であり、かつ純粋な遊牧民から定住民へという生活形態の変化にもかかわらず、文化的な連続性を濃厚に維持しつつ、かつ、移住した先の文化をも積極的に取り入れ、あるいはこれに影響を与えて、洋の東西に展開した壮大な歴史である。したがって、その歴史は、現在のトルコ共和国が存在するアナトリアという一国・一地域の歴史ではなく、ユーラシア全体の各地域と相互に影響を及ぼし合いながら営まれてきたのである。その結果、アナトリアの歴史は、中央ユーラシアの伝統、イスラムの伝統、そして地中海世界の伝統が渾然一体となって展開した場である。かつて、トルコおよびモンゴル民族史家であると同時に、オスマン帝国史や現代トルコの政治・思想についても積極的に発言してきた護雅夫は、一九六一年に「オスマン帝国の性格をみきわめるためには、①その、モンゴリア・中央アジア時代このかた、トルコ民族に固有のものとして保有され、十数世紀のあいだ、その血管の中で脈うってきたトルコ的・遊牧的伝統とともに、②その間、あるいは直接に、あるいは間接に、かれらが吸収したイラン的・モンゴル的、そして東ローマ的要素、③そしてこれらのすべてをおおい、すべてをみずからの坩堝《るつぼ》のなかで溶解せしめたイスラム的伝統、すくなくともこれらを総合的に考えるというみちしか残されていないのではないか」と問題提起している(3)。このような歴史的背景をもつ現在の「トルコ」は、民族的・宗教的・文化的にきわめて多様な内容を持つ「坩堝」のような国である。それは単なる東西文化の十字路といった言葉では表現しきれない、東西文化が渾然一体と融合した文化複合の世界である。

以上のような理由から、本書は、「トルコの歴史」をアナトリアから始めるのではなく、その「前史」というよりは、より積極的に、その出発点としての中国北部（華北）・モンゴル高原に展開された騎馬遊牧民の歴史から始め、中央ユーラシアからイラン高原・アナトリア、さらに、ヨーロッパの一部であるバルカン半島を越えたハンガリー、そしてさらに北アフリカにいたる広大な地域に展開した「トルコ」の歴史を通観したい。

このような構成の「トルコ史」は、じつは本書が初めてではない。例えば、戦中の一九四三年に出版されたトルコ史研究の大先達である内藤智秀『西アジア民族史』(4)の第六章「トルコ民族の建国」はトルコ民族の起源、すなわち「最古のトルコ人」から始まって「オスマン王朝の最後」と「（トルコ共和国の初代大統領ムスタファ・ケマル）アタテュルク」までの通史となっている。戦後では、トルコ現代史家新井政美の『オスマンVSヨーロッパ――〈トルコの脅威〉とは何だったのか』がその第一章を「トルコ」の起源から説き起こしている(5)。ヨーロッパでも、たとえば、ロベール・マントラン『トルコ史』も「序章」の「イスラム世界に登場するまえのトルコ民族」において匈奴・突厥から始めている(6)。本書もこれらと同じ構成を取る。以上が本書の位置づけである。

このような構成からなる本書の狙いは、大きく分けて二つある。そのひとつは、原初から「近代」にいたるまでに建国されたトルコ系諸王朝において終始一貫して見られる遊牧国家的性格である。たとえば、ビザンツ帝国千年の都コンスタンティノープルを首都としたオスマン帝国でさえ、その国家、社会、そして文化の諸相には中央ユーラシアで建設されたトルコ・モンゴル系諸国家との共通性が明らかに見て取れる。その具体的な事例は本書の行論のなかでおのずと明らかになるが、護雅夫にかぎらず、中央ユーラシア史家のあいだでは、多かれ少なかれ、オスマン帝国史を中央ユーラシア史の延長線上に捉える見方が日本におけるオスマン帝国史研究の特徴のひとつであることを、私はかつてトルコのアンカラで開催された「トルコ歴史学大会」で紹介したことがある(7)。また、一九九〇年に刊行された護雅夫・岡田英弘編『中央ユーラシアの世界』の中の「トルコ系民族」の章には「トルコ系民族の発展——中央アジアから西アジアへ」の一節が設けられており、それを担当したのは私である(8)。

一九九〇年代以後、ソ連邦の解体とともに、新しい段階に入った中央ユーラシア研究のなかで、日本人による研究は目覚ましいものがある。そうしたなかで、ルーム・セルジューク朝やオスマン朝を中央ユーラシア史の延長線上に位置づける見方が改めて浮上してきたように思われる。さまざまな研究者の言説にそのことが窺われるが、たとえば、モンゴル帝国史家の杉山正明は「ポスト・モンゴル帝国」という概念を提唱し(9)、その中に中国の明朝、サファヴィー朝、ムガル帝国、そしてオスマン帝国を位置づけている。杉山のいうモンゴルの後継国家とは、なによりもその広域な領土を宗教・民族・言語・文化などの相違にとらわれずに、能力のある人材を幅広く抜擢し、活用する柔構造を特徴とする国家である。しかも、そのモンゴル帝国そのものが、プレ・モンゴル帝国期の匈奴・突厥そのほかの騎馬遊牧民国家の伝統をひきついだものにほかならない。つまり、ユーラシア大陸の西端を除く、広大な地域の大部分は、古代から近代に至るまで、緩やかな絆のもとに暮らす人びとの世界であった。文化人類学者の松原正毅は、「生態学的な条件などを考慮すると中央アジアへは東アジアや北アジアより早く遊牧社会の拡大がおよんでいた可能性がたかいといえるだろう」と述べつつ、イラン高原に建国された遊牧民イラン人の建国したアカイメネス朝ペルシア帝国（前五五〇〜前三三〇年）とスキタイとの攻防に言及している(10)。

以上のように、アジアの東端から西端にわたって展開された「トルコ史」は、世界史上に類例の見られぬケースである。したがって、本書のいま一つの狙いは、移住した先々の諸地域との間の「異文化接触」の諸相を明らかにすることである。これは、一国史的な歴史とは対照的な「連関の世界史」とでもいうべき、ひとつの世界史像を紡ぐことにならないかということである。この狙いの背景には、日本人の世界史認識、ひいては世界認識の歪みを是正したい、という私の願いが込められている。具体的に言えば、日本人が世界史をまとまって学ぶ唯一の機会と言ってもさしつかえない高校世界史教科書の持つ二つの欠点である。ごく最近になって若干の改善がなされつつあるとはいえ、ひとつは、一五世紀末以前については、いくつかの「地域圏」や「文明圏」ごとにばらばらに記述されているため、各地域や文明間の連関性・相互浸透性といった側面はあまり考慮されていない。いまひとつは、すでに言い古された言葉ではあるが、西洋中心主義である。すなわち、一九世紀後半になってはじめて、西ヨーロッパによる「世界制覇」が実現することによってはじまったとされる「世界の一体化」が、あたかも、一五世紀末の「大航海時代」の開幕によって始まったかのような記述の仕方である。具体的には、一六世紀以降は、近世・近代のヨーロッパ（主権国家体制の確立や市民革命など）に記述が偏っていることである。この間、中国を除く、アジア・アフリカ各地は、ほんのわずか断片的にふれられるにすぎない。極端に言えば、アジア・アフリカ諸国は、一九世紀になって、いわゆる「西洋の衝撃」を受けて「西洋化」することによってはじめて発展の道をたどるか、あるいは、ヨーロッパの植民地主義に対する「抵抗」運動の側面だけが「唐突に」語られるといった具合である。これでは、パレスティナ問題、アラブ・イスラエル紛争、バルカン問題、黒海北岸地域やコーカサスをめぐる紛争など、オスマン帝国の旧領に含まれ、かつ、現代世界のもっとも深刻な国際問題の生起している地域の歴史的背景がわかるはずがないのである。しかしながら、一六世紀から一九世紀に至る「近世」というべき時代は、ヨーロッパとアジアとの間の均衡が維持されていた時代で、両者の間にはさまざまな交流が紡ぎだされていた時代である。こうした歴史に目を向けることなしに正しい歴史認識が得られるはずがないといわねばならない。

以上が本書の趣意である。なお、ひとつだけ、お断りしたいことがある。それは、つぎのことである。中央ユーラシアと西アジアにまたがるトルコ系諸民族の全体は「テュルク」の名で呼ばれる。その英語の対応語は Turkic である。これに対してアナトリアに移動し、とりわけトルコ共和国の大多数を占める「トルコ人」の対応語は Turkish である。そして、Turkic は Turkish をも包含する総合的な概念である。逆に言えば、「トルコ人」とはテュルクのうち、中央ユーラシアからアナトリアへ移住した人びとを指している。こうした用語の使い分けを踏まえれば、本書の中央ユーラシア時代に関わる部分では「テュルク」、アナトリアに入ってからは「トルコ」という具合に使い分ける必要がある。しかし、「テュルク」という言葉はいまだ読者の間に定着していないことと、両者を使い分けるのは存外難しい面がある。そこで、本書においては、引用文中など必要な場合を除いては、便宜的に、中央ユーラシア時代に関しても「トルコ」・「トルコ語」・「トルコ系」・「トルコ人」などを用いることを了承せられたい。

また、「トルコの歴史」は、全体として、読者諸氏にとっていまだなじみの薄い分野である。このことを考慮して、本書では、すでによく知られた事項も含めて、全体として編年体で、できるだけ平易な記述を試みた次第である。

刀水歴史全書101

トルコの歴史〈上〉

目　次

下巻目次

トルコの歴史　〈上〉　正誤表

頁		誤	正
6	図	パルティアンショット	パルティアン・ショット
8	7行目	四世紀にアッティラ大王に率いられて ヨーロッパに侵入	四世紀にヨーロッパに侵入
8	左2行目	ただ、フン帝国自体は、	ただ、アッティラ大王によるフン帝国自体は
34	左3行目	梅村担	梅村坦
76	左1行目	周知	知悉
112	10~11行目	カラ・ハリル・パシャを処刑（一三八七年）	ハリル・パシャを処刑（一四五三年）
127	左５行目	中部アナトリアのヤで	中部アナトリアのアマスィヤで
137	5行目	入場	入城
204	7行目	オスマン帝国との貿易によって阻まれた	オスマン帝国によって阻まれた
233	註65	Sventeenth	Seventeenth
238	註103	統治治構造	統治構造
249	註67	宇野延浩	宇野伸浩
256	註7	『駿台史学』第100号	『駿台史学』第109号
267	地名索引	アマスィア……50 アマスィヤ……127,226	アマスィヤ……50,127,226
著者紹介	主著・論文	(repr. İzmir, 1995)	(repr. İzmir, 1999)

トルコの歴史〈上〉

第一章

草原とオアシスの世界にて

第一節　ユーラシア東西の歴史を動かした騎馬遊牧民

騎馬遊牧民の登場

いま、ユーラシア大陸の地図を開いてみると、その東北部から西南部にかけて、東はモンゴル高原から西はアラル海・カスピ海を経てアナトリア（小アジア）、さらにアジアを越えてアフリカ北部のサハラ砂漠まで広がる大乾燥地帯が横たわっている。そして、その中央部、かつては内陸アジアと呼ばれ、現在では中央ユーラシアと呼ばれている一帯は、その生態系から大きく分ければ、北部の草原地帯と南部の乾燥地帯に点在するオアシス地帯とからなっている。そして住民は北部草原の遊牧民と南部のオアシス定住民である。本章で述べるトルコ系諸国家もまた、最初は北部の草原地帯に騎馬遊牧民国家を形成し、やがて南西へと下ってオアシスに都市文化の花を咲かせることになる。この間に中央ユーラシアのトルコ化とイスラム化とがほぼ同時並行的に起こることによって、現在の中央ユーラシアの原型ができあがった。

世界史上に活躍した最初の騎馬遊牧民は紀元前六世紀頃南ロシアの草原地帯に勢力を張ったスキタイであるといわれてきた。最近の研究では、騎馬遊牧文化の源流はむしろ中央ユーラシアの東部にあり、それが西方に拡大・伝播したという学説が優勢になりつつあるという(1)。文化人類学者松原正毅は、「西アジアではやく形成された遊牧社会は、中央アジアや東アジア、北アジアにゆるやかに拡大してゆく。（中略）（アカイ

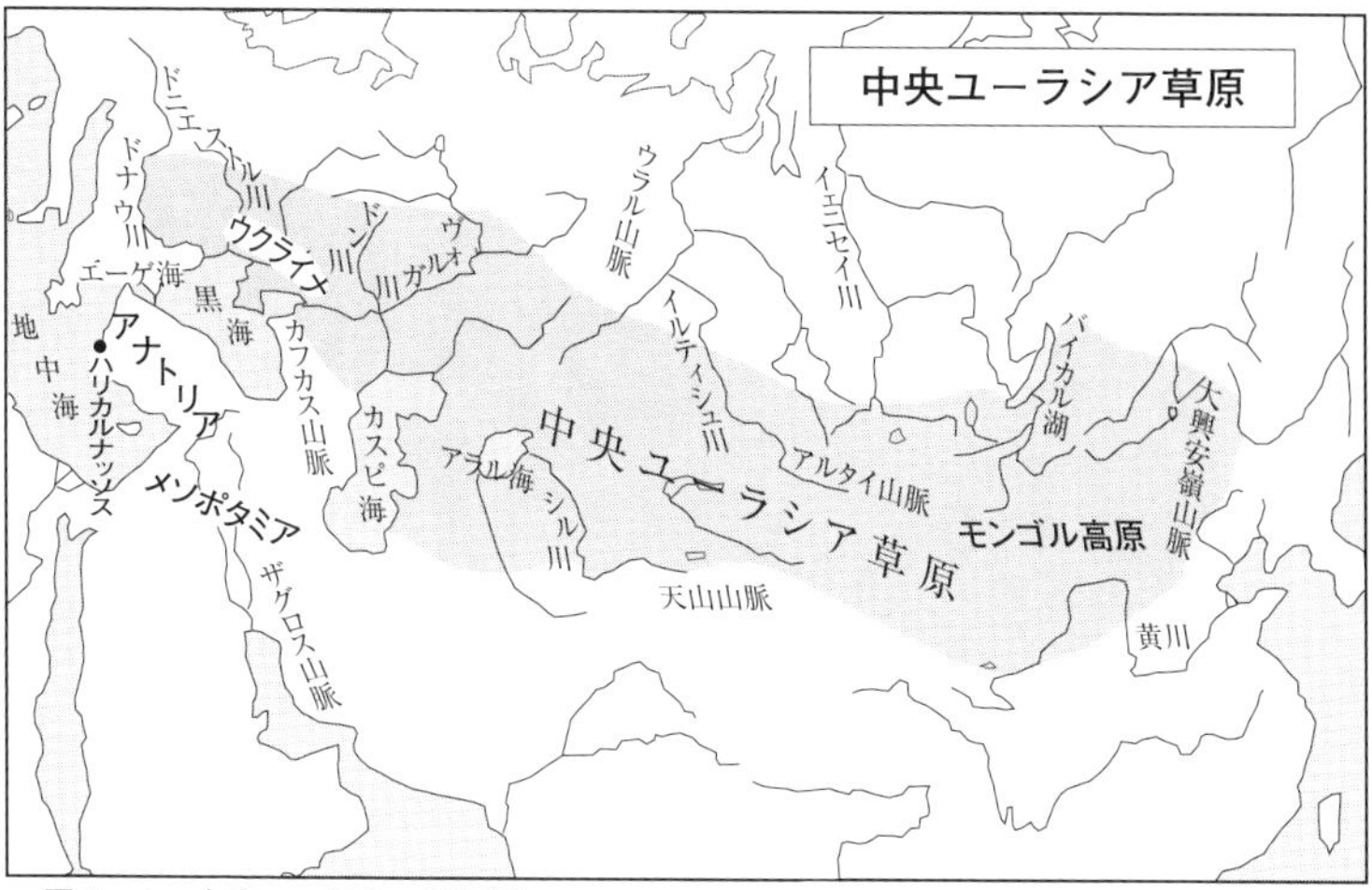

図１－１　中央ユーラシア草原図

メネス朝ペルシア帝国の）ダレイオス一世（在位前五二二～前四八六）が紀元前五一三年頃におこなったスキタイ討伐のための遠征は（中略）スキタイ軍にさんざん翻弄されたペルシア軍はなんの戦果もなく退却せざるをえなかった」[2]と述べているから、スキタイとアカイメネス朝ペルシア帝国はほぼ同時期の王朝であることがわかる。このアカイメネス朝の権力の中枢を構成するペルシア人たちも、遊牧民の出身であった。この王朝は、古代オリエントの地にすでにあったメディア王国、バビロニア王国、リュディア王国、エジプトなどをあわせた多元複合国家である。それをペルシア人という名の遊牧民出身の軍事集団が、統合・支配したのである[3]。この王朝は、イラン文明の基盤を作ったのみならず、シュメール以来のオリエント文明を集大成し、その影響は、東は中央ユーラシアを越えて中国やインド、西はヨーロッパに及んだという。

いずれにしても、このスキタイとは民族名ではなく、多くの「民族」からなる複合的な遊牧国家の名前である。しかも、この国家は遊牧民だけではなく、農民なども含むハ

図1-2　パルティアンショット　Wikimedia Commons

イブリッド性のいちじるしい多元複合国家であって、その意味でもスキタイは遊牧国家というものの基本パターンを作ったといえるかもしれない[4]。スキタイは、全長は短いが大きく絞ることのできるように改良された強力な弓を用い、馬を疾駆させながら、ふりむきざまに正確に矢を放つ騎兵の活躍によって草原を席巻した（図1-1）。これを「パルティアン・ショット」という。

匈奴の勃興

匈奴がどの民族に属していたかは未だに不明である[5]が、前四世紀末頃から中国北方の騎馬遊牧民として勢力をはったのがこの匈奴である。匈奴が強勢を誇ったのは、スキタイから受け継いだ強力な弓の威力に負うところが大きい。この弓矢は、のちに鉄砲をはじめとする火器の時代が到来するまでのながいあいだ、騎馬遊牧民の最大の武器であった。

中国最初の統一王朝である秦（前二二一～二〇六年）の始皇帝（前二一〇没）が、北辺の守りを固めて匈奴を追い払うために、前二一四年に蒙恬《モウテン》将軍率いる三〇万の兵士を使って黄河の北側に約一五〇〇キロメートルにおよぶ「万里の長城」を建設したことはよく知られている。このため、オルドスと呼ばれる黄河の大湾曲部の内側の草原にまで進出していた匈奴は、陰山山脈の北側まで退いた。

前二〇九年、匈奴の君主（単于《ゼンウ》）となった冒頓《ボクトツ》は、モンゴル高原で覇を争っていた東胡と月氏を倒し、その他の諸勢力を統合して騎馬遊牧民の連合体ともいえる「国家」を立ち上げた。なお、現在のトルコ共和国では、匈奴を「トルコ系」と位置づけているので、冒頓単于の想像図を描いた切手が発行されている。

ここに、ユーラシア東方は、中国本土の秦・漢帝国と北方の草原地帯の遊牧王朝との並立というパターンが成立した(6)。冒頓は、つぎに征服活動を西方に向け、タリム盆地にまで支配権を及ぼし、いわゆるシルクロードのオアシス・ルートを手中に収めた。匈奴国家が西方に広がり、そのなかには遊牧民だけでなく、農民、商工民を含み、商業や文化交流を促進するひとつの「帝国」を形成した事実は重要である(7)。騎馬遊牧民によって建設された国家のこうした性格は、以後突厥・ウイグルなどの遊牧国家においても一貫していた。

秦と匈奴の攻防は漢の時代になっても継続し、前漢（前二〇二～後八年）の初代皇帝劉邦（前一九五没）は、匈奴の騎馬軍三二万騎によって包囲されて命からがら逃れ（前二〇〇年）、以後年々多数の絹織物、酒、米などを貢納することを余儀なくされたという。

かつて匈奴はモンゴル系か、トルコ系かという論争があったが、こうした騎馬遊牧民国家をひとつの「民族」や「人種」といった近代以降のあたかも国民国家的な感覚で捉えるのはしょせん無理な話であって、大事なことは、いくつかの部族集団からなる連合体の中核をなす集団名が国家の名前になっていることである。いずれにしても、匈奴が、いわば突厥の先駆者といえる騎馬遊牧民であることが重要である。

ユーラシア東方草原にはじめて出現した匈奴国家は、単于の出身氏族を中核として、それ以外の有力な氏族が支配層・貴族層をなし、それをさらにそのほかの部族集団が取り巻くという、文字通りの「連合体」であった。それぞれの集団は、十長、百長、千長、そしてそのうえに万騎を率いる君長たちが二四人いた。こうした十進法体系のピラミッド型の組織、左・中・右の三大分割体制は、その後の遊牧国家とそのシステムの源流・原像となった(8)。

しかし、前漢の武帝（在位前一四一～前八七）がたびたび匈奴討伐のための軍を派遣した結果、匈奴の勢力は衰え、後漢（後二五～二二〇年）成立直後の四八年に南北に分裂した。このうち南匈奴は中国の北辺に定住したが、北匈奴は九一年に後漢の軍に敗れると、西方に逃れて、以後消息を絶ったといわれる。

匈奴の滅亡とフンの西進

このように、匈奴は最終的に漢の前に破れたが、四世紀にアッティラ大王に率いられてヨーロッパに侵入したフンは、この北匈奴の子孫ではないかという説がある。三七五年、フンは黒海北方に侵入し、同地の東ゴート族と衝突する。フンに追われた東ゴート族は西方に向かい、こうして玉突き的につぎつぎとゲルマン系諸族がヨーロッパ方面へと移住を始めるいわゆる「ゲルマン民族の大移動」がはじまった。ゲルマン諸族の移動は、すでに弱体化していた西ローマ帝国に打撃をあたえた。四世紀末には、西ゴート族が西ローマ軍を破ってその領土に侵入し、四七六年にはゲルマン系傭兵隊長の反乱によって西ローマの皇帝が廃され、西ローマ帝国は滅亡した。ただ、フン帝国自体は、四五三年、アッティラがあっけなく死去すると、間もなく滅亡している。

フンの侵入の結果、ヨーロッパでは、ローマ人を主役とした古代が終わって、ゲルマン人による中世が始まった。これは主役の交代であると同時に、地中海世界から、西ヨーロッパ世界へというヨーロッパ史の舞台の大転換でもあった。そして、それをもたらしたのが、平原の騎馬遊牧民だったことは、特筆されて良い。

こうした内陸草原を通じてユーラシア東西を結ぶ動きが、一三・一四世紀のモンゴル世界帝国の拡大まで、ユーラシア世界史における一貫した大きな流れとなる。

騎馬遊牧民と古代日本

第二次世界大戦後間もなく、オリエント考古学の先駆者江上波夫による「騎馬民族征服説」が発表された。その要旨は以下のようである。「日本の古墳時代における前期と後期の間に大きな断絶があること、後期に属する古墳からは、とつぜん、金・銀で作った冠・耳飾り・剣・帯金具など、大陸の王侯の服飾品、騎馬戦用の細身の鉄の矢じりなどが出土している。この断絶・飛躍は、北東アジア系の遊牧騎馬民族が、新鋭の武器と馬匹とをもって朝鮮半島を経由し、倭人の住む北九州か本州西端部に侵入してきて、四世紀末頃に畿内を征服し、その地に大和朝廷を樹立して日本における統一国家を成立させたことを暗示する」というものである(9)。この学説はただちに大きな反響を呼び、その後さまざまに議論が交わされている。たとえば、前期古墳と後期古墳は断絶しているものではないこと、騎馬民族的文化の受容は、倭の王者と朝鮮半島の王者との通交によっても生じうることなどの反論が出された結果、現在ではほぼ否定されている(10)。

しかしながら、「古墳時代の中期に入ってそれまで馬の存在しなかった日本列島に突然、馬と騎馬の風習が伝来したこと自体は否定しようのない事実」(11)であるとすれば、「騎馬民族は来なかった」にしても、騎馬文化がいつ、どこから、なぜ伝わり、それがどのように日本列島に受容されていったのかを明らかにする必要がある。

中国から朝鮮半島を経て騎馬文化が到来したことを前提として、中国内部における変化、すなわち、「五

図１－３　正倉院の御物　Wikimedia Commons

胡十六国時代」から「南北朝時代」へ、そして北魏・隋・唐帝国を生み出した「鮮卑」の存在があったことが指摘されている(12)。なお、後に述べるように、唐帝国が六三〇年に東突厥を滅ぼし、西突厥を討つなど強勢を誇っていた頃、西アジアではイランの地のササン朝ペルシア帝国が六四二年のニハーワンドの戦いで、新興のイスラム・アラブ軍に敗北した。アラブ軍が東の中央アジアに向かってさらに進軍したため、ササン朝の残存勢力も東方へ逃れ、しかもそのかなりの部分が唐の庇護を求め長安と洛陽に移住した結果、イラン系の文化が中国本土でも目立つようになった。中国史料中にみられる「胡」は、かつては、北辺の「野蛮人」(遊牧民)を指す言葉であったが、それがイラン系の人びとを指すようになったのはこの頃だという(13)。日本の正倉院の御物にペルシア文化の香りが窺われるのは、このためである。

二〇一六年に「発見・検証日本の古代」と銘打った全三回にわたる古代史シンポジウムの第二回は「騎馬文化と古代のイノベーション」の名のもとに行われ、ここで江上波夫の「騎馬民族征服説」が改めて取り上げられた。それはこの説が日本の古代史を一国史的視点ではなく、日本の古代の国家形成・文明化を東アジア文化圏という広い視野から提唱されたものであると評価されたからである(14)。つまり、江上の問題提起はグローバルな歴史理解を先取りしただけではなく、最近提唱されている「ユーラシア東方史」を先取りしていることが立証されたといえよう。

「灰色の狼」伝説

匈奴が衰退すると、それに代わるようにして中央アジアを支配したのが突厥である。突厥の呼称について、護雅夫は「テュルク」の複数形「テュルキュト」の音を漢字で写したものであること、そしてかれらの残したいくつかの碑文（いわゆるオルホン碑文）が古代テュルク語で記されている点から考えても、「突厥がテュルク民族であったことはたしかである」という(15)。とはいえ、この突厥もトルコ系諸部族を中心とした多「民族」の遊牧部族連合国家であることは匈奴などと変わりがない。

図１－４　灰色の狼
［出典］トルコ共和国の小学校国語教科書挿絵

突厥はもともとアルタイ山脈方面にいた遊牧民集団で、豊富な鉄鉱石を利用する製鉄・鍛冶をもっぱらとする部族として柔然に仕えながら、力を蓄えていった。柔然の可汗《カガン》に王女の下賜を求めたが拒絶されたため、ついに柔然を攻めてこれを滅ぼした。独立後は、その鉄を有効に活用して、またたくまにモンゴル高原全体を抑えて一大強国となった(16)。その君主の阿史那《アシナ》氏の起源に関する伝説によれば、人間の男子と雌狼のあいだに生まれた十人の男子の一人が阿史那氏の祖先であるという。そして阿史那氏は、五世紀初頭から六世紀半ばにかけてモンゴル高原を支配していたモンゴル系の柔然と呼ばれる騎馬遊牧民国家に服属し、金山（アルタイ山脈）の南に移り住んで、柔然の鉄工となったのである(17)。この「灰色の狼」伝説は、現代トルコの民族主義思想のシンボルとして大きな意味を持っている。

突厥第一帝国

五五二年、アルタイ山脈の南西麓にいた阿史那氏の部族長だった土門（万人隊長トゥマンの音訳）は、当時モンゴル高原を支配していた柔然から独立して、イルリグ・カガン（伊利可汗）を称してモンゴル高原の騎馬遊牧民を統合した。これが突厥第一帝国の建国（〜六三〇年）である。イルリグ・カガンの死後、第三代の木杆《ムカン》可汗（在位五五三〜五七二）の時に突厥は南方では柔然の残党を滅ぼし、東方の契丹《キッタン》（キタイ）、北方の契骨《ケイコツ》（キルギス）を征服し、さらに西方ではタリム盆地のオアシス都市を支配下におさめ、さらにササン朝ペルシア帝国（二二六〜六五一年）と共同してエフタル（イラン系？）を滅ぼし（五六七年）、サマルカンドを含むソグディアナ諸都市をも勢力下に入れた。その裏には、突厥が早くから「中央ユーラシアの通貨」ともいうべき絹を中国から手に入れて、それを西方に売りさばくことに長けているイラン系のソグド人とのつきあいを深めていたという事情があった。このため、突厥第一帝国ではソグド語が公用語となった(18)。かれらソグド人は紀元前六世紀からその名を知られ、その商人は紀元後四世紀頃から南は西北インド、西南はメルヴ、東は敦煌にまで広く活動し、識字能力を持ち情報に通じた商人として中央ユーラシア世界で縦横に活躍する存在であった(19)。このことは、遊牧国家である突厥が、「民族」の違いにもかかわらず、ソグド人商人を縦横に活動させた例として、記憶されてよいであろう。

しかし、急激に拡大した突厥の版図は、一人の可汗が統治するにはあまりにも広大に過ぎた。木杆可汗は

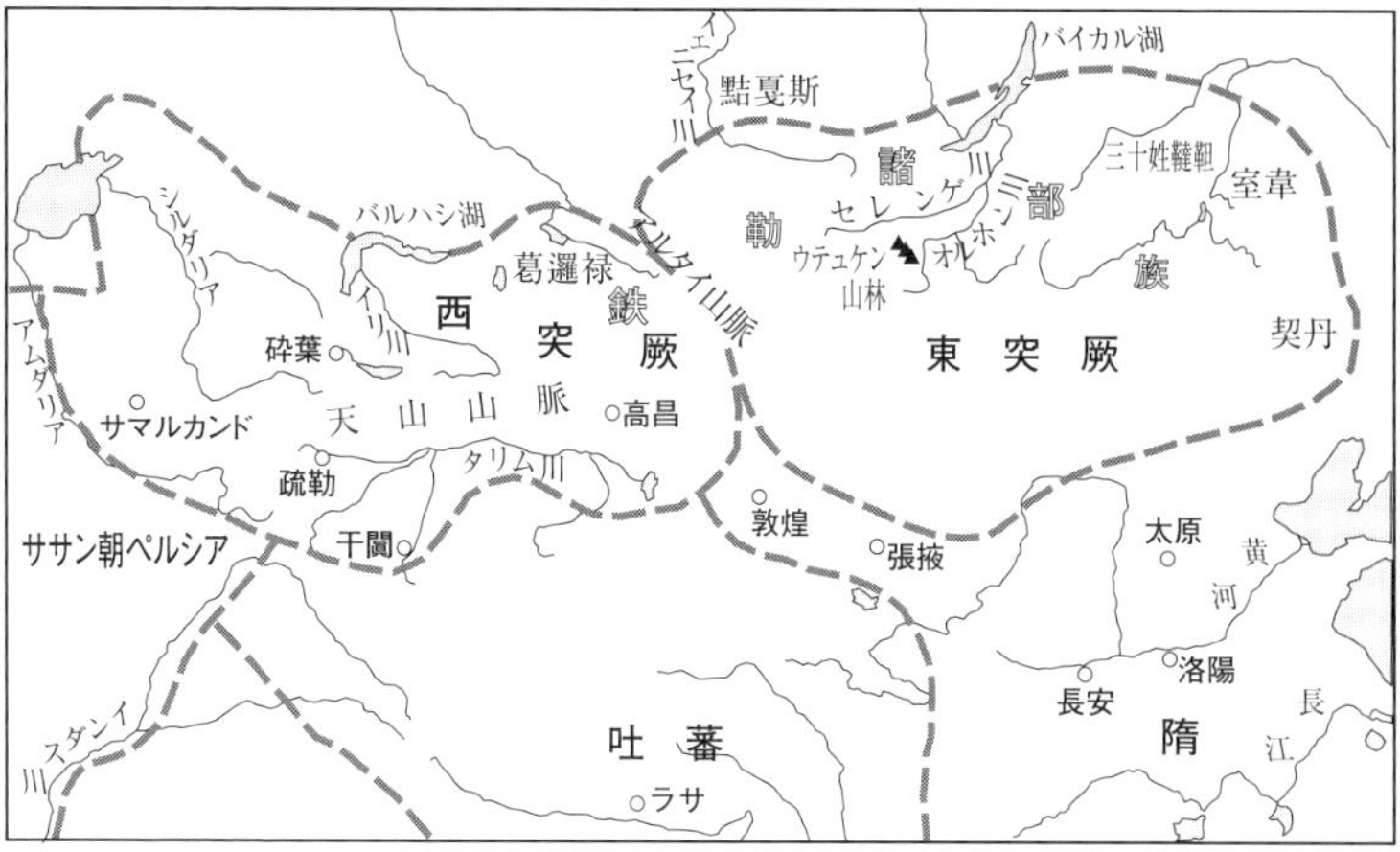

図1－5　東・西突厥帝国の版図

北モンゴルのハンガイ山脈のウテュケンに突厥の本拠地を置いたが、アルタイ山脈以西については、天山山中のユルドゥズ草原に拠ったイルリグ・カガンの弟のイステミ・カガン（室点密可汗）（?～五七六?）が、五八三年に西方の天山北部のユルドゥズ渓谷を本拠として自立した（西突厥）。このため、アルタイ山脈あたりを境にして突厥は東西に分裂した(20)。

突厥帝国の分裂

イステミ・カガンは、ビザンツ史料ではディザブロスと呼ばれているように、兄イルリグ・カガンによってエフタルの攻撃に派遣されたのち、ソグド人の要請を受けてササン朝に絹を売ろうとしたが拒否されると、五六八年にカスピ海の北側経由でビザンツの宮廷にソグド人使節を派遣し、中国から入手した絹を直接ビザンツに売り込むことに成功した(21)。五六八年にディザブロスのもとに使節として派遣されたビザンツの将軍ゼマルコスは、豪華な絹織物で内部をおおった天幕のなかで金のイスに腰掛け、金の壺、杯で一日中、馬乳酒の宴会を催すことによって歓迎されたという(22)。この様子は、突厥がユーラシアの東西を結ぶ広域な交易に大きな役割を果たしていたことを如実に示していると同時に、こうした盛大な「宴会」を催すことはトルコ語やモンゴル語に共通な「トイ」と呼ばれる遊牧民に共通の政治文化であった(23)。

西突厥は、七世紀の前半に強勢となり、その支配をアフガニスタン方面にまで広げた。こうして突厥は、東はマンチュリアから西はビザンツ帝国の北、南はヒンドゥ・クシュにいたる、世界史上はじめて、ユーラシアの東西と南北にまたがる巨大な版図を獲得した。これはまさに「遊牧民だからこそ、そして人種・宗教にこだわらない融通無碍の構造だからこそ、可能であった」(24)。玄奘三蔵（六六四没）が無事にインドまで旅を続けることができたのも西突厥王トンヤブグ・カガン（在位六一九？〜六二八）などの支援のおかげである。玄奘は、ソグディアナ全体の状況について、「農民半分、利を求めてやまない商人が半分」と述べている(25)。しかし、西突厥はトルコ語で「オン・オク」（十本の矢の意）の名のとおり分立傾向が強く、内乱の絶えないこともあって、六五七年、タシュケントにいた可汗が唐によって捕らえられると、西突厥の支配は事実上消滅した。

一方、モンゴル高原の東突厥も、小可汗が分立して不安定であった。中国本土における隋末唐初の混乱期に一時期勢いを得たが、同族間の内紛が絶えることがなく、また天候不順による家畜の大量死もあって、六三〇年、トルコ系の鉄勒《てつろく》諸部と唐の連合軍に敗北して瓦解した。こうして東の突厥第一帝国は滅亡し、突厥以外の北方諸族もすべて唐の羈縻《きび》支配のもとにおかれた。羈縻支配とは、中国の歴代王朝が周辺の異民族に対してとった政策で、従来の部族制度をそのまま温存させる一種の懐柔策である。このとき、「長安までやってきた族長たちは（唐の）太宗に「天可汗」（テュルク語ではテングリ・カガン）の称号をたてまつった」(26)。

突厥第二帝国の復興

しかし、六八二年になると、東突厥は再び団結してイルティシュ・カガン（在位六八二〜九一）のもとに唐から独立し、モンゴル高原に突厥第二帝国（〜七四四年）が成立した(27)。三代目のビルゲ・カガン（在位七一六〜三四）は、唐に馬を提供し、絹を持ち帰って西方に転売するという、いわゆる「絹馬貿易」を活発化させた。しかし、ビルゲ・カガンの死後内紛が続き、鉄勒諸部の反乱もあってしだいに衰退していった。七四五年、突厥最後の可汗が殺され、ウイグルの首長が可汗になると、突厥は名実共に滅亡した。

中央ユーラシアの「トルコ化」に大きな役割を果たした突厥帝国は、アジアの草原地帯にはじめて「トルコ」を名のる遊牧帝国を実現した国家であった。その君主「カガン」は漢文資料では「可汗」と記され、その下に複数の小可汗がおり、「葉護《ヤブク》」、「設《シャド》」、さらに「伯克《ベグ》」などの族長・貴族層がいて、重層的な支配階級を形成していた。

国家の長としての可汗の称号に込められたイデオロギーは、「テングリ」すなわち天上の神から「クトゥ」と呼ばれる「幸運」あるいは「祝福」を授けられ、支配を命じられた、というカリスマ的権威に基づいていた。可汗の最も重要な役割は、慣習法である「トゥル」ないし「トゥレ」に基づいて国家を平和に治めることであった(28)。これは後述するモンゴル帝国とその後継国家の一つに数えられるオスマン朝（一三〇〇頃〜一九二二年）などに受け継がれていく。アメリカのオスマン帝国史家カーター・V・フィンドリーによれば、可汗は宴会《トイ》や戦場では豪胆にふるまう一方、家臣と臣民の福利を確保しなければならず、戦利品を分け与え、貢税を再分配してかれらの衣食とした(29)。可汗のこうした役割は、その後もトルコ系国家の君主の重要な役割となっていく。

ソグド人との連携

突厥は、国内には遊牧民のほかに、オアシス地域や農耕地域の農民・都市民・商工業者などを含んでいる文字どおり多元的な複合国家であった。とりわけ、パミール高原の西、ともにアラル海にそそぐ南のアム川と北のシル川の間、すなわちソグディアナ（トランスオクシアナ、マー・ワラー・アンナフル）を本拠地として、いわゆるシルクロードの東西全般にわたって広範な商業活動に従事していたソグド人と連携していたことが重要である。かれらソグド人は長距離交易を通じて得られる情報網や知識を豊富に持っていた。それゆえ、突厥においてかれらは政権の中枢でブレーンとして政治・外交・軍事の面で重要な役割を果たしていた。当初文字のなかった突厥で突厥文字が生まれたのはソグド文字の影響を受けたと言われている。他方、ソグド人の多くがモンゴル高原の草原地帯に住み着き、遊牧民の生活・風習を身に着けて突厥化した。最近この突厥化した人々を「ソグド系突厥」と呼ぶことが提唱されている(30)。次に述べる「安史の乱」を引き起こし、唐の屋台骨を揺るがした反乱者安禄山こそまさにそうした人間であった。

第二節　ウイグルの西方オアシス世界への移動

東ウイグル国と唐

すでに述べたように、六八二年に唐の支配から自立してモンゴル高原に突厥第二帝国として復興した東突厥は、七四四年にウイグル族を中核とするトクズ・オグズ（九姓鉄勒）連合によって取ってかわられ、七四五年に突厥最後の可汗が殺されて、ウイグルの首長が可汗になると、突厥は名実共に滅亡した。こうして成立したモンゴル高原の東ウイグル国（七四四〜八四〇年）は、七五五年、唐に「安史の乱」が勃発すると、唐の王室を助けて反乱を鎮定した。唐からは見返りとして絹馬交易を認められた。この絹馬貿易を担ったのが、ほかならぬソグド商人であったから、長安には、常時千人を越すソグド商人団が駐在したという(31)。もちろん絹はソグド商人の通商網に乗せられて中央アジアやそれ以西に転売された。こうして、遊牧民の軍事力と定住民の商業力の結びつきという突厥以来の中央ユーラシア遊牧国家の伝統が維持された。

一方、唐の政権はソグド商人の交易活動をコントロールして、軍事支配に役立てただけでなく、かれらを中原にも誘引した。こうして元来オリエントと関係の深かった中央アジア経済は、唐の拡大とは逆のベクトルで、西から東へ及んで東アジアとも接続したのである。その窓口が長安であった(32)。長安には六四二年のニハーワンドの戦いによってアラブ軍に滅ぼされたササン朝ペルシア帝国のイラン人が多数亡命することによって、オリエント起源のゾロアスター教（祆教）、マニ教（摩尼教）、ネストリウス派キリスト教（景教）、また唐三彩（図1－6）に代表されるイラン系風俗がもたらされた。ちなみに、かつては「北方の蕃族（遊牧民）」を意味した「胡」が「ペルシア」を意味するようになったのはこの頃からのことであるというのが定説とされてきたが、唐代を中心としたユーラシア史家森安孝夫は、「胡」はイランでもペルシアでもなく、「唐代の

図1－6　唐三彩
National Museum of China 蔵

胡は「ソグド」である場合が圧倒的である」と主張している(33)。いずれにしても、こうしたヒト・モノ・情報の経路となったのが、四方に発達したシルクロードであった(34)。

ウイグルは、こうした中国との交易を背景に、小規模ながら都市を建設する。まず、ソグド人と漢人を住まわせるためにバイ＝バリク（トルコ語で「富んだ城」の意）を建設し、つづいて都城としてオルド＝バリク（トルコ語で「宮殿の城」）を整備した。これらの本格的な都市の建設は、北モンゴルを拠点とする遊牧王朝としては、歴史上初めてのことである。ウイグルは、マニ教を国教とした世界史上唯一の王朝であったが、マニ教はソグド人によって中国本土などユーラシア東方に伝えられたのである(35)。

天山ウイグル国

しかし、八四〇年、頻発する天災とトルコ系キルギスの攻撃によってウイグル遊牧連合体は、一挙に解体し、主軸を構成していたウイグル集団は、モンゴル高原を離れ、中華の北辺や甘粛地方、天山方面などへ移住していった一派(36)と、西方の天山山脈北麓の草原から南麓のオアシス地帯に入り、西ウイグル国（九世紀半ば〜一二八〇年頃、天山ウイグル国ともいう）を建設した一派とに分かれた。とくに西方に移動した人びとが最も多く、その数は一〇万帳（「帳」は遊牧民の一家族の住むテントを指している）を超える規模であったという(37)。

西ウイグル国は、最初トゥルハン盆地を中心として東西に広がり、その版図は北方のアルタイ山脈方面の草原のほか、やがてタリム盆地のクチャからパミール高原に接するに至り、南はロプ湖からコータン方面、東は敦煌にもおよぼうとしていた。こうした西ウイグル国形成の由来をたどれば、それは、遊牧勢力のオアシス支配という経過を歩んだことになるが、それが西突厥などと異なるのは、西ウイグル国政権自身がオアシスに定住したという点が従来の遊牧民とオアシス定住民との関係とは決定的に違うところである。つまり、トルコ人が直接オアシス都市・農村に定住し始めたのである。かれらは「もはや草原という自らの出身地に戻ることはなかった」(38)。このように、ウイグル人の西方移動は、突厥も含めて、トルコ系諸族のモンゴル高原から西方の中央ユーラシアへの玉突き現象的な「西方移動の波」であり、それは中央ユーラシアにとっても世界史にとっても重要な意味をもったのである。その結果、中央ユーラシアの文化と言語は、これまで優勢であったイラン系の文化と言語からしだいにトルコ化された。これが「トルキスタン（トルコ人の住む地の意）」の成立である。反対に、これ以後モンゴル高原は文字通りモンゴル族の本拠地となって今日に至るのである(39)。

ソグド系ウイグル人

ただし、ウイグルは草原におけるシャマニズム世界の天神《テングリ》信仰を捨てることはなかったし、可汗という君主の称号も東ウイグル国同様、突厥から受け継いでいた。王族たちはビシュバリク周辺に馬群を養い、騎馬の風を保っていたが、オアシスに灌漑設備をめぐらし、城中に楼台を多く築いて工芸職人をかかえていた。王国の中心地域、とくにトゥルハン盆地は古来実り豊かなオアシス地域として名高く、穀物、ブドウなどの果実や綿、胡麻が豊富であった(40)。やがてウイグル人はソグド人の文化を受け継ぎつつ、オアシスの東西貿易ルートに自ら進出していったが、これにはウイグル文字が大きな武器となった。森安は、このようにしてソグド人に同化して、その行動様式を継承したウイグル人を「ソグド系ウイグル人」と名付けている(41)。こうした商人としてのウイグル人が扱った商品は、中央アジアのみならず、西アジア、インド、さらには、はるか遠方の海洋の産品がみられるという。農村に住んだ者の中には地主層も現れた。王族は、モンゴル高原の遊牧時代に導入したマニ教への信仰を継続し、また、仏教に帰依した。遊牧文化と定着農耕・都市民文化との融合形態の典型である(42)。

西ウイグル国は、一一三二年すぎ頃からカラ・キタイの間接的な統治を受け、一三世紀になるとモンゴル帝国のチンギス・ハンに帰属しつつ王国の命脈を保つ存在となった。文字や定住地統治のシステムをもたなかったモンゴル帝国の中で、高い識字能力をもつ多くのウイグル人が、モンゴル政権に登用され、帝国の政治・経済・宗教・文化などあらゆる面でめざましい活躍を見せた。かれらとモンゴル王族の女性たちとの婚姻関係も認められ、こうしてモンゴルとウイグルの集団的な共生関係が打ち立てられたことはウイグル人、そしてウイグル文化がモンゴル帝国形成へ大きく貢献したことを示している。

遊牧君主の支配の正統性

ところで、トルコ族の本来の信仰は、青く広がる草原の天空を背景として、北方の草原遊牧地帯の父権的・上天神的信仰であり、それは、田畑の広がる農村地帯の母権的・農耕的・大地母神的信仰と対をなすものである。この上天神的信仰の核をなすのがシャマニズムである。シャマニズムとは、シャマンを媒介とした霊的存在との交渉を中心とする宗教様式である。シベリア・中央アジア、北米の先住民に一般的で(43)、護雅夫によるところのシャマンは「特別な儀礼により、特殊な服装・用具を用いてエクスタシーつまり忘我・神がかりの状態に入り、もろもろの神・神霊・精霊の住む神的世界とこの人間界のなかだちをする霊的仲介者」である。そして「北アジアの君長・君主権のはるかな淵源をシャマンのもつ霊威から得ていたのは、（中略）ニニギノミコト（中略）つまり「人間として現れている神」として復活のうえ君臨するにいたったわが国の天皇もまた、その地上統治・支配の根拠を、上天からする霊威から得ているという点で、いままであげてきた北アジアの諸部族の君主たちと、なんらかわるところはないのです」と付け加えている。ただし、護は日本の天皇制が騎馬遊牧民文化の影響によるものか否かまで踏み込んでいるわけではなく、「古代遊牧君主と天皇とを対比することはそれほどトッピな思い付きではない」というにとどまっている(44)。この地上統治・支配の根拠を「上天からする霊威から得ている」古代遊牧君主が匈奴の単于であり、突厥やウイグルなど遊牧国家の君主である。

なお、フィンドリーは、こうした匈奴の王権神授説は、中国の「天命」思想に似ているだけでなく、古代のイラン人も支配者には神授のカリスマ性が宿っていると信じていたという事実は、こうしたアイデアがアジア全域に広まっていたことを示唆していると述べている(45)。一方、松原は、「天という考え方の問題があります。中国語に入って天、トルコ語でテングリといわれている。この天の思想というものは私はもともと中国にあったものではなくて、遊牧民との接触のなかに漢語としてとりこまれた、そういう可能性が強いと思います」と述べている(46)。こうした指摘があるように、「トルコの歴史」が中央ユーラシアから西アジアへ、そしてイスラムを受容するという展開の中で、連続した君主観・国家観を維持したことを示唆する点でも重要である。

騎馬遊牧民は諸宗教に対して寛容であった。シャマニズム的な信仰を持ちながらも、かれらは時と所に応じてさまざまな宗教を受容していった。モンゴル高原の東ウイグル国はマニ教を「国教」とし、西ウイグル国では仏教をはじめ、マニ教、ネストリウス派キリスト教、ゾロアスター教が信仰された。モンゴル高原に起こったモンゴル帝国もこの伝統を受け継ぎ宗教には極めて寛容であった。そこにユーラシアの東西を広く結び付ける要因の一つがあった。

第三節　最初のトルコ系イスラム王朝——カラ・ハン朝

製紙法の西伝——タラス河畔の戦い

突厥やウイグルのもとで中央ユーラシアの「トルコ化」が進んでいる間に、早くも七世紀末に西アジアからやってきたアラブ軍がホラーサーン（現在のイラン東部からアフガニスタンにかけての一帯）からソグディアナ地方南部のオアシス地帯に侵攻しはじめていた。この動きは、西アジアのイスラム勢力の本拠地がアラブ主体のウマイヤ朝（六六一～七五〇年）から、ホラーサーンの地で革命を起こし、古代オリエント文化の担い手であったイラン人の主導によるアッバース朝（七五〇～一二五八年）へと交代したイスラム世界の変容と対応していた。七五一年にアッバース朝軍と、トルキスタンに支配の手を広げていた唐帝国軍とのあいだでおこなわれた有名な「タラス河畔の戦い」において、唐が統制下においていたと考えていたトルコ系民族のカルルクが離反したため、アラブ軍が勝利した結果、中央ユーラシアの将来のイスラム化は決定的となった。なお、この戦いでアラブ軍の捕虜となった唐軍の兵士の中に紙漉き職人がいたことから、製紙法を学んだイスラム教徒（以下、ムスリム）が、サマルカンド、バグダード、カイロなどに製紙工場を建設し、やがてこの技術がイベリア半島のイスラム王朝である後ウマイヤ朝（七五六～一〇三一年）を経てヨーロッパに伝えられたことは、世界の文化史上に大きな足跡を残す重大事件として有名である。製紙技術は後漢（二五～二二〇年）中期の官吏蔡倫（生没年不詳）の発明になるといわれるが、五～六世紀以降その技術は中国の内外に伝えられた。このころになると、唐の都である長安には本屋が多数存在していたが、それはどこにでも紙が豊富にあり、軽くて安価な書籍が提供されていたからである。当時のヨーロッパはまだ羊皮紙を使用していたので、こうしてヨーロッパは紙による印刷・製本の時代へと転換しえたのである(47)。

イスラム化の進展

アラブ侵入以前の中央ユーラシアではゾロアスター教、ネストリウス派およびヤコブ派のキリスト教、マニ教、そして仏教などさまざまな宗教が渦を巻いていたが、八世紀後半以後、時とともにイスラム化が進行していく。その最初のイスラム王朝が、アッバース朝のカリフからソグディアナとホラーサーン全域の支配権をあたえられてブハラを首都として成立したイラン系のサーマーン朝（八七五～九九九年）である。その創設者であるサーマーン・フダーは、ソグディアナ地方南端を流れるアム川のさらに南方にあるバルフ地方のイラン人地主出身で、イスラムに改宗した人物である。サーマーン朝成立の結果、イスラム化したソグディアナは以後アラビア語で「川向こう」を意味する「マー・ワラー・アンナフル」と呼ばれるようになった。サーマーン朝の歴代の君主たちは、このマー・ワラー・アンナフル北端のシル川以北の草原地帯のトルコ系集団に対する聖戦（ジハード）をおこない、そこで得られたトルコ人を忠実な奴隷（マムルーク）軍団として組織し、かつアッバース朝に供給した。やがて、かれらトルコ人からなるマムルーク軍団はアッバース朝の軍事面のみならず、政治面にも重要な存在となるとともに、トルコ人の能力が西アジアの歴史に大きな影響力を及ぼすきっかけとなった。サーマーン朝が、イランからアフガニスタンにかけて、すなわちホラーサーン方面の支配権をも獲得した結果、その首都ブハラはイラン・イスラム文化の中心となった。すなわち、この王朝下でアラビア文字を使ったペルシア語が成立し、文学や行政用語として使われるようになったのである。

こうして、かつてアッバース朝の首都バグダードを中心に花開き、ヨーロッパに深い影響を与えた古典イスラム文化を継承しつつ(48)、中央ユーラシアが、しだいにイスラム文化圏の中心の一つとして発展してゆく。その最初を飾るのは、ブハーリー（八七〇没）の編になる『真正伝承集』である(49)。この書は預言者ムハンマドの亡き後、かれの生前の言行（スンナ）の伝承（ハディース）の集成としてスンナ派の認める六種のハディース集のうち最も正統なものと認められている。ブハーリーはその名の示す通り、ブハラ生まれのイラン系のハディース学者で、メッカで研鑽を積んだ後、一六年間諸国を遍歴して六〇万のハディースを収集したと言われ、サマルカンド近郊で生涯を終えた人物である。そのほかの五種のハディース集編者のうちの三人もマー・ワラー・アンナフルとホラーサーンの人であった。イスラム法（シャリーア）の法源として、『クルアーン（いわゆるコーラン）』についで重視されるハディースの内容がかれらの手で確定されたことは、イスラム国家の基本であるイスラム法学の発展に重大な貢献をなしたといえよう。このこととは直接関係ないと思われるが、イスラム法学の四学派のうち、地域的法慣行や学者の個人的見解に寛容的で、商業や商人に理解を示す学派として知られるハナフィー派法学が、のちのセルジューク朝、ティムール朝、オスマン帝国、ムガル帝国（第二ティムール帝国）などトルコ系王朝の主要な法学派となったことは、「トルコ」史上において決定的に重要なことである。

カラ・ハン朝の成立

九九九年、トルコ人奴隷の台頭による内部抗争によってサーマーン朝は弱体化し、カラ・ハン朝（八四〇～一二一二年）によって滅ぼされた。このカラ・ハン朝が最初のトルコ系イスラム王朝である。この王朝がサーマーン朝を滅ぼして、パミールの東西を抑えることによって、トルコ人の地を意味するペルシア語「トルキスタン」が成立した。しかしながら、サーマーン朝というイラン人のイスラム王朝が中央アジアに成立したことは、アカイメネス朝以来のペルシアの伝統文化とイスラム文化とが中央ユーラシアのマー・ワラー・アンナフルを世界史の表舞台に引き出し、かつそれをトルコ系のカラ・ハン朝が受け継ぐ結果をもたらしたことは、画期的な出来事となった。

カラ・ハン朝の起源についてはまだ定説がないが、一説によると、八四〇年の東ウイグル国崩壊ののちに、西走したウイグル人とカルルク人が合体してカラ・ハン朝を建設したとされている。ただし、森安は、「カラハン朝を建てた立役者はカルルク・ウイグル・チギル・ヤグマーいずれかであったと思われる」と述べている(50)。この王朝は、現在にいたるまでウイグル人の間で民族的英雄として広く記憶されているサトゥク・

ボグラ・ハン（?〜九五五）の時代にイスラムを受容し、九六〇年には二〇万帳にのぼる遊牧トルコ人がイスラムに改宗したといわれている(51)。

カラ・ハン朝のもとでトルコ人がイスラム化した事実は、トルコ人のアイデンティティ形成の歴史の一大分岐点であることは間違いない。改宗以前は、シャマニズムや聖者崇拝などの土着信仰、それにマニ教、ゾロアスター教、仏教など様々な信仰・宗教世界の中にあったトルコ人が、以後現在にいたるまで、イスラムを唯一のアイデンティティとすることになったことは、「トルコ史の分水嶺」となるできごとであった。

カラ・ハン朝は、やがてシル川を越えて南下し、マー・ワラー・アンナフルのトルコ化を促進したが、匈奴以来の遊牧国家構造を維持していた。その政治体制は遊牧国家に特徴的で、東西に二人のハン（カガン）がいるほか、各地に割拠している王族の内部抗争のために早くも一〇四一年に東西に分裂した。その西部に属する一部はアッバース朝カリフの権威を受け入れ、のちにはサマルカンドを主な拠点とした。東部に属する他の一部は、東方へ進出して遊牧トルコ人たちのイスラム化、すなわち東トルキスタン（パミール高原以東の中央アジア、現中国の新疆ウイグル自治区にほぼ該当）へのイスラムの拡大を促進した。また、フェルガーナ盆地の豊かな農村地帯を支配したほか、天山山脈南北のオアシス地帯にも経済的影響力を及ぼしていたことはカラ・ハン朝の貨幣の流通範囲からわかるという(52)。東カラ・ハン朝は一二一一年にホラズム・シャー朝によって滅ぼされ、西カラ・ハン朝も一二一一年に滅亡した。カラ・ハン朝のハンたちは、冬は中心都市に居住するものの、夏は草原生活を送るなど、なお遊牧の伝統のなかに生きていた。

君主への忠告書――『クタドゥグ・ビリグ』

この王朝の治下では、サーマーン朝で成立したペルシア的イスラム文化を受容すると同時にトルコ的イスラム文化も維持されていた。この王朝の大侍従ユースフ・ハーッス・ハージブが君主のあるべき姿を説いて一〇六九年に君主に献上した有名な教訓の書『クタドゥグ・ビリグ（幸福の知恵）』(53)の中に見える言説、すなわち「お前の国庫を開放してお前の富を分配せよ。お前の臣民を喜ばせよ。大勢の臣下を持ったならば、聖戦を行ってお前の財庫を満たせ。臣民の関心はいつも腹（を満たすこと）にあるからだ。彼らの飲食を欠かしてはならない」(54)という忠告は、すでに紹介した突厥の可汗は「宴《トイ》会や戦場では豪胆にふるまう一方、家臣と臣民の福利を確保しなければならず、戦利品を分け与え、貢税を再分配して彼らの衣食とした」という言葉を想起させる(55)。トルコの歴史家イナルジクは、この同じ『クタドゥグ・ビリグ』の別の箇所における次のような忠告をも紹介している。それは「国を保持するためには大きな軍隊が必要である、軍隊には多くの富が必要である、この富を獲得するためには民が豊かでなければならない。民が豊かであるためには、正しい法律が布かれねばならない」(56)という一節である。これによく似た一節を、アメリカのオスマン史家リンダ・ダーリングは、中東における古代オリエント以来の統治観である「正義の輪」（この表現自体は一六世紀のオスマン帝国の思想家アリー・クナルザーデが命名したものであるが――引用者）を最も直截に次のように要約している。

軍隊なくして権力はなし。
財なくして軍隊はなし。
繁栄なくして財はなし。

公正と良き統治なくして繁栄はなし(57)。

ダーリングは、この簡明な格言はバビロニア、アッシリアのような古代近東の諸帝国、そしてペルシアやアッバース朝、セルジューク朝、そしてオスマン朝に見られるという。イナルジクもまた、これを古代のインド―ペルシア文学の伝統に結びつけているほか、トルコ族がはじめて自らの文字による史料を残したものとして知られる八世紀の突厥碑文にも同じような文言があると述べた後、この伝統はオスマン朝にも受け継がれたことを、イスタンブルの「征服王」メフメト二世の宮廷を例にとって述べている(58)。以上、フィンドリー、ダーリング、そしてイナルジクの議論を総合すると、古代のペルシアおよびインドの伝統と古代トルコの伝統とが、トルコ系最初のイスラム王朝の君主への「教訓書」である『クタドゥグ・ビリグ』の中に融合して取り込まれているのを見ることができる。

一〇七七年（一〇八三年説あり）にカラ・ハン朝の文化を代表するいま一つの作品に、王族出身と思われるマフムード・アル・カーシュガリーによって編纂された『トルコ語集成』がある。かれは、カシュガルの生まれ（異説あり）であるが、バグダードで学び、アラビア語によってこの書を著わし、アッバース朝のカリフに献上した。これは、当時草原とオアシスに広がっていたトルコ人の言語のみならず、口承文芸、歴史、社会、民俗などに関する百科全書的な情報の宝庫である(59)。

一二一一年から一二一二年にかけて東西のカラ・ハン朝が滅亡すると、「トルコ史」の舞台は、いよいよ西アジアへ移ることになるが、その前に、ここまで述べてきたスキタイ以来の騎馬遊牧民の歴史を統合し、かつそれを「ポスト・モンゴル」時代のオスマン帝国・サファヴィー朝・ムガル帝国、そしてごく最近では大清帝国（中国史のいわゆる清朝）に橋渡しをしたと言われるモンゴル帝国について述べておかねばならない。

遊牧国家の特徴

モンゴル帝国そのものについては、すでに多くの本が書かれているので、この国の歴史をここでくり返す必要はなかろう。ただ、この国の成立事情は杉山正明によれば、チンギスは即位と同時に「麾下に入った牧民たちを、九五個の千戸群に再編成した。千戸の下も百戸・十戸という具合に十進法体系で組織化された。このやり方は、匈奴以来の草原国家の伝統で、チンギスはそれを、自分自身に引きつけた形で再編成したのである。そして、この新国家に参加したすべての人びとはたとえ出身・言語・容貌がちがってもみな「モンゴル」となったのである。この時「モンゴル」とは、まだ「民族」の名ではなく、あくまで「国家」の名称にすぎない。一枚岩の民族集団とするのは誤解である。大モンゴル国は、多種族混合のハイブリッド集団であったと述べている(60)。

一方、フィンドリーは「モンゴル帝国でモンゴルは数の上では取るに足らず、せいぜい七〇万人ほどにすぎなかった。この歴史的出来事に巻き込まれた人びと、そして、モンゴルの台頭後も生き延びた人びとの大多数は、ほかならぬテュルクであった」と述べている。フィンドリーはさらに、中央ユーラシア史家イセンビケ・トガンの研究に依拠しつつ、「テムジンは、部族的な背景を持たない従士集団を形成することで新たな集権体制を創出した。それは、かれのもとに単独ではせ参じたり、あるいはモンゴルの部族、ウイグルをはじめとするテュルクの集団、はたまた中央アジアのムスリム商人などが参集したりしてできた家人集団（ネケル）によって構成された」(61)と述べている。この言葉の中で、「テムジンは、部族的な背景を持たない従士集団を形成することで新たな集権体制を創出した」という一文が重要である。つまり、テムジンは、自分のライバルになり得る部族的背景を持った集団を避けたのである。ずっと後のことであるが、オスマン朝が遊牧国家的な分権制を避けてライバルとなり得るトルコ系などの有力家系を政権の中枢から排除したやり方を想起させるからである。なお、上の文中に見られる「ネケル」については第三章で詳しく論じることになるが、結論だけあらかじめ述べておくと、ネケルとは、チンギス・ハンと「家産的支配・隷属関係」にある人びとである。このように、モンゴル帝国とはモンゴル人の国では決してなく、ユーラシア全域にまたがって分布する、さまざまな民族・宗教・言語・文化を異にする人材を活用するスキタイ・匈奴・突厥・ウイグルなどの遊牧諸国家の伝統を総合した国家である。

騎馬遊牧民国家の基本的性格について、モンゴル史家志茂碩敏はモンゴル帝国を念頭におきつつ、「部族軍の強力な軍事力を持つ遊牧民は、彼らの軍事的な保護のもとに通商活動を行なって富をもたらす商業民との共生関係を遊牧帝国存立の基礎としていた」(62)。あるいはまた、「遊牧部族軍連合の支配の眼目は、遊牧王族と遊牧部将たちとの軍事連合による遊牧部族軍の強力な軍事力をもって、自らの遊牧国家の拡大を図り、支配地の治安を確保し、交通路の安全を保持して、商業利益と地方からの税収を確実に継続的に手中に収めることにあった」。そして、「この眼目を実現するためには、遊牧王族と遊牧部将たちとの部族軍連合による遊牧部族軍の強力な軍事力が維持され続けなければならない。そのためには王族は、常に遊牧部将たちに与える恩賜品の財源の確保に努めなければならなかった。王族が財源を確保できれば部将達は軍役その他の奉仕を尽くし、自然災害さえなければ当該遊牧部族軍連合国家は安泰であった。しかし、王族が財源を確保できなければ、遊牧部将たちが麾下の部族軍を率いて連合から離脱していき、遊牧部族軍連合国家は弱体化していく」と述べている(63)。モンゴル史家宮脇淳子によれば、それだからこそ、「遊牧民の君主たる者の条件は、第一に戦争の指揮がうまいこと、第二に略奪品を公平に分配できること、第三に紛争の調停能力があることである」(64)。フィンドリーもまた、「従士集団を統べる家産制国家の政治においては、支配者が食料、飲料、衣類を十分に供給することと引き換えに、家人たちは無条件の忠誠を誓うのであった」と述べている(65)。

こうした言説は、本章において紹介したカラ・ハン朝の君主に献上された『クタドゥグ・ビリグ』の「お前の国庫を開放してお前の富を分配せよ。お前の臣民を喜ばせよ。大勢の臣下を持ったならば、聖戦を行ってお前の財庫を満たせ。臣民の関心はいつも腹（を満たすこと）にあるからだ。彼らの飲食を欠かしてはならない」（二七頁参照）という忠告を想起させる。そしてまた、モンゴル帝国のように、有能な人間であれば、人種・民族を問わず、その力を認めて仲間に加えようとしたり、あるいは「服従と納税さえすれば、あとは現地の人びとのなすがままに任せるのが基本路線であった」(66)という、遊牧帝国の人種や宗教にこだわらない融通無碍の構造の背景には、自然環境に左右されがちで不安定な遊牧国家を存続させるための必死の方策があったのかも知れない。

第二章

西アジアへ

第一節　イスラム世界への参入

オグズ・トルコ族の西アジアへの移動

中央ユーラシア世界をトルコ化し、イスラム化する上で大きな役割を果たしたトルコ族のうち、オグズと総称される諸部族が西アジアのイランを中心とする地域に大規模な移住を開始したことは、西アジア・イスラム世界の歴史のみならず、世界史にとっても決定的な意義を持つことになる。

中国史料では鉄勒《テツロク》と記されるトルコ系集団の一部であったオグズについては前章で、トクズ・オグズ（九姓鉄勒）と総称される大きなトルコ系集団の中核をなすウイグル族が七四四年にモンゴル高原の東突厥を滅亡させて東ウイグル国（七四四〜八四〇年）を建てたことを指摘した（一七頁参照）。この事件の推移に関連して、中央ユーラシア古代史家林俊雄は「突厥を倒して最終的にモンゴル高原の覇権を握ったのはトクズ・オグズであったので、この国をトクズ・オグズ国と呼ぶこともあるが、当初可汗を出したのはウイグル部族であったので、ウイグル国と呼ばれることが多い」と述べている(1)。こうしてみると、東ウイグル国にはトクズ・オグズに属する部族の衆が多く含まれていたと思われる。ウイグル史家梅村担が、「（東突厥の崩壊後）オグズと総称される大きなテュルク系集団が西部天山山中のイッシククル周辺に展開し、その後一二とも二四ともいわれる部族に分かれながらも、現在のカザフスタンからシル川までの地域に複数のハーンやイリグ（王）

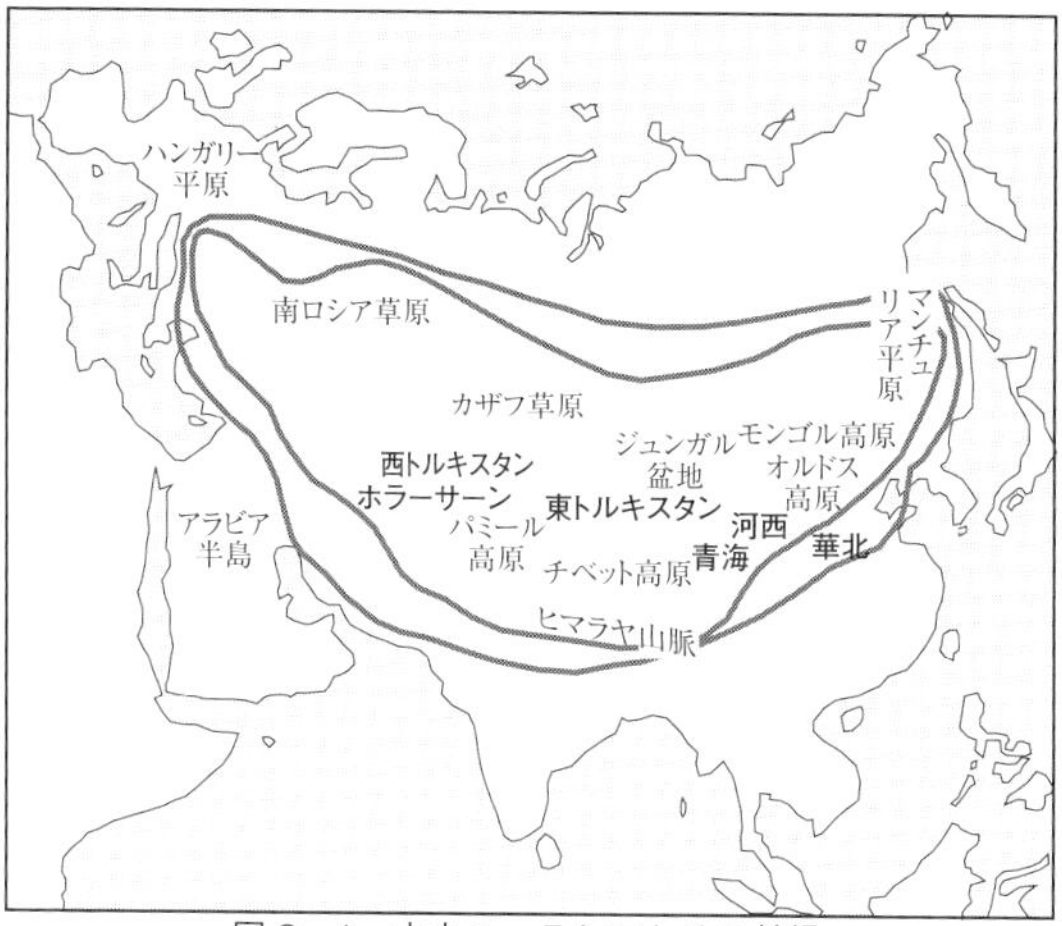

図２－１　中央ユーラシアとその外縁

を戴いて居住していた。彼らは遊牧生活を続けながら、オアシス都市との交易を行なっていた」と述べているように(2)、多くのオグズ部族に属する人びとがモンゴル高原のはるか西方でオアシス住民と交易をおこないつつ、遊牧生活を営んでいたようである。そして、これらの人びとのなかから一〇世紀末から一一世紀初めにかけてセルジューク一族がシル川下流域でイスラム教を受け入れると、北方の非イスラム地帯にジハード（聖戦）をおこなうイスラム信仰戦士（ガーズィー）のリーダーとして頭角を現したのである。なぜなら、当時シル川流域こそ、南のイスラム世界と北の非イスラム世界との境界をなしていたからである。かれらは、かつて中央ユーラシアにジハードを敢行したアラブのガーズィーの伝統を受け継いでいたから、イスラム世界の中心地である西アジアへと自らの意志で移動し始めた。かれらにしてみれば、モンゴル高原、中央ユーラシア、イラン、そしてアナトリアといったユーラシア大陸を東西に貫くベルト地帯は、気候および人文風土の観点から見て共通点が多かったため、家畜の放牧に不便を感じなかったと思われるからである。

セルジューク朝の興亡

オグズ族のうち、族長セルジュークに率いられた集団について具体的な行動がわかるのはセルジュークの息子アルスラーン・イスラーイールの世代からであるといわれる。かれらは一一世紀に、アム川を渡ってホラーサーンに入り、同じトルコ系のガズナ朝（九六二～一一八六年）最盛期の英主マフムード（在位九九八～一〇三〇）のもとに走った。その数は「テントにして四〇〇〇張であった」という(3)。ガズナ朝はスンナ派の立場に立ってアッバース朝カリフを尊重し、イラン系シーア派のブワイフ朝（九三二～一〇六二年）と対峙していた。かれらオグズは、ガズナ朝と同盟してメルヴを中心に勢力を拡大し、一〇三八年に、トゥグリル・ベグの指揮下にホラーサーンの中心都市ニーシャープールに入城すると、ここにセルジューク朝（一〇三八～一一五七年）が成立した。当時、ホラーサーン諸都市は、いずれもイラン、イラク、シリア方面と、中央ユーラシアおよび南ロシア方面との交易路の結節点であった。

セルジューク朝は一〇四〇年にダンダナカーンの戦いでガズナ朝を破ってホラーサーンを統一すると、強勢となった。一〇五五年、族長のトゥグリル・ベグ（在位一〇三八～六三）がバグダードに入城してブワイフ朝の勢力を駆逐すると、かれは、アッバース朝のカリフにカリフへの服従やカリフの命に従いイスラムの定めに従って正道をいく決意などを表明した書簡を送って、カリフから歴史上初めてスルタンの称号を正式に授与された(4)。アラビア語で「スルターン」と発音されるこの語は「支配者」、「支配権」を意味する。こうして、西アジア・イスラム世界におけるスンナ派政権は回復されたのである。

トゥグリル・ベグは息子を残すことなく死去したため、かれの後を継いだのは、兄の息子であるアルプ・

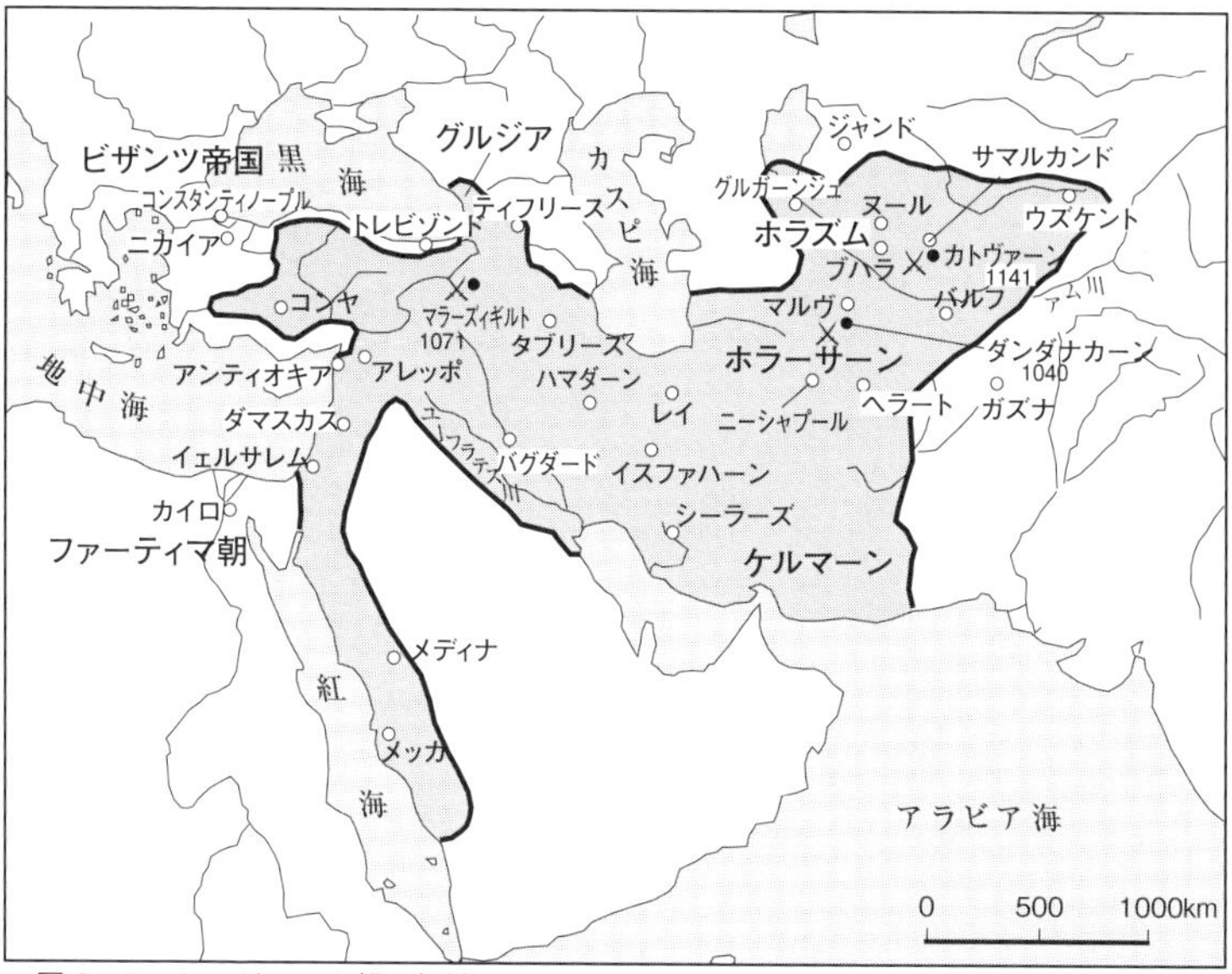

図２-２　セルジューク朝の領域

アルスラーン（在位一〇六三〜七二）であった。かれは南に下って、シーア派のファーティマ朝からメッカとメディナの両聖都を奪回すると、兵を西に転じてグルジアを征服した。やがて、セルジューク王家が奴隷軍人（グラームないしマムルーク）を優遇し、建国に貢献した自分たちを冷遇することに不満をもつトゥルクマーン（イスラム化したオグズ族のイスラム側史料における呼称）を新たな聖戦の地アナトリアへと誘導したこともあって、一〇七一年にビザンツ皇帝ロマノス・ディオゲネスの軍とアナトリア東部のマラーズィギルトにおいて衝突した。この戦いに、ディオゲネスは自身の軍に黒海北岸経由でバルカンに入ったオグズやペチェネグなどの非ムスリム・トルコ系の傭兵を編入したが、戦いはセルジューク軍の圧勝に終わった。

世界史的な一大決戦であるこの戦いの両軍にトルコ系の人びとがいたことは注目される。アルプ・アルスラーンがアム川方面への遠征途上で暗殺されると、かれの遺言によって息子のマリク・シャー（在位一〇七二〜九二）が一七歳で即位した。セルジューク朝は、この時代が最盛期であった。その版図はイラン全土を中心に、南はシリアおよびペルシア湾、北はホラズム、東はフェルガーナ、西はアナトリアの西部にまで達していた。しかし、一〇九二年に王朝の屋台骨を支えていた名宰相ニザーム・アルムルクとマリク・シャーとが相次いで死去すると、セルジューク朝はにわかに混乱し、やむことのない王位継承争い、皇子たちの教育にあたるアターー・ベグの自立化、トゥルクマーンの反乱、カラキタイ（中国史上にいう西遼）の侵入などの困難な局面に直面した。最後のスルタンとなったサンジャル（在位一一一七〜五七）がオグズの捕虜となった長い捕囚からもどったときには、イランはすでに荒廃しており、セルジューク朝は事実上滅亡していた。

このように、セルジューク朝は短命な王朝に終わったが、一〇七七年にイェルサレムを征服し、ビザンツ領に迫ったため、ビザンツ皇帝アレクシオス一世は、援軍の派遣をローマ教皇に要請した。これを受けた教皇ウルバヌス二世は、クレルモン公会議（一〇九五年）で聖地奪回のための十字軍を呼びかけた。これに応えたヨーロッパの諸侯や騎士たちがビザンツ軍と連携してアナトリアを奪還し、カトリックのイェルサレム王国を建国した（一〇九九年、第一回十字軍）。これ以後続けられる十字軍運動がヨーロッパ史上に大きな影響を与えたことは言うまでもないが、それにしても、イェルサレムを征服した十字軍がこの町に住むイスラム教徒、キリスト教徒、ユダヤ教徒住民の区別なしに虐殺をおこなったのは、その頃、ヨーロッパのキリスト教徒のあいだに「レコンキスタ」の雰囲気が横溢していたことも、その一因であったといえる。とはいえ、宗教を異にする土着のキリスト教徒やユダヤ教徒と日常的に共存していたイスラムの側から見れば、両者のあいだの「文明の格差」は歴然である。というのも、イスラム王朝であるセルジューク朝では、領内に住むキリスト教徒やユダヤ教徒を同じ一神教徒である「ズィンミー（保護民）」と位置づけてかれらと共存するシステムをそなえていたのに対して、当時のキリスト教社会においては、「異端審問」の名において非キリスト教徒を受け入れるシステムと寛容性をそなえていなかったからである。一方、十字軍の進出に対するビザンツ帝国の側の反応については、ビザンツ史家井上浩一の記述を参照されたい(5)。

セルジューク朝以前のイラン

セルジューク朝は、イランの地に建国された王朝であったから、王室はトルコ系であったが、この国家の基本的性格を規定したのは、アカイメネス朝ペルシア帝国（前五五〇～前三三〇年）、アルサケス朝パルティア帝国（前二四七～後二二四年）、そしてササン朝ペルシア帝国（後二二六～六五一年）といったイラン高原を本拠地とする帝国の伝統とイラン文明とを受け継いでいることに誇りを持つイラン人を中心とした官僚の存在であった。だが、ペルシア人はもともとは遊牧民出自であった。古代ペルシア史家川瀬豊子によれば、イラン系の人びとのうち、前一〇〇〇年ころイラン高原に進入したペルシア人は、前七世紀にはイラン高原南西部パールサ（現ファールス）地方に定着した遊牧民であった。かれらは軍事力の増強につとめ、やがて騎弓兵の突撃隊を組織するのに成功した。アカイメネス朝ペルシア帝国のダレイオス一世（在位前五二二～前四八六）の治世には、西はエーゲ海東部・エジプトから東はインダス川流域に至る広大なオリエント世界を支配する最初の「世界帝国」となった。この帝国の地方行政は「王の代理人」として帝国各地に派遣されたペルシア人サトラプの介在によって中央集権体制を確立した。他方では、原則として被征服地内部の問題に介入することを避け、かれらに固有の言語・宗教・法・そのほかの伝統・慣習を容認したので、現地民は基本的な生活パターンの劇的な変化を強いられることはなかった(6)。それゆえ、帝国のこうしたメカニズムは、中央ユーラシアの騎馬遊牧民国家と基本的に同じ性格を共有していたといえる。たとえば、広大な帝国の中央と地方を結びつけるネットワークは、帝都スーサから小アジアのサルデスにいたる全長約二四〇〇キロメートル、二〇～三〇キロメートル間隔に設置された一一一の宿泊施設を持つ「王の道」を一週間前後で走破できたと推算されているという。こうした早馬は、モンゴル帝国のジャムチ（駅伝制）やイスタンブル―バグダード間をわずか一四日で走破したというオスマン帝国の「タタール」と呼ばれた「早打ち」によるメンズィル制とも共通する(7)。こうした広域性と域内の諸民族のもつ技術を最大限に利用することが騎馬遊牧民国家の属性であり、それは、アカイメネス朝ペルシア帝国時代以来のイランにも共通する属性であった。オスマン帝国もまた騎馬遊牧民国家の広域性と柔軟な統治という特徴を十分に受け継いでいる。

だが、肝心のイラン高原を中心に建国されたその後の王朝がアカイメネス朝ペルシア帝国の性格をどのように受け継いでいったのかは、史料の性格もあって明らかではない。ただし、本書の第一章図1－2で紹介した「パルティアン・ショット」の名は、アルサケス朝パルティア帝国に由来すると思われるので、騎馬遊牧民国家的伝統はイランの地においてもある時期までは受け継がれていたと思われるが、くわしいことはわからない。ただし、中世イラン史家羽田正によれば、セルジューク朝の時代には、トルコ系遊牧民の流入によって、イランを中心とした地域に次第に独自の特徴を持った新しい社会が形成されつつあったようである。羽田は、これを「東方イスラーム」世界と名付けている（第四章一八〇頁参照）(8)。ただし、羽田はその後の著作では、「ペルシア語文化圏」と言い換えている(9)。

セルジューク朝国家の統治観

アカイメネス朝ペルシア帝国の遊牧国家的性格が、その後、どのように受け継がれていったかは、残された史料の性格もあって、よくわからないようである。むしろ、この後すぐにイランの地を包摂したイスラム王朝であるアッバース朝（七五〇～一二五八年）の第二代カリフ、マンスール（在位七五四～七五）が新首都バグダードを築いてペルシア的な官僚制度を導入してカリフをその頂点とする中央集権的な国家体制を整えたように、セルジューク朝の宮廷や国家の組織は、ワズィール（宰相）制や各レベルのディーワーン（官庁）の設置など、アッバース朝の伝統を受け継いでいるが、そのための分厚い人材を提供したのは、イラン人官僚層であった。そして、その官僚組織は名宰相ニザーム・アルムルクが『統治の書』としてまとめたものを基本としていた(10)。

セルジューク朝君主の統治観は、同書の第一章の冒頭に記された「至高なる神はいかなる時にも被造物のうちからある者を選び出し、彼を帝王にふさわしい、称えられるべき徳によって飾り、世界の繁栄、僕たちの安寧を彼に託し」あるいは「至高の神は彼にふさわしい栄輝を授け、知恵と知識を与える。（中略）彼らは彼の公正さの下でしかるべく日々を過ごす」という一文に凝縮されている。こうした政治思想の原則、すなわち、君主が「公正」な支配を実現する手立ての一つとして、『統治の書』第三章の冒頭に、「帝王は（中略）週に二日マザーリム法廷（シャリーアに規定のない行政関連事案を扱う法廷――訳注より）に出席し、不正を行う者に報いを与え、公正をなし、民の言葉を自分の耳で聞くのである」(11)。といった記述があるが、このような帝王観と慣行は、後述するように、オスマン朝にも受け継がれていく。

これは古代ペルシアの「王権神授説」に由来するものであるが、それは「上天からする霊威から得ている」古代遊牧君主である匈奴・突厥以来の「王権神授説」とも合致している。このことは、イラン人も元来は遊牧民出自であったこと、そしてアカイメネス朝ペルシア帝国の文明が中央ユーラシアから中国にまでにいたる広域な世界をも包摂していたことを考えれば、当然のことであるかもしれない。この点に関して、アメリカのオスマン帝国史家フィンドリーも「セルジューク朝の人びとが学んだイスラーム政治思想のなかにはイスラームに由来しない政治的、哲学的なモチーフを有するものもある。何ものにも縛られずに自身の判断で正義を施す絶対君主をめぐる古代イランの思想がまさにそれである。これは「正義の輪」とも呼ばれ統治者と被治者との互酬関係を理念的に図式化したものである。つまりイスラーム文明とは、まさに異なる起源を有する諸要素の統合体であった」(12)と述べている。アメリカのオスマン帝国史家リンダ・ダーリングもまた、これは「セルジュークの二つの作品ニザーム・アルムルクの『統治の書』とガザーリーの『王たちへの助言』が「正義の輪」の表明である」と指摘している(13)。

ニザーム・アルムルクは、イスラムに伝統的なワクフ（宗教的寄進）制度を財源として、バグダード、ニーシャープール、イスファハーンなどの主要都市に、自分の名にちなんで、ニザーミーヤと呼ばれる学院を建設した。これらはイスラム世界においてマドラサと呼ばれる高等教育制度が確立する基礎となった。ニザーム・アルムルクは、これらの学院でイラン人を主とした官僚からなる国家のための人材養成ばかりでなく、神学・法学をはじめとするイスラム諸学を振興した。こうして、セルジューク朝期は、まさにスンナ派イスラム文化の発展期を現出し、支配者の裁量に対する制約度が最も低く、慣習への適応度が最も高かったハナフィー派法学を公認した(14)。これは、後のオスマン帝国をはじめとするトルコ系イスラム諸国家に受け継がれた点でも極めて重要である。

　ヨーロッパではアルガゼルの名で知られ、イスラム史上に巨大な業績を残した大哲学者・神秘主義思想家であるガザーリー（トゥースで生没、一〇五八〜一一一一）は、ニーシャープールの学院でイスラム諸学を学び、のちにニザーム・アルムルクの要請により、一時期バグダードの学院の院長を務めた人物であるが、当時イスラム思想界で大きな力を持ち始めていた実践的な神秘主義（スーフィズム）と正統派神学との融合をめざした著作『宗教諸学の再興』を著し、イスラム思想界に絶大な影響を与えた。たとえば、かれが神秘主義こそ信仰の基礎であると表明したことによって、神秘主義はようやくイスラム信仰のなかに正当な地位を占めることになったのである(15)。

イクター制

　セルジューク朝勃興の原動力となった軍事力は、最初は遊牧トゥルクマーンに負うところが多かった。しかしながら、イランを統一しイラン化が進む、すなわち定住民の文化に順応するにつれて、スルタンは扱いにくいトゥルクマーンをアナトリアなどの国境に退け、代わってマムルーク軍人を登用した。マムルーク軍人はアッバース朝でもそうであったように、やがて各地に勢力をもち、軍閥化してセルジューク朝解体の一因となった。セルジューク朝のスルタンがマムルークを優遇し、トゥルクマーンをビザンツ帝国との国境であるアナトリアへと誘導したことは、トゥルクマーンのアナトリアへの進出の一因となったが、他方では、かれらの不満を増大させて中央権力に対する反乱の原因ともなったのである。

　イスラム史の初期から存在したイクター制（軍事封土制）は、軍事力の整備など国家体制の基礎であった。

イクター制とは、国土からの徴税権を軍人へ俸給代わりに分与する制度で、これを軍事奉仕の義務と結び付けたのはイラン、イラクを支配したイラン系のシーア派王朝であるブワイフ朝（九三二～一〇六二年）であった。ニザーム・アルムルクもまた、ブワイフ朝のこの制度を受け継いで、「封土」の徴税権のみを軍人に与えて、かれらに農民に対する行政権は与えず、「封土」の世襲も認めなかった。しかし、マリク・シャーの没後、軍司令官たちがイクター保有を世襲化して独立傾向を強めていった結果、シリアのザンギー朝（一一二七～一二二二年）やアナトリアのルーム・セルジューク朝（一〇七七～一三〇八年）が成立したのである。

このように、セルジューク朝はスンナ派イスラム王朝として、イスラムの政治的伝統とその文明とを継承する性格が強かったにもかかわらず、自らの武力によって征服した国土は一族の共有財産と考える遊牧民の国家観が支配的であったため、セルジュークの一族に属する者はだれでも王位の継承権を有するという遊牧民の建てた国家に共通する王位継承をめぐる争いが絶えなかった。またこの王朝が最後まで首都というものを持たなかったことも、トルコ的遊牧国家としての性格を最後まで濃厚に残していたことを示すものであろう(16)。

セルジューク朝の文化

セルジューク朝はトルコ系のオグズ部族出身の王朝ではあるが、かれらの母語であるトルコ語による文学作品は見つかっていない。むしろペルシア語による文学が発展した時代である。その代表的な例が、オマル・ハイヤーム（一〇四八～一一三一）の『ルバイヤート（四行詩）』(17)である。この作品は、ガズナ朝の宮廷にいた詩人フィルドゥスィー（九三五頃～一〇二〇／二六）の『シャー・ナーメ（王書）』とともに日本でも大変よ

く知られており(18)、翻訳によって読むことができる。また、現在のアゼルバイジャン地方出身のニザーミー（一一四一～一二〇九）によるペルシア文学史上最高のロマンス叙事詩(19)といわれる五部作（ハムサ）の中の『ホスローとシーリーン』(20)や『ライラとマジュヌーン』(21)は、オスマン帝国時代にトルコ語にも翻訳されてトルコ人のあいだでながく親しまれている。このように、民族的出自はトルコ系やモンゴル系でありながら、セルジューク朝や、のちのイル・ハン国（一二五八～一三五三年）、ティムール帝国（一三七〇～一五〇七年）、そしてオスマン帝国の君主たちが宮廷においてイスラム以前の時代から続いてきたイランの伝統を尊重し、ペルシア文学やイラン・イスラム文化を愛好したことはトルコ語の発展やトルコ・イスラム文化の形成に大きな影響を与えたのである(22)。

セルジューク朝の君主は転々と移動していたが、バグダードは首都となったことはついになく、むしろイスファハーンがそれに匹敵する重要な都であった。ここには大モスクや庭園（バーグ）が造営された。セルジューク建築の特徴に「セルジュークの青」といわれる青タイルがある(23)。このタイルづくりの特徴はルーム・セルジューク朝、オスマン朝に継承され、その中心地として知られる西アナトリアのイズニク（旧名ニカイア）は現在なおタイルづくりの町として知られている。

第二節　トルコ族のアナトリア移住とルーム・セルジューク朝

オグズ・トルコ族のアナトリアへの移住

アナトリアのトルコ化を決定的にしたのは、一〇七一年にセルジューク朝とビザンツ帝国との間で戦われたマラーズィギルトの戦いであった。この戦いはセルジューク軍の圧勝に終わった。その結果、マー・ワラー・アンナフルやホラーサーン方面からぞくぞくとセルジューク朝内部に移住しつつあったオグズ・トルコ族は一挙にアナトリア深く侵入し、その先端はエーゲ海にまで達した。いや、アナトリアのトルコ化とイスラム化の端緒となった。これは「トルコ史」のみならず、世界史上の大事件となったといってよい。周知のごとく、アナトリアは初期キリスト教史上に極めて重要な位置を占めていただけでなく、東西二つに分かれていたキリスト教世界の東部における正教会の総本部があるコンスタンティノープルが、イスラム世界に組み込まれる可能性さえ見えてきたからである。セルジューク朝時代にアナトリアへ流入したトルコ人の数について、フィンドリーは、「一〇七一年からモンゴルがルーム・セルジューク朝を征服する一二四八年までのあいだに、おそらく一〇〇万人ほどのテュルクがアナトリアに流入し、最大の民族集団《エスニックグループ》というわけではなかったが、それでも唯一アナトリア全域に展開する民族集団を形成した」と、具体的に数字を挙げている[24]。その結果、早くも一二世紀の末に十字軍につき従ってきた書記たちや一三世紀の末から一四世紀の初めには、マルコ・ポーロが、ここを「トルコマニア」[25]と呼び、アラブの旅行家として有名なイブン・バットゥー

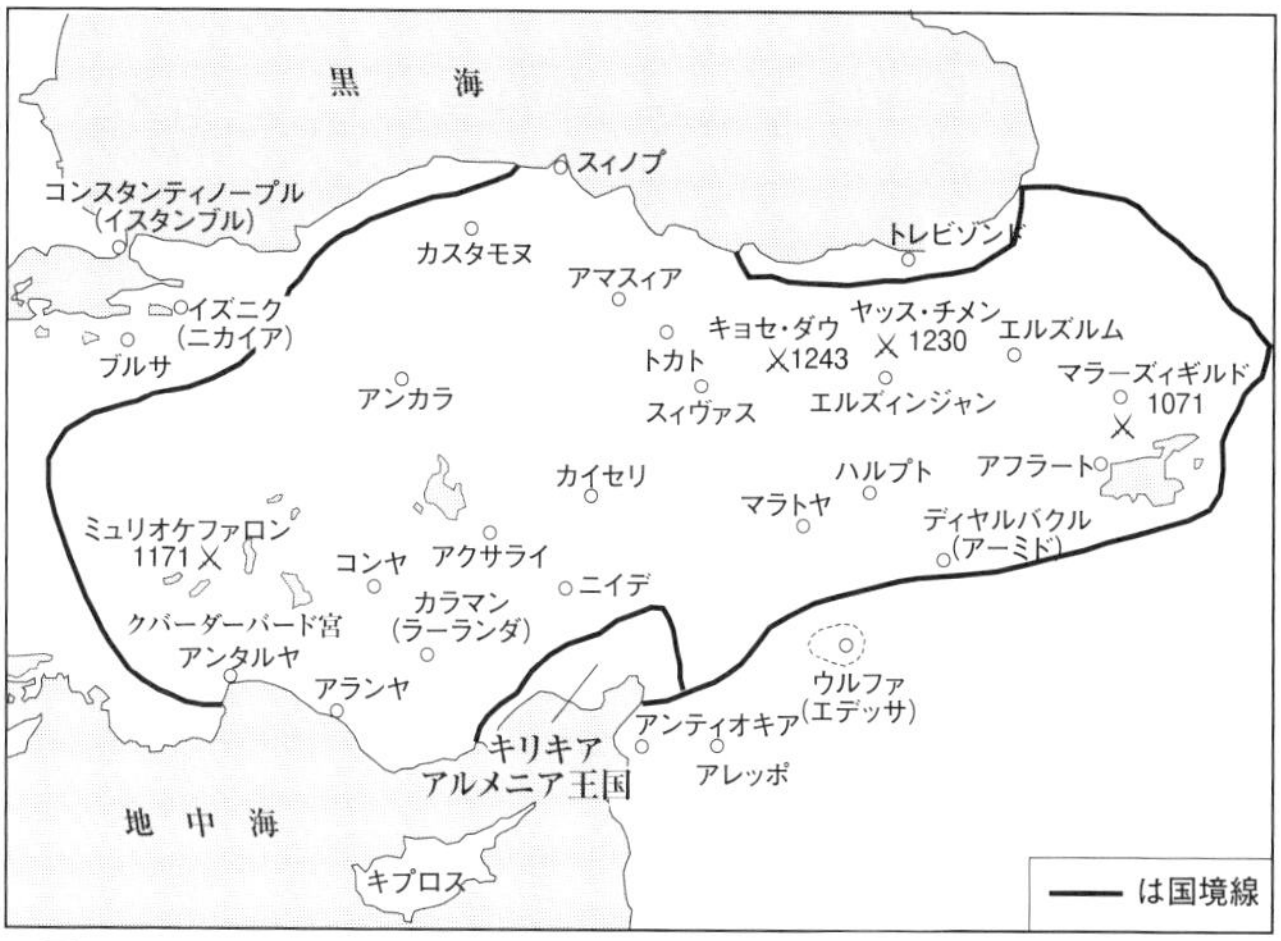

図２－３　ルーム・セルジューク朝の領域

タが「アル・トゥルキーヤ」と呼んだように(26)、アナトリアは「トルコ人の地」と認識されるようになり、ヘレニズム文化圏からイスラム文化圏へと大きな変貌を遂げることになるのである(27)。

ルーム・セルジューク朝の勃興

アナトリアに建国されたトルコ系諸国家の中で、最も中心的存在であったのは、ルーム・セルジューク朝（一〇七七～一三〇八年）である。ルームとは、イスラムの勃興当初からムスリムがアナトリアのことを呼んでいた名前で、「ローマ」（実際にはギリシア）のことである。この王朝は、セルジューク朝の創始者トゥグリル・ベグのいとこにあたるスライマーン・イブン・クトルムシュを始祖とし、一〇七七年にアナトリアのニカイア（トルコ名イズニク）に建国された。したがって、この王朝はセルジューク朝の一分派とみなすことができる。

ルーム・セルジューク朝が初期キリスト教史上の重要な都市ニカイアを奪ってここを首都としたことがビザンツ

帝国に大きな脅威を与え、ローマ教皇に義勇軍の派遣を要請したことから十字軍運動は始まった。その結果、クルチ・アルスラン一世（在位一〇九二～一一〇七）は、アナトリアに進軍してきた第一回十字軍に敗れて（一〇九七年）、首都をニカイアから中央アナトリアのコンヤに移さざるをえなかった。クルチ・アルスラン一世は、その後イランの大セルジューク朝内部の勢力争いを利用して東方に勢力を拡大しようとして、ユーフラテス川の支流ハーブール河畔の戦いで敗北し、かれ自身は溺死した。

ルーム・セルジューク朝はその後、関心をふたたび西方へ向け、クルチ・アルスラン二世（在位一一五五～九二）は、ビザンツ帝国との関係を改善し、一一六一年に自らコンスタンティノープルを訪問して歓待を受けた。だが、ビザンツ皇帝マヌエル・コムネノスはアナトリアでの失地回復を目指して大軍を率いて遠征してきた。クルチ・アルスラン二世は一一七六年、ミリオケファロンの戦いでビザンツ軍を破ると、その勢いを駆って、ライバルのダニシュメンド朝を滅ぼして、アナトリアにおけるムスリム・トルコ人のあいだに支配権を確立した。第三回十字軍が結成され、これを率いて陸路アナトリアを進軍してきた神聖ローマ皇帝フリードリヒ（一世）赤髭王によって一一九〇年五月に首都コンヤが一時占領された。クルチ・アルスランが晩年自らの領土を一一人の息子たちに分配し、首都のコンヤを末子のカイホスロウ（一世）に与えたため、兄弟たちの間で主導権争いが激化した。一一九二年にクルチ・アルスランが死去すると、後継者争いは激しさを増し、父の跡を継いで即位していた年少のカイホスロウは一一九七年にコンスタンティノープルのビザンツ宮廷に亡命せざるをえなかった。しかし、かれはまもなく有力者たちに呼び戻されて、再度スルタンに即位した。このような政治史の動向を見ると、キリスト教ビザンツ帝国とイスラムの側が常に敵対関係にあったわけではなく、政治の流れによっては、融通無碍に取り結ばれる関係にあったことがよくわかる。

ルーム・セルジューク朝の海上進出

図２-４　アランヤの造船所跡　Wikimedia Commons

この王朝は、カイホスロウ一世（在位一一九二〜九六、一二〇五〜一一）、カイカーウス一世（在位一二一一〜二〇）、カイクバード一世（在位一二二〇〜三七）の三代が最盛期であった。この間に重要なことは、中央ユーラシアのトルコ系諸国はもちろん、イランの大セルジューク朝を含めても、これまでもっぱら、陸上での大国家を築いてきたトルコ系諸国家が海上への進出を果たしたことである。たとえば、黒海沿岸の都市スィノプ（一二一四年）、地中海沿岸都市アンタルヤ（一二一八年）の征服などはいずれも貿易港を確保しようとした結果であった。またアラーエッディン・カイクバード一世が地中海沿岸の要塞コロノロスをギリシア人から奪って、かれの名にちなんでアランヤと改名して造船所を建設し、エジプト方面との交易の拠点としたことなどは、この王朝が地中海と黒海を結ぶ交易に大きな利益を見出していたことの証左であろう[28]。カイクバードとヴェネツィア人のあいだでは通商協定が結ばれ、ヴェネツィア人は二・五%の税を支払うことで自由に取引をすることがゆるされた[29]。また、黒海沿岸の港町スィノプの実権をルーム・セルジューク朝が握ったことは、南ロシア方面のキプチャク族やクリミア半島の港町を利用していたタタール商人たちとの交易の拠点を掌握したことを意味し、それによる高価な貂（テン）の毛皮、絹布、コバルト、香料などの莫大な関税収入をもたらした。首都コンヤをはじめ、スィヴァス、カイセリ、アマスィヤ、スィノプなどの各都市が、こうした中継貿易のセンターとして、また、手工業の中心として、あるいはトゥルクマーン遊牧民とギリシア人農民との交易によっておおいに発展し、一三世紀のアナトリアは久方ぶりに経済的繁栄を謳歌した。この頃、コンヤ―カイセリ間に三〇軒、カイセリ―スィヴァス間に二〇軒のキャラバン・サライ（隊商宿）が存在したという。スィヴァスはとくに重要な宿駅で、ここはエジプト、シリア、イラクから来るムスリム商人と、黒海北岸やキプチャク平原方面にその商品を中継するギリシア人、アルメニア人、ジェノヴァ人商人との出会いの場所だった。カイクバードは、アナトリアを東西南北に走る通商路の安全を重視し、今なお各地に残るキャラバン・サライや橋梁を建設し、主要な都市にはモスク、病院、ハマム（公衆浴場）などの宗教・公共施設を建設し、イスラムに固有の寄進制度（ワクフ）によってこれらを維持させた。こうして、カイクバードの時代は人材の登用、政治の安定、隊商貿易の繁栄、海上への進出、文化の育成と保護などによりルーム・セルジューク朝は最盛期を迎え、モンゴルの脅威にさらされていた中央アジアやイランから様々な人材がアナトリアへ来住し、さまざまな文化をもたらした(30)。

だが、一二四〇年に中央アナトリアのアマスィヤを中心に起こったババーイー反乱によって、王朝の基礎を揺るがされ、さらにそのあとを追うようにしたフレグ・ウルス（イル・ハン国）の来襲は、ルーム・セルジューク朝滅亡の直接の原因となった。このババーイー反乱とは、預言者を名乗り、魔術を用いるババ・イスハークという人物の周辺に集まったトゥルクマーンの反乱である。その背景には定住化したトゥルクマーンと遊牧を続けるトゥルクマーンとの土地をめぐる経済的軋轢や、正統派のイスラム王朝となったセルジューク政権と中央ユーラシア伝来の土俗的信仰、シャマニズムやシーア派的傾向を帯びる遊牧トゥルクマーンとの心性的軋轢などの要因が窺われる。また、この反乱がルーム・セルジューク朝政権の傭兵として仕えていたキリスト教徒フランク人やグルジア人の武力で鎮圧されたことは、スンナ派主義を標榜する政権とシーア派的・土俗的信仰をもつ民衆との軋轢として、のちのオスマン帝国の時代にまで尾を引くことになる。一二四三年、西アジアへ進軍してきたノヤン・バイジュ率いるモンゴル軍とのキョセ・ダウの戦いに敗れると、ルーム・セルジューク朝のスルタンは賠償金の支払いと貢税を命ぜられて、モンゴルの陪臣になった(31)。

ルーム・セルジューク朝の性格

この王朝の勃興は、セルジューク朝の混乱により治安の乱れたイラン、イラク、シリア方面から多数の官僚、学者、宗教家、芸術家のこの王朝への亡命を引き起こした。したがって首都コンヤの宮廷ではイラン風の式典が重んじられた。この点、イランの大セルジューク朝と全く同じである。行政長官はペルシア語でパルワーナと呼ばれ、スルタンの代理人としてあらゆる政務に対する責任を負い、スルタン不在の場合には最高会議（ディーワーン）の開催ができる資格を持っていたから、単なる大臣（ワズィール）を超えた存在で、のちのオスマン帝国における大宰相に相当する。パルワーナにつぐ高官は軍事上の総司令官であった。その次がカーディー（司法長官）で一般行政管理にも参与し、宗教上の最高権威たるムフティーの長としての職掌を兼ねることもあり、オスマン帝国のシェイヒュルイスラムにあたる権限を持っていた(32)。これらの点からルーム・セルジューク朝の宮廷制度は、のちのオスマン帝国に引き継がれていった面がある。スルタンの侍医にはユダヤ人が任用されるのが習わしであったという点でも同様である。

ルーム・セルジューク朝の支配層には、多くのビザンツ出身者がいただけではなく、君主はかたわらにいつもカーディーを置き、イスラム的支配の導入が心がけられていること、見目麗しいギリシア系の奴隷たちが宮廷の小姓としてよき待遇を得ていることなど、のちにオスマン帝国で広範におこなわれることになる諸習慣の多くが、すでにルーム・セルジューク朝を含めたアナトリア各地の諸君侯国でもおこなわれていた(33)。

首都コンヤはイスラム文化の一大中心となった。ルーム・セルジューク朝の公用語がペルシア語とアラビア語であったことはそのことをよく示している。この点からみても、ルーム・セルジューク朝はまぎれもなくイランのセルジューク朝の後継国家であった。したがって、ルーム・セルジューク朝は、中央ユーラシアに成立したスンナ派イスラム政権をアナトリアへ移植したセルジューク朝のさまざまな制度を継承・発展させ、これをオスマン帝国に伝えるという歴史的な使命を果たしたといえる。たとえば、その一つにイクター制があるが、セルジューク朝のイクター保有者たちが、その土地を一族の共有財産と理解したのに対して、ルーム・セルジューク朝はイクター制下の土地を国有地としたところに、のちのオスマン帝国とつながる面がある。ルーム・セルジューク朝の行政機構はイラン的イスラム王朝の色彩が濃厚であるが、セルジューク王族や貴族の最大の娯楽は狩猟、とくに鷹狩りであったというから、これは遊牧民的心性をなお色濃く残していた面があることを示している。

ルーム・セルジューク朝の文化

ルーム・セルジューク朝のもとでアナトリアはイスラム文化を継承し、この地はキリスト教（とくにギリシア正教）世界からイスラム世界へと転換した。首都コンヤを中心にペルシア語、アラビア語による文化が花開いた。その典型的な例として、アフガニスタンのバルフに生まれたイスラム神秘主義思想家で、ペルシア語による神秘詩集の最高峰ともいうべき『精神的マスナヴィー』の著者ジェラーレッディン・ルーミー（一二〇七〜七三）が、その父とともにコンヤに移住し、メヴレヴィー教団を創設したことが挙げられる。この教団は、主として民衆のあいだに影響力を広げた他の教団と違って、王家、高官、都市富裕層の支持を得ていたといわれており、オスマン朝時代のスルタンたちによっても手厚い庇護を受けて大いに発展した。教団はイスラム古典音楽の最高峰ともいえる典雅な音楽にのって旋回することによってエクスタシーに達する独特の修行法をもつ。この儀礼には中央ユーラシア伝来のシャマニズムの影響がなお残っているという。王朝の上層部におけるこうした高度なイスラム文化とは別に、あらたに流入したトゥルクマーンたちにわかりやすいトルコ語で語りかけるオザンと呼ばれた民衆的な吟遊詩人やスーフィー（神秘主義者）が活躍したことはアナトリアのトルコ化・イスラム化を草の根から促進する上で大きな意味をもったことを忘れてはならない。かれらの多くはビザンツ帝国や十字軍に対するガーズィー（イスラム信仰戦士）意識の持ち主でもあった。

つまり、ルーム・セルジューク朝という王朝の中枢部はイラン化したけれども、ビザンツ帝国や十字軍国家との境界に集結したトルコ系ガーズィーたちはイラン化することなく、さきに述べたババーイー反乱の例に見られるように、むしろ中央ユーラシアのトルコ族世界に近い心性と文化を濃厚に受け継いでいたといえる。ルーム・セルジューク朝の崩壊後、アナトリアにはダニシュメンド朝（一〇七一〜一一七八年）、カラマン侯国（一二五六〜一四八七年）など、ガーズィーを自認するトゥルクマーンの王朝が林立することになるが、そこではトルコ語が重要な位置を占めた。のちにアナトリアの西端、ビザンツ帝国との国境に成立したオスマン朝の公用語がトルコ語となったことは、このことを抜きにしては考えられない。これに対してアナトリアに成立しながら、イランへと進出したカラ・コユンル朝（黒羊朝、一三八〇～一四六八年）やアク・コユンル朝（白羊朝、一四〇三～一五〇八年）はいずれもイラン化した。

現代のトルコ人にも親しまれる民族叙事詩で、『バッタル・ナーメ』（八世紀のバッタル・ガーズィーと呼ばれるウマイヤ朝アラブ軍人を主人公としたもの）や、『ダーニシュメンド・ナーメ』（一一世紀中央アナトリアに成立した同じ名の侯国の主人公の英雄物語）、『サルトゥク・ナーメ』（一三世紀の神秘主義教団戦士の英雄物語）などの英雄叙事詩や聖者伝説の物語の主人たちはいともたやすく、トルコ・イスラム世界とビザンツ・キリスト教世界の境界を乗り越えて活躍する。総じて、イスラム世界とキリスト教世界、トルコ世界とビザンツ世界、遊牧民の世界と定住民の世界、異端的信仰と正統派の信仰、忠誠と離反が複雑にからみあう世界である。かれらは異教徒を異教徒であるが故に殺したり、改宗を強要することはしない。キリスト教徒の勢力と同盟し、しばしばその娘と恋に落ちる。そこにあるのは、対立の構造ではなかった(34)。

第三節　キリスト教世界からイスラム世界へ

アナトリアのトルコ化とイスラム化

イスラム化したトルコ系遊牧民、トゥルクマーンのアナトリアへの進出の世界史的意義は、やはり、初期キリスト教成立の最重要地のひとつであったアナトリアがイスラム世界へと転じる画期となったことに尽きるであろう。アナトリアは、聖パウロ生誕の地（タルソス、現トルコのタルスス）であり、最初の伝道の地である。と同時に、初期キリスト教史の重要な画期をなした二つの公会議のおこなわれた場でもある。その第一は、三二五年のニカイア（現イズニク）公会議において、のちに三位一体説として確立することになるアタナシウス派の教義がキリスト教の正統教義とされ、三九二年にこの派がテオドシウス帝によってローマ帝国の国教とされたことである。第二に、四三一年のエフェソス公会議で、マリアを「神の母」とする、当時一般化していた考え方に反対したコンスタンティノープルの大司教ネストリウスが異端とされて追放された。その後、かれを支持するネストリウス派の人びとは東方にのがれ、エデッサ（現トルコのウルファ）を中心として活動した。古代ギリシアの学術的業績（アリストテレスやプラトンなど）が、ギリシア語から古代シリア語に、そしてさらにアラビア語に翻訳されることによって、イスラムの学問として継承・発展されるうえでネストリウス派の人びとの果たした役割が大きかった。ヨーロッパ史上に名高い「一二世紀ルネサンス」は古代ギリシアの学問のアラビア語からラテン語への翻訳によるところが大きいことを忘れてはならない(35)。ネストリウス派は、ササン朝ペルシアを経て唐代の中国に伝わり景教と呼ばれた。

すでに中央ユーラシアで多くの民族・宗教・文化と共存してきた、言ってみれば「人慣れした」トルコ人は、ここでもムスリムとしての自己のアイデンティティを維持しつつ、先住民であるキリスト教徒との長い接触を通じて、あるいはかれらの文化を咀嚼・吸収し、あるいはかれらを同化させ、あるいはかれらに同化したのである。したがって、トルコ人のアナトリア進出は、この地のキリスト教徒やその文化が消滅したことを意味するわけでは断じてない。現在でもキリスト教徒がこの地に存在しないわけではないし、一九世紀までの段階ではその数は現在よりもはるかに多かった。そもそも歴史上のイスラム諸王朝は、支配下のキリスト教徒にイスラムを強制することはなかった。それは、改宗することによって人頭税（ジズヤ）収入が減少することを懸念したからであると言われることもあるが、このような財政的な配慮よりも、イスラムが原則的に一神教という同じ宗派に属する「啓典の民」であるユダヤ教やキリスト教を信奉する人びとを排斥するのではなく、かれらを保護民（ズィンミー）と位置づけてかれらと共生してきたからである。このため、マラーズィギルトの戦い以後、アナトリアでは長いあいだ諸文化・諸信仰が共存してきた。この間にビザンツ側であれ、イスラム側であれ、いずれの側もしだいに「互いに見知った仲」となっていったのである。

アナトリアにおける非ムスリム住民のイスラムへの改宗はゆっくりしたペースで進んでいった。やがて、ムスリムとなったアナトリアの先住民は、新しい土地で遊牧をやめ定住したトルコ系の人びとと融合し、アナトリアの農村人口は増えていった。そして、一三世紀の終わり頃までには、全体として人口の八〇%をムスリムが占め、言語の面でもトルコ語が優勢となった(36)。とはいえ、中央ユーラシア以来、トルコ・モンゴル系遊牧民は征服地の住民の持っている技術・知識・文化を最大限に活用することが常であったし、かれらの宗教や文化を圧迫することはなかった。

つまり、ムスリムとキリスト教徒の関係は、いつも敵味方に分かれて戦っていたわけではなく、ときには軍事的同盟関係、あるいは通婚や通商関係を結んでいた。新来のトルコ人と先住民との通婚は支配者同士の政略結婚ばかりではなく、民衆レベルでもおこなわれていた。そうした関係から生まれた人びとの中にはたとえば「カラマンル」と呼ばれる人びとのようにトルコ語を話すギリシア正教徒がいたり、先住民とトルコ人の娘との間に生まれた「イーディッシュ（混血児）」と呼ばれた人びとも存在した(37)。あるいはトルコ語学者菅原睦が指摘するように異教徒の娘を嫁に選んだ『デデ・コルクトの書』に出てくる二人のヒーローもいた(38)。

こうして、トルコ系遊牧民の定住民化、先住民との通婚、日常の商業的・文化的交流などを通じてアナトリアのトルコ化、トルコ人のアナトリア化が進んでいったのである。フィンドリーの言葉を借りれば、「将来のトルコ人は征服者の末裔であると同時に、被征服者の末裔であった」ことになる(39)。つまり、アナトリアのイスラム化とトルコ化は、しだいにイスラムを受け入れた先住民と遊牧をやめて農耕民となったムスリム・トルコ人とがながいあいだにゆっくりと融合し、アナトリアの農民層を形成していったのである。そうはいっても、なおトルコ系遊牧民がいなくなったわけではない。かれらは、むしろ遊牧という生活に伴う諸技術や生活慣習・文化を通じてアナトリアの歴史を彩りあるものとしていることも忘れてはならない。

だが一方では、キリスト教世界は、その中心を西方に移すことになったことも事実である。その結果、キリスト教世界の重心がカトリックと、のちのプロテスタントのみになり、東方正教会とネストリウス派・単性論派など初期キリスト教世界に重きをなした諸宗派は中東イスラム世界に残された小勢力あるいは東方に比重を移した。自身がギリシア正教会の神父である高橋保行が「コンスタンティノープルを中心にギリシャ正教文化圏、西にローマンカトリック文化圏、東にイスラム文化圏という世界が分布していた」(40)というように、そのアナトリアにトルコ人が進出したからといって、アナトリアからキリスト教徒が追い出されたわけではない。アナトリアのキリスト教徒が奉じていたギリシア正教とその文化圏を忘れさせたのは、一五世紀末の「大航海時代」以来、世界史の流れをリードしてきたと自負する西欧世界が、ギリシア正教文化圏を無視して「西洋」と「東洋」という「二分割の考え方」(41)を創り出したことによると述べているように、

図２－５　闘い・龍を退治する聖ゲオルギオス　1866年，ニュー・サウス・ウェールズ州立美術館蔵

西洋史家踊共二もまた、「「西ヨーロッパ」のひとたちはコンスタンティノープルを中心とするギリシア語世界・ギリシア正教世界を研究しようとせず、ヨーロッパの枠組みの外に追いやる傾向がある」などと述べている(42)。

民俗の習合①――聖ゲオルギオス崇敬とスーフィー聖人崇拝の習合

アナトリアのトルコ化・イスラム化の過程で、古代以来のアナトリアの民俗文化が、これとどのような形で習合していったのかを示す面白い事例の一つが、キリスト教図像学上にきわめて重要な意味をもつ聖ゲオルギオスとイスラムの経典『クルアーン（コーラン）』に出てくる守護聖人ヒズル（あるいはヒズル・イリヤース）とにまつわる民間伝承の習合である。これらは、ともにキリスト教以前、イスラム以前の古代に遡る守護聖人である。聖ゲオルギオスとは、キリスト教の一四人の「救難聖人」のひとりで、一説によると、二七〇年に中央アナトリアのカッパドキアで生まれた伝説的聖人である。

その説は史実ではないという意見もあるが、それはともかく、かれはローマ帝国の軍人であるが、キリスト教徒を迫害したことで有名なローマ皇帝ディオクレティアヌスの治下にパレスティナで偶像崇拝を拒否したため、さまざまな拷問の末に殉死したと説明されることが多い。聖ゲオルギオスをめぐる有名な伝説は、かれが馬で西アナトリアのリュディアを旅行中、その地の王女が悪竜への生け贄として水辺につながれているのを発見し、馬上より槍と剣で竜を倒して王女を救ったという伝説である。この場面が図像の形でキリスト教会の壁などに描かれているのである。この絵のなかで、竜は異教を、王女はキリスト教会を意味するというから、この伝説はアナトリアのキリスト教化と深く関係しているにちがいない。聖ゲオルギオスがカッパドキアの生まれであるとすれば、この伝説はキリスト教成立期におけるアナトリアやパレスティナの民間信仰の「キリスト教化」にほかならない。かれにたいする崇敬はアナトリア、パレスティナなどに長くとどまったが、おそらく十字軍運動を通じてヨーロッパへ入ったと考えられており、十字軍以後、かれの名をとった騎士団が多数生まれたという。この聖ゲオルギオス伝承がヨーロッパへ入ったのち、一五世紀になると、オスマン帝国によるバルカン半島進出、コンスタンティノープル征服、そしてその直後のイタリア半島への派兵などがヨーロッパ諸国を震撼させ、「恐るべきトルコ人」は聖ゲオルギオスが倒す相手、すなわち竜に置き換えられたという説もある(43)。

一三世紀の中葉にトゥルクマーン遊牧民を率いてドナウ川下流域のドブルジャ地方（現ブルガリア）に定住したという伝説的人物で、バルカン半島でイスラムの伝道に勤しんだという、サルトゥク（?〜一二九七）について今松泰は、民衆の間ではかれは聖ニコラウス（アナトリア南西部リュキアの聖人で、英語圏ではサンタクロースの名で知られている）と同一視されると同時に、かれが木刀で竜を退治した伝説によって聖ゲオルギオスにも比せられている事実を指摘して、かれはイスラムの聖者とキリスト教の聖人の習合を示す人物であったと述べ、このことは、アナトリアおよびバルカン半島に新しく移住した新来者（トルコ族）が「以前からあった信仰・習俗などを読み替え、自らの文脈に取り込むという現象を体現している」とし、イスラムの聖者がキリスト教の聖者と同一視されたことは、イスラム化の拡大にとって大きな力となった」と総括している(44)。

この聖ゲオルギオス伝承がわれわれにとって、いまひとつ重要なのは、これが『クルアーン』に出てくる「ヒズル伝説」に形を変えた守護聖人としてムスリムの間で広く崇敬されていることである。ヒズル伝説とはその起源をバビロニアのギルガメシュ伝説にまで遡ると考えられ、アラブの民間伝承では漁夫や子供などの守護聖人として崇拝されている。この信仰は、もとよりイスラム世界全体に共有されているものであるが、とくにトルコ人のあいだでは預言者ムハンマドとその娘婿アリーについでよく知られているといわれるほどポピュラーな存在である。トルコでは、ヒズル信仰は、一三世紀のスーフィー聖者であるホラーサーン出身のババ・イリヤス（?〜一二四〇）と混ぜ合わせてヒズル・イリヤス（フドゥレッレズ）とも呼ばれている。ババ・イリヤスは、すでに述べたババーイー反乱の主導者であるババ・イスハークの師にあたるスーフィーで、この反乱の責任を負わされて一二四〇年に処刑された人物である。聖ゲオルギオス同様、信仰のために殉死した聖人である。トルコの民間伝承ではフドゥレッレズは、聖ゲオルギオス同様の「救難聖人」である。「ヒズルのように（急場に）駆けつける」ということわざはここから生まれた。後代の史料であるが、一六世紀に神聖ローマ帝国（ハプスブルク帝国）からの使節としてオスマン帝国に滞在し、各地を広く旅行したビュズベックという人物がいた。一五五五年四月に中央アナトリアに旅行した時にエルヴァン・チェレビという名のスーフィーの修道場（テッケ）を訪れ、その修道場の長老がヒズル聖者の話でかれを楽しませてくれた。それは、ヒズル聖者が中央アナトリアでおこなった竜退治の話であった。ビュズベックは、それは聖ゲオルギオスのトルコヴァージョンにほかならないと述べている。ビュズベックはさらにつづけて、「トルコ人たちは教会に入ると、聖マリア像、聖パウロや聖ピエトロなどの絵には目もくれず、馬に乗った聖ゲオルギオスの前にひざまずいて平伏し、キスの雨を降らせる。かれらによれば、聖ゲオルギオスは力の男であり、有名な戦士であり、単独で邪悪な魂と戦い、勝利をする負けを知らぬ男である」(45)と話したと言う。つまるところビュズベックが聞いた話は、キリスト教とイスラムの民俗文化がひとつのものとして習合した文化のネットワークであるということができよう。

このヒズル信仰の現在における痕跡を求めて中東各地を広く踏査した歴史学者家島彦一は、紅海のジッダ、ホルムズ島、バスラ、トルコのアンタキヤとアンタルヤ、エジプトのアレクサンドリアなどに残る墓、参拝墓廟などに関して詳細な記録を残している。かれは、その踏査の結論として、「ヒズル、もしくはヒズル・イリヤースに関わる信仰対象は、現在もなおペルシャ湾、インド洋、東地中海などの各地に分布しており、海に生きる人びと（漁民、航海者）だけでなく、都市民や農民、とくに女性たちの間にも広がっていること、生命再生の霊力を持った守護聖人として、子授け・子育て・縁結び・病気治療など、生活のさまざまな面で祈願の対象とされて」いることをあきらかにしている。この実地調査の結果と、トルコの宗教学者A・ヤシャル・オジャクの研究(46)とに依拠しつつ、家島は、「聖ニコラオス、聖ゲオルギオス、聖パウロなどの預言者・聖者にまつわる民間伝承がヒズル（フズル）およびヒズル・イリヤース（フドゥレッレズ）伝説と相互に結びついていることが明らかになった」(47)と述べている。

このヒズル伝説に関して、私もかつて西アナトリア地方の漁村で聞き取り調査をしたことがある。それは、この「救難聖人」伝説が漁夫たちのあいだにいまも残っているのではないかと考えたからである。ただし、その報告書は未刊行であるが、以下に簡単に記しておきたい。現地に行って聞いてみると、漁夫たちはヒズルに何の興味も示さなかった。代わって私の質問に答えてくれたのは、その妻や娘たちであった。それによると、本来は「救難聖人」であったヒズルが「欲しい物をくれる」あるいは「願い事をかなえてくれる」聖人に変身した形で、もっぱらトルコの女性たちの間で知られていることが分かった。たとえば、ある女性は、ヒズルの日（旧暦の四月二三日、現在の五月六日、聖ゲオルギオスの日と同じ）に、「海辺に行った場合は欲しい物の名を砂浜に書く」、川べりに行った場合は「願い事を書いて木の枝に結び付けて川に流す」と答えてくれた。私の調査が西アナトリアだったせいかもしれないが、これはあたかも西アナトリア南西部ミレトス地方の聖人で、本来、水夫や商人、子供などの守護聖人であった聖ニコラウス（サンタクロース）のような話ではないか。しかも、この儀礼は、イスタンブルでもおこなわれていて、ヒズルの日（五月六日）には、甘いヘルバ菓子を作り、美しい丘や庭園に出かけ、健康、快癒、財産、豊穣、幸運を願うといった行事となっている(48)。ヤシャル・オジャクによれば、聖ゲオルギオス信仰でも「かれは訪れた家に豊饒をもたらし、病人を治癒する」(49)と伝えられているというから、この二人をめぐる信仰がいつのまにか合体したのではなかろうか。

民俗の習合②――ベクタシュ教団の事例から

トルコ人のアナトリア進出によって、それ以前のアナトリア本来の土着の文化・習俗が全く失われてしまったわけではさらさらないことは、すでにみたとおりである。例えば、現在でも観光客の間に土産物として人気のある「ナザル・ボンジュク（邪視よけ）」は新石器時代の遺跡からも出土すると言われているし、古代ギリシアの地母神「デーメーテール」を主人公とした村芝居は、地中海地方の冬作農耕の農事暦を象徴するがゆえに、いまでもトルコの農村によくみられるという(50)。また、エーゲ海沿岸地方には「聖母マリアの墓」と信じられている場所があり、外国人観光客のみならず、地元のムスリムもお参りに訪れている。

トルコ人の中央ユーラシアにおけるイスラム化に際して、遊牧民に伝統的な信仰であるシャマニズムとイスラムの神秘主義、すなわちスーフィズムとの習合が大きな役割を果たしたことはよく知られている。シャマニズムについては第一章で述べたとおりであるが、スーフィズムは、イスラム教が成立し、信徒の生活を律するイスラム法学・神学が発達して体系化されるとともに難解なものとなり、ウラマー（イスラム知識人）などの専門家の手にまかされるようになったアッバース朝治下の八世紀末から九世紀に、信仰の内面性を重視し、修行と感性とによって、アッラーと一体化する境地に達しようとする運動としてはじめられた。中央アジアのトルコ人は、はじめはイスラム商人との接触によって改宗する者が多かった。また、カラ・ハン朝のように、君主の改宗をきっかけとして、集団で改宗する例もあった。シャマニズムを信奉するトルコ系の遊牧民にとっては、平易な言葉で教えを説き、時に「奇跡」を演じて見せるスーフィー（神秘主義者）の活動が、改宗への大きな原動力となった(51)。この運動に参加した人びとは、富裕化した都市民よりも、より敬虔でより禁欲的な宗教生活をめざしたから、羊毛（スーフ）製の粗末な衣服をまとったため、スーフィーと呼ばれた。スーフィーたらんとする者は、禁欲的な修行をとおしてひたすら神を思念し、忘我の状態になって神との神秘的合一を体験することを目指したというから、これはそもそも、シャマンと同じ状態であろう。スーフィーの活動は、最初は個人的であったが、しだいに都市の中・下層民のあいだに広まるにつれて、やがて導師（シャイフ）のもとに集団化した。一二世紀以後、イスラムの拡大とともに各地にスーフィーの道を究め、聖者として尊崇される人物を教祖とする教団（タリーカ）が形成された。

アナトリアに移動したトルコ人のあいだではスーフィズムの教団組織が発達した。イスラム史上において教団の発展とトルコ人のイスラム化とは軌を一にしており、それは中央ユーラシア、イラン、アナトリア、北インドといったトルコ人の移動した地域に発展したとも言い換えることができる。アナトリアで発展した代表的な教団には、ナクシバンディー教団、メヴレヴィー教団、ベクタシュ教団の三つをあげることができる。これらのうちナクシバンディー教団はスンナ派の儀礼に忠実な教団といわれる。この教団は、中央ユーラシア諸国やオスマン帝国、そしてトルコ共和国初期に、いわゆる「世俗化」改革に反対する暴動をしばしば企てたことでも知られている。メヴレヴィー教団は、すでに述べたように、教祖であるルーミーがルーム・セルジューク朝の首都コンヤに移住したのちに発展した教団で、その教義の特徴は、キリスト教をも包摂する寛容さにあると言われ、どちらかというと都市や王朝のエリート層のあいだで信じられた教団である。ずっとのちのことになるが、オスマン帝国のムラト二世（在位一四二一〜四四、一四四六〜五一）のころから歴代スルタンたちの庇護を受けて、アナトリアのみならず、バルカン各地やダマスカス、カイロなど帝国の主要都市にも修道場（テッケ）が設けられた。この教団の本部のあるコンヤ州の知事は教団の協力を得ることなしには職務を果たせなかったといわれるほどである。

この教団は、「踊る教団」の名によって欧米で知られるように、イスラム古典音楽の最高峰に到達した神

図2-6　メヴレビー教団の儀礼（セマー）　Wikimedia Commons

秘的な調べに乗って、真っ白い衣装をまとい、山高帽をかぶり、右の手のひらを上に向け、左の手のひらを下に向けつつ優雅な旋回を繰り返すことによってエクスタシーに達する修行法を持つ。この儀礼（セマー）は天体の運動を模倣する神聖な儀礼（アーイン）といわれるが、その所作はシャマニズムのシャマンそのものでもある。トルコでは、共和国後の一九二五年に他の教団ともどもテッケは一次閉鎖されたが、この儀礼は、民族文化遺産に位置づけられたことにより、例外とされた。現在でもコンヤをはじめ、イスタンブルでも定期的におこなわれており、この儀礼を見るために観光客が押し寄せ、また教団自ら海外で実演をおこなっており、日本にもしばしば訪れて「公演」をおこなっている。

ベクタシュ教団は、今松の研究によれば、「ババーイーの反乱として表出することになるアナトリアの「異端」的な宗教運動のなかにその起源を有し、アフマド・ヤサヴィーの道統に連なるとされるホラーサーン出身のハジ・ベクタシを名祖とする。（中略）ベクタシュ教団の教義や儀礼には、ババ（長老）が保持していたイスラム化以前のトルコ系遊牧民の土俗的信仰やキリスト教的要素、シーア派的要素などが渾然とまじりあっていた。スンナ派の規範からすれば完全に「異端」であったが、ハジ・ベクタシがイェニチェリ軍団の守護聖者とされたこともあって、教団は同軍団と密接な関係を有し、オスマン朝下で大きな影響力を保持し続けた特異な集団であった」(52)という。イェニチェリ軍団とは、次章で詳しく紹介するように、オスマン朝の常備軍団のことであるが、かれらは主としてバルカンのキリスト教徒の子弟から徴用され、スルタン個人の「奴隷」身分としてイスラムに改宗させられた人びとから構成されていた。トルコの歴史家ハリル・イナルジクは、ベクタシュ教団とイェニチェリとの関係について、「一五世紀にはベクタシュ教団はイェニチェリたちに受け入れられた。（中略）トルコ語とイスラム教を学ぶためにアナトリアのトルコ人村に送られたこのデヴシルメ（後述――引用者）の子供たちが、スンナ派のイスラムよりも民衆の信仰に親しみを持ったのは疑いがない」と述べている(53)。この教団の開祖（ピール）ハジ・ベクタシュは、一六世紀末以降、公式にイェニチェリの開祖として受け入れられ、以後一人のベクタシュ教団のババ（長老）が軍団に常にとどまり、この両者は分けがたいものとなった。

ベクタシュ教団は、次章で述べるバルカンのイスラム化にも大きな力を持つことで重要なのだが、アナトリアの場合にも当てはまることなので、ここで述べておくと、この教団の次のような慣習がキリスト教徒のイスラムへの改宗を促進するうえで大きな役割を果たしたといわれている。すなわち、この教団では、神と預言者ムハンマドとシーア派のシンボルとされるアリーとが一種の三位一体としてあがめられ、新加入者にはぶどう酒とパンとチーズが与えられ（聖餐を思わせる）、師と弟子の間に懺悔と贖宥（カトリック教会で、すでにゆるされた罪の長期的な償いを、教会の機能をもって免除すること〈免罪符〉）がおこなわれた(54)。また、ベクタシュ教団はさまざまな起源の宗教要素を取り入れていた。すなわち、シャマニズムからはじまって、バルカンの人びとの宗教的信仰と慣習に関する多くの要素を取り入れていた。この教団の折衷主義的で寛容な構造が、イスラムをバルカンの村々に受け入れさせたのである。安藤は、儀礼の遵守において寛容でリベラルなハナフィー派の性格が、「複雑な教義は理解せず、『アッラー以外に神はなし』というシャハーダ（信仰告白）のみを口にしえた大多数のトルコ人にとって、改宗を容易にした一要因であったはずである」(55)と述べているが、まさにこのハナフィー派こそ、中央ユーラシアにおいても、また、セルジューク朝や、オスマン朝などの西アジアのトルコ系王朝が採用した法学派なのである。

こうして、アナトリア、そしてしばらくのちにバルカン諸地域もオスマン帝国の進出とともに、部分的にではあるが、トルコ化・イスラム化が浸透してゆくことになる。

第四節　モンゴル支配下のアナトリア

イル・ハン国の成立

ルーム・セルジューク朝がアナトリアへ進軍してきたモンゴル軍に一二四三年のキョセ・ダウの戦いに敗れると、以後、アナトリアの大部分の地域はイランを中心に成立したイル・ハン国（一二五八～一三五三年）

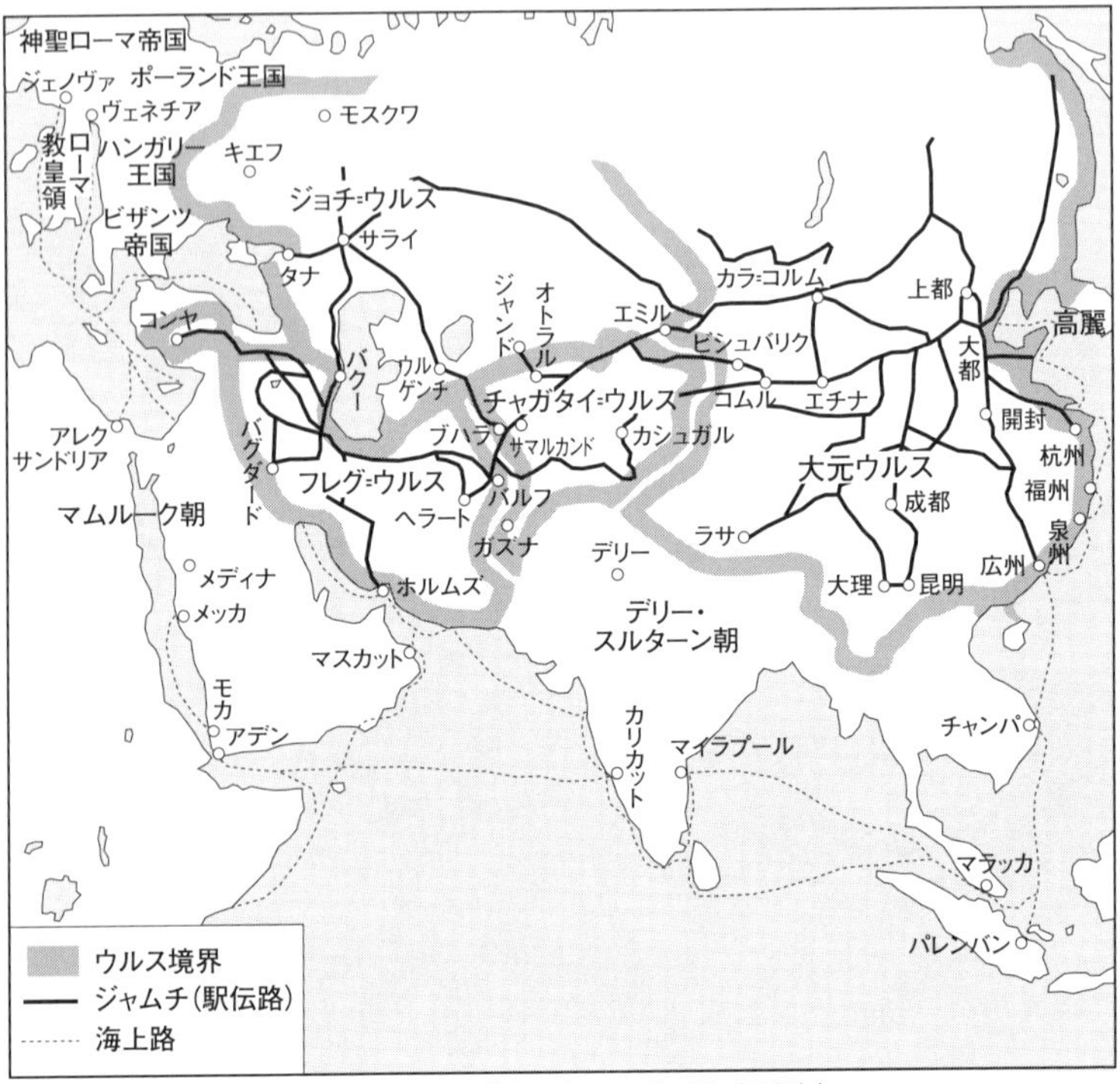

図2-7　大元ウルスを中心とする「大元大モンゴル国（元朝）」

の影響下におかれることとなった。

イル・ハン国とは、マー・ワラー・アンナフルのアム川以南、ユーフラテス川にいたるイランの地に成立した国家である。この国家の成り立ちは、チンギス・ハンの孫であるフレグ（在位一二五八～六五）が兄モンケの命により、「暗殺教団」（英語のアサッシン）の名で知られるイランのシーア派イスマーイール教団を打倒し、さらに、一二五八年には、アッバース朝（七五〇～一二五八年）を滅ぼしたモンゴル王朝である。「フレグ・ウルス」ともいう。この国家は、中国本土の大都（北京の前身）を首都とした「大元モンゴル国」（中国の元朝）を宗主国と仰ぐモンゴル帝国の西端に位置する国家《ウルス》である。

フレグの西征軍について、モンゴル史家宮脇淳子は「チンギス・カンから軍隊の配分を受けていた皇族すべてが一〇人につき二人の兵士を供出し、皇族自身がそれぞれの割り当て部隊の指揮官として参加した。遠征軍がそのまま征服地に残留して国家を建てた。このイル・ハン国のような場合には、モンゴルから遠く離れたイランの地に、モンゴルが暮らしていたことになる」(56)というから、いわばミニ・モンゴル帝国である。このことを考慮すれば、イル・ハン国が匈奴・突厥などトルコ系諸国家の伝統を総合したと言われるモンゴル帝国の諸制度を西アジアに直接伝える上に大きな役割を果たした可能性を考えることができるのではあるまいか。あるいはまた、次のようにもいえまいか。すなわち、はるか昔にアカイメネス朝ペルシア帝国が実現した騎馬遊牧民による「世界帝国」の、同じイランの地における復活であると（本章三九頁参照）。そして、その伝統は、イル・ハン国を媒介としてオスマン帝国によって受け継がれたと。これについては、後に改めて述べる。

イル・ハン国のイスラム化

この国のイスラム化はフレグの曽孫ガザン・ハン時代を待って本格化する。かれは、一二九五年に即位するが（在位～一三〇四）、それに先だってそれまで信仰していたシャマニズムと偶像崇拝を捨てて、イスラムに改宗したといわれる。これにモンゴルの主要な部族の首領たちが追随すると、かれらモンゴル人ムスリムは、ガザンのもとでは全モンゴル人の集団改宗をおこなわせるほど強力になり、ここにイル・ハン国は本格的なイスラム国家となり、ガザン・ハンは、「イスラムの帝王」（パードシャーへ・イスラーム）を名のった。

一二九八年に、ガザンは元ユダヤ教徒であった医師ラシードゥッディーンを宰相に取り立て税制改革をお

図2－8　イル・ハン国の大宰相が建立したマドラサ（スィヴァス）
Wikimedia Commons

こなうことによって、イラン人との融和を図った。ガザンはさらに、一〇世紀のブワイフ朝以来おこなわれていた軍事封土制《イクター》を引き継ぐ一方、イスラム国家の君主としてモスクなどの宗教施設を建設して、モンゴルが無秩序な収奪に明け暮れる異教徒ではなく、イランの地を守るムスリム戦士であることを誇示した。ガザンが創設した国家機構は、ハンを頂点として、軍事を司る遊牧貴族（アラビア語でアミール、モンゴル語でノヤン、トルコ語でベクと同じ）と、国政を担当するワズィールとがこれを支えるものであった。ワズィールは財務・行政の実務にたずさわるイラン人官僚群と社会秩序の安定を図るウラマーを管轄した[57]。また、農民に対する無秩序な収奪を防ぐために、王領地や国有地をイクターとして、まず各部族の長である千戸長に下賜され、百戸長、十戸長へと階層的に分与された[58]。

しかし、一三三五年にアブー・サイード・ハン（在位一三一六～三五）が没してフレグの直系が絶えると、諸勢力分立の状態になり、五三年、チンギスの末裔の最後の一人が殺されるとイル・ハン国は滅亡した。

海域世界を東西につなぐ

イル・ハン国時代にイランでは商業が発展し、極東と近東、さらにヨーロッパとの間の交通と情報の交換が容易になったことは、上の図2-7に見るような「大元モンゴル国（中国史上の元朝）」の西方における海上交通の一端をイル・ハン国が担っていたことからもわかる。この点に関しては、「イル・ハン国は西欧キリスト教世界と直接外交関係を持ち、イラン・インドとヨーロッパを結ぶという役割を演じた。イル・ハン国は西アジア文明の中心をなすイランをその領域とし、その西北境は黒海に臨み、水路でビザンツ・イタリアに通じていた。シリアの地中海岸へはマムルーク朝勢力に阻止されてついに進出できなかったが、しかし、シリア北方の小アルメニア公国やルーム・セルジューク領を経由して東部地中海世界への道は開いていたのである。また、イラン南部のペルシア湾に臨む商港オルムズ（ホルムズ——引用者）を経てインド洋貿易、中国通商の中継的役割をも占める位置にあった」(59)ことがすでに早い時期から指摘されている。堀川徹もまた、「一四世紀より本格化するイタリア・ルネサンスの背景には、モンゴルによってもたらされた世界規模での経済発展があったことを見落としてはならない。（中略）一四世紀前半には、日本も含めたユーラシア大陸と北アフリカを包含する大経済圏が機能し、人や物、文化や情報が盛んにゆきかう状況が出現した」(60)と述べている。

堀川はさらに、「フレグ・ウルスでは、ナスィールッディーン・トゥースィーの設計になる天文台がアゼルバイジャンのマラーガに建てられ、中国人学者も参加した正確な天文観測に基づいて作成された「イル・ハーン天文表」が一二七一年に奉呈された。（中略）一四世紀前半に中国の景徳鎮で生産されるようになった染付（青花）も、東西交流によって生み出されたものであった。中国の優れた磁器生産技術と、イランからもたらされた上絵付の技法およびコバルト顔料が結び付いて染付が生まれた。染付はとりわけ西アジアで人気を博し、高価な国際商品として泉州から船積みされていった。中国のこの

図２－９　景徳鎮の染付
1271 ～ 1368 年，上海博物館蔵

ように進んだ陶磁器作成技術は、イランにおける優れた陶器や色タイルの製造を促した。また、同じくモンゴル政権下のイランで著しい発達を見せたミニアチュール（細密画）に、中国絵画の影響が如実に表れているのも、東西の文化交流を示す格好の材料である」(61)と述べている。つまり、「大元ウルスとの友好関係が特に強いフレグ・ウルスが東西交流、東西交易の要となった。ユーラシア大陸の東西交流は頂点に達し、商人、宣教師、使者、物資がさらに往き交うこととなった。ペゴロッティの『通商指南』やイブン・バットゥータの『旅行記』は（中略）モンゴル帝国盛時の生き証人の記録なのである」(62)。

イル・ハン国を受け継いだオスマン朝

オスマン朝が、その成立期にモンゴル帝国、とりわけ、その西端に位置するとはいえ、宗主国である大元ウルス（元朝）との関係が格別に強いフレグ・ウルス、すなわちイル・ハン国の影響を強く受けたことは、さまざまに指摘されている。たとえば、志茂は「オスマン朝の成立と西方発展も、北アジア・中央アジアのテュルク系・モンゴル系遊牧勢の不断の西進の延長上にあるものであり、具体的にはモンゴル帝国フレグ・ウルスの西進策に直接連なるものであった」(63)と述べている。「そして後代、アナトリア半島（小アジア）

を中心として東欧の一部を含み、中東全体を制覇したオスマン・トルコ帝国の出現も、中央アジアのトルコ化、つまりトルコ族の住地の拡大にその大きな根源を持つといわなければならない」という梅村の言葉も思い出しておこう（第一章一三頁参照）。

杉山正明は、より具体的に「一三世紀のすえもすえ、フレグ・ウルスの西北辺、アナトリアの片隅に芽生えたテュルク系のささやかな集団は、フレグ家に属する采地の管理者となり、一三二六年にはブルサとその周辺に小さな地歩を築く。このブルサのスルターンであった人物が、オスマン帝国の開祖であったとされる」(64)と述べている。この意見に対しては、この「主張を裏付ける資料がないために、その証明は現時点ではほぼ不可能である」という意見もある(65)が、小笠原は「オスマン朝もオルハンの時代まで、イル・ハン朝に貢納していた記録が残っている」ことを指摘し、「当時のイスラム世界で最大の勢力を誇ったイル・ハン朝の権威は、遠く北西アナトリアに位置するオスマン朝にとってすら、無視しえないものだった」(66)と述べている。

イル・ハン国が、「ミニ・モンゴル帝国」であることを考慮すれば、イル・ハン国が匈奴・突厥などトルコ系諸国家の伝統を総合したモンゴル帝国の諸制度を西アジアに直接伝える上に大きな役割を果たした可能性を考えることができるのではあるまいか。というのも、モンゴル帝国を構成する主要な四ウルスのうち、宗主国である「大元ウルス（元朝）」に最も関係の深いのが、イル・ハン国だったからである。

イル・ハン国の成立、すなわち、モンゴルの西アジア・イスラム世界への侵入は、これまで長い間、バグダードを征服してアッバース朝を崩壊させたことによって西アジア・イスラム史の「黄金期」を破壊し、衰退期をもたらしたという否定的な見方がなされていた。しかし、「最近では、オスマン朝、ムガル朝、サファヴィー朝という大国が成立する近世の繁栄にいたる長いプロセスが開始された時代とする見方が有力である」という(67)。この説を主張したイル・ハン朝史家J・ファイファーの著作をみると、それは主としてタブリーズを中心とした「文化史上」の諸成果に向けられているようである(68)。しかし、このことに関しては、志茂がすでに二〇〇〇年の段階で、「大元ウルスとの友好関係が特に強いフレグ・ウルスが東西交流、東西交易の要となった。ユーラシア大陸の東西交流は頂点に達し、商人、宣教師、使者、物資がさらに往き交うこととなった。（中略）ペルシア語文化圏の中心がフレグ・ウルスの首都タブリーズである。学術、文化の中心地であると同時に多くの隊商路が交叉するタブリーズには、モンゴル帝国の内外の各地から多くの学術情報がもたらされた。モンゴル帝国期の東西世界の学術交流、文化交流の最高の成果がこのタブリーズから生み出されている」と述べている(69)。

一方、『ケンブリッジ版トルコ史』第一巻の編者であるオスマン朝史家K・フリートは、「Ch. メルビルが指摘するように、アナトリアの歴史に対するイル・ハン国の貢献を見極めるためにもっと研究する必要がある。そしてモンゴルの慣行がトルコ、特にオスマン政府の発展にとってどんな影響力を持ったのか、そして、（中略）オスマン政府が彼らの草原の背景からどんな要素を取り入れたのかをもっと研究する必要がある」と述べ、さらに「イル・ハン国の財政上の慣行がオスマン政府のもとでの行政上の発展にどんな影響をあたえたのか、それは、オスマン政府が経理上での方法を彼らから学び、彼らの貨幣を模倣したところにあらわれている」と述べている(70)。このため、オスマン侯国を含むアナトリアのトルコ系諸侯国の記述に先立って、彼女は、「アナトリアにおけるモンゴル時代」の章を設けている。この章の執筆者であるメルビルは、「オスマン朝における世俗的な行政法（カーヌーン）の発展、あるいはイル・ハン国のそれに似せた貨幣が鋳造された事実に見られるような財政政策などは、ステップの伝統に基づいたモンゴルの遺産であるといった意見もある」(71)と述べている。

メルビルはさらに「イル・ハン国はルーム・セルジューク朝をその発端とするトルコの民族国家の発展のなかでしばしば忘れられている」というが、一方で、「C・カーエン（フランスの著名なトルコ史家――引用者）の次のような見方、セルジューク朝をオスマン朝時代の序章として考えるのはばかげたことである」という批判に対して、「モンゴルのモデルと実践がアナトリアにおけるオスマン政府とその社会に与えた衝撃を見極めることをわれわれはオスマン史家にゆだねねばならない」と述べ、かつ、オスマン朝に与えたと思われるイル・ハン朝の影響について、たとえば、イスラム法（シャリーア）と並行して世俗的な法の発展と土地所有の概念の変化に言及している(72)。

こうした問題提起と関連して、トルコ人史家A・ユヴァルは、「イル・ハン国の行政・財政・法制をみると、モンゴル帝国以前のトルキスタンで発展したトルコ系諸国家のシステムを見いだすことができる。というのも、このシステムは、チンギス・ハンの時代にモンゴル帝国の教師と相談役とを務めたウイグルとホラズムのトルコ人の仲介で採用されたからである。イル・ハン国のこれらのシステムは近東においてその後建国された王朝に、そして結局オスマン朝にとっての源泉をなした」あるいは「ガザン・ハン時代まではイル・ハン国ではチンギスのヤサ（禁令――引用者）が通用していた。ガザン以後、ムスリム臣民のシャリーアに関する事柄をカーディーが、そして法的、政治的、行政的、慣習的、軍事的法廷の仕事はモンゴルの王子たちや司令官たちから選ばれた裁判官（ヤルグジュ）が監督した」と述べている(73)。また、アメリカ人史家リンダ・ダーリングはこの二つの法廷の後者を、さきに紹介したニザーム・アルムルクの『統治の書』に見られた「マザーリム法廷」になぞらえ、かつ中央ユーラシアの草原にいた頃のモンゴル人は「嘆願箱（complainbox）」を柱に結びつけて、不正義にさらされた人が、おのれの悩みを嘆願書にしたためてこの箱に入れさせたことを紹介して、モンゴルの「正義」と「マザーリム法廷」とがよく似ていることを指摘している。そして、なおかつこれをもって、ガザン・ハンの法制改革は二重の法廷システムをもたらした。それは公式に任命されたカーディーのもとでのイスラム法廷とマザーリム法廷とである。マザーリム法廷では、ムスリムのカーディーにモンゴルの判事を加えてモスクにおいておこなわれる。そこでの判決はヤサとシャリーアが調和していると考えられたと総括している(74)。

これらの状況をふまえるならば、オスマン朝の成立・発展を、セルジューク朝とルーム・セルジューク朝の延長線上だけに位置づけるのではなく、むしろ、この両者の間に介在したイル・ハン国の重要性を考慮する必要があろう。われわれにとって重要なのは、イル・ハン国の文化的貢献がアナトリアのその後の歴史にどう関わっているのかという点である。オスマン朝が、その成立期にモンゴル帝国、とりわけ、その西端に位置するとはいえ、宗主国である大元ウルス（元朝）との関係が格別に強いフレグ・ウルス、すなわちイル・ハン国の影響を強く受けたことは、すでに紹介したように、さまざまに指摘されているからである。

加えて、イル・ハン国に関する研究のためには、宰相ラシード・ウッディーンの『集史』と、君主ガザン・ハン自身の口述を基礎として編纂された『モンゴル史』とが最も重要なペルシア語写本であることはつとに知られている。そして、これらの最良の写本がトプカプ宮殿に設けられた図書館に所蔵されているのである(75)。このことはオスマン王家がこれらの写本を通じてモンゴル帝国、とりわけイル・ハン国の実情を周知していたことを示唆している。

第三章

オスマン帝国の成立

第一節　オスマン朝の成立と発展

オスマン侯国の発展

その大部分がイル・ハン国の宗主権下に置かれたアナトリア各地にはトルコ系の小国家が乱立していた。これらの中でも、西北アナトリアのビザンツ帝国との国境に位置していたのが、オスマン・ベイと名乗る人物を中心とした集団である。やがて、オスマン・ベイの周辺にさまざまな人びとが参集した結果、それがやがて「オスマン侯国」となるのは一三〇〇年ごろのことである。それは、第一章で述べたように（二九頁参照）、かつてチンギス・ハンの周りに集まった小さな部族集団にすぎなかった「モンゴル」がやがてモンゴル帝国となった過程とよく似ている。この王朝の始祖オスマン・ベイは、れっきとしたトルコ系ムスリムである。だが、かれの周りにはムスリムのみならず、多数のキリスト教徒を含むさまざまな人々が寄り合って、しだいに一つの国家、すなわち「オスマン侯国」となったのである。

フィンドリーは「オスマン・ベイと彼に付き従うテュルクたちは、チンギスがそれに対して差し向けた歴史上の諸部族ではなく、チンギス・カンとその家人《ネケル》の方にはるかに似ていた。（中略）初期のオスマン朝の有力な家臣の中でキリスト教徒、とくにギリシア正教徒が重要な位置を占めていたことは、かれらを束ねていたものが、共通の出自ではなくオスマン・ベイの従者たることであったことの傍証となる。また、その従

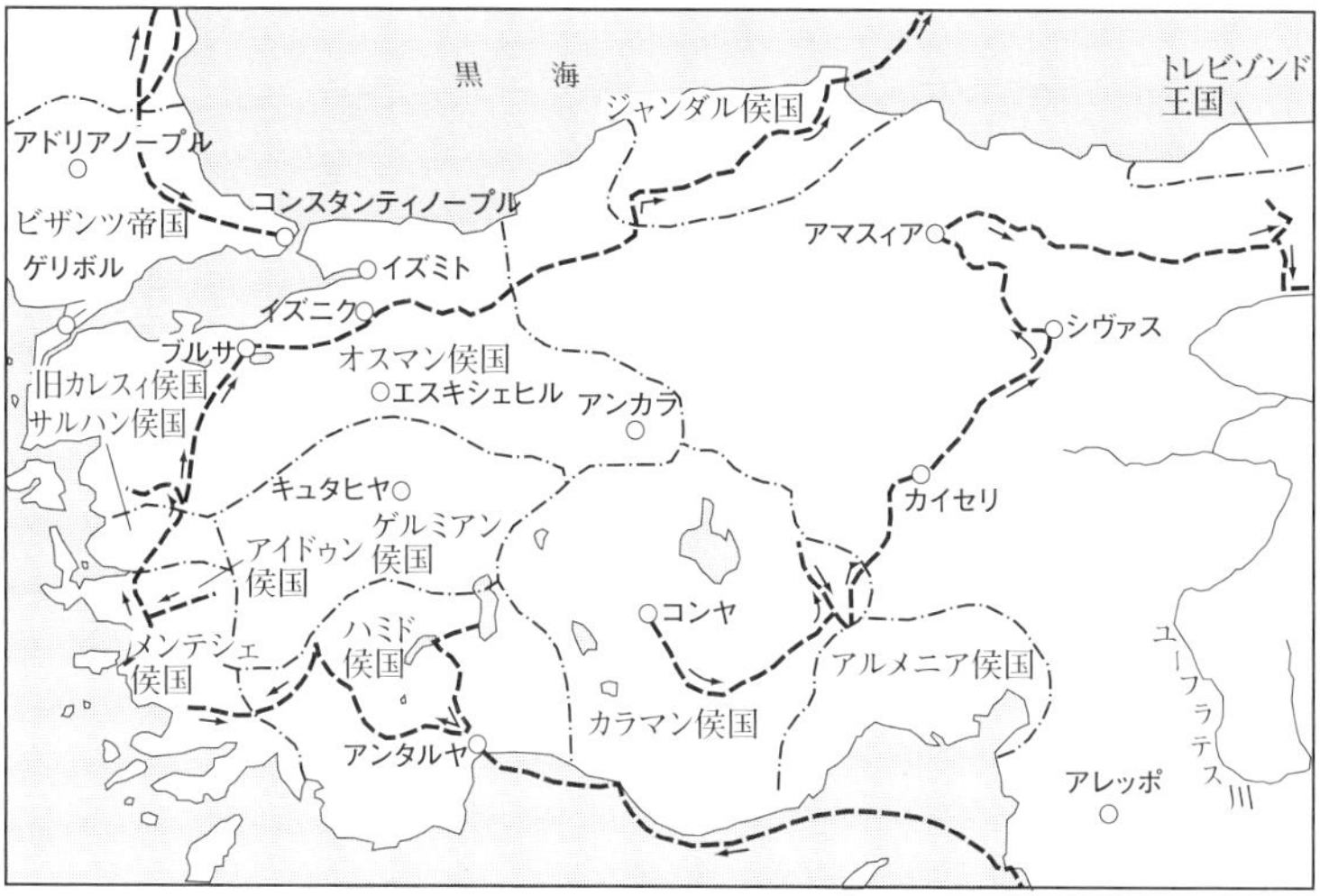

図３－１　アナトリア各地に建国された諸侯国

者たちが民族的、宗教的にどれほど雑多であろうとも、オスマン・ベイとともに馬に乗り、弓を射ることは、すなわち、テュルク的かつイスラーム的な要素が強烈に刷り込まれた新興政治体の一員たることを意味した」(1)と述べている。

ここで、フィンドリーが「チンギスがそれに対して差し向けた歴史上の諸部族ではなく」と留保をつけていることに注目したい。それは、第一章ですでに指摘したように(二九頁参照)、テムジンは、将来自分のライバルとなり得るような有力なモンゴルの部族集団をさけて、自分の「家産的支配・隷属関係」にあるネケルを集めたのである。そして、じつは、この関係は、オスマン・ベイが将来自分のライバルとなり得るような有力なトルコ系・そのほかの家系のものたちを避けていたことに似ているのであるが、これについてはのちに再び取り上げることにしたい(一一二頁参照)。

杉山正明がチンギス・ハンの「征服が進むにつれ、様々な人びとが加わった。有力者の子弟にも門戸が開か

図３-２　モスクでわが子の割礼の安全を祈願するトルコ人の家族
著者撮影

れた。人種、言語、生活習慣の異なる若者たちがつぎつぎとくわわり、それらのものものもモンゴル風の薫陶を受けて、モンゴル武人に変身した。もともとモンゴルという名称は、小さな部族集団の名にすぎなかった」と述べていることも(2)、上のオスマン・ベイのもとに参集した武人たちによく似ている。一方、かつてオスマン史家小山皓一郎が初期の年代記に基づいて「オスマンが「食客を擁」し、「食卓を用意し」て「人々に食物を給し」」(3)というくだりは、近年の研究に基づいて林佳世子の言う「トルコ系やモンゴル系の有力な部族から離脱した騎士たちの小集団」あるいは「無頼集団」なのであろう(4)。ここでもオスマン・ベイが「食客を擁し」というくだりに注目しておきたい。

オスマン侯国が国家らしい体裁を整える上で大きな契機となったのは、一三二六年に絹織物工業の町として有名なビザンツの要都ブルサを獲得したことである。時代は今や息子のオルハン（在位一三二四～六二）に移っていた。

この町ブルサは現代でもトルコの絹織物工業の中心地である。さらに、ニカイア（イズニク）を一三三一年に、ニコメディア（イズミト）を一三三七年に征服したオルハンはその直後に銀貨を鋳造し、また、イスラム世界から西へと移住してきたウラマー（イスラム知識人）の力を借りてイスラム法に基づく裁判制度や行政制度を導入するなど着々と国家体制を固めていった。この点、組織能力に優れた第二代君主を持ったオスマン朝は、近隣のトルコ系諸侯国と違って将来の発展を約束されていたといえよう。

バルカンへの進出

オスマン侯国のバルカン半島への「進出」の契機となったのは、ビザンツ帝国における皇帝の地位をめぐる権力争いである。一三四一年にビザンツ皇帝アンドロニコス三世が死去すると、王位継承者であったヨハネス五世が幼少であったため、ここに後継者争いが起こった。ヨハネス五世の後見役であったヨハネス・カンタクゼノスは、当時もっとも強力で、しかも近しい間柄であったオスマン侯国の第二代君主オルハンの援助を求めて、一三四六年に娘のテオドラをオルハンと政略結婚させて味方につけ、その援助によりコンスタンティノープルに入城してヨハネス六世を宣言した。ちなみに、カンタクゼノスは、すでにもう一人の娘をアナトリアのトルコ系アイドゥン侯国の英主、「海のガーズィー」の異名で知られたウムル・ベイ（在位一三三四〜四八）に嫁がせていたから、ビザンツ帝国貴族の婚姻戦略に宗教は障害にならなかったようである。

オルハンはカンタクゼノスの要求に応えてたびたびバルカン内部に軍を派遣していたため、カンタクゼノスは、その出発点となるゲリボル（ガリポリ）近くのチンペ城砦をオルハンに移譲せざるをえなかった。一三六二年にかつてビザンツ帝国第二の首都とうたわれたアドリアノープル（トルコ名エディルネ）を征服すると（一三六一、一三六二、一三六七、一三六九年の諸説あり）、オスマン朝は、いまや「バルカン諸国」の仲間入りをし、さらにバルカン各地に領土を拡大していくことになる。しかし、それは、オスマン勢力による一方的なヨーロッパへの「侵入」といったものではない。オスマン侯国のバルカン進出をめぐる国際関係は、トルコ系ムスリム諸侯国、ビザンツ帝国、バルカンの旧支配層、エーゲ海・地中海・黒海における通商の安全に重大な関心を持つジェノヴァ、ヴェネツィア、聖ヨハネ騎士団、はてはローマ教皇によって鼓舞されて十字軍意識に燃えるヨーロッパ諸国までが入り乱れて、まさに「合従連衡」の形容がふさわしい政治的・経済的利害の駆け引きが展開された結果である。こうした中で、オスマン侯国がしだいに求心力を獲得し、東方のイスラム世界の中心から経験豊かな人材を惹きつけて、さまざまな人びとを組織化することによって国家体制を整備し、ついにはバルカンを統一するに至るのである。

一三六二年にオルハンが死去すると、その後を継いだのはビザンツ側の辺境小領主（アクリタイ）の娘ホロフィラ（トルコ名ニュルフュル）の子ムラト（一世、在位一三六二～八九）である。かれもまた、オルハン同様、国家の組織化に意を用い、のちにオスマン朝の近衛軍団として名高いイェニチェリ（「新しい兵」の意、後述）形成の端緒を開いた（一三九五年）。ムラトがバルカン半島を北上する最初の足場としたのは、さきにふれたアドリアノープルの征服である。ムラトはここを拠点にブルガリアやセルビアの諸侯を破り、かれらをオスマン軍に編入するという形で、自らの軍隊を増強した。

セルビアのラザール公はこの劣勢を挽回すべく近隣の小領主たちを結集し、ブルガリア人、セルビア人、ハンガリー人などから編成されたバルカン連合軍を率いて一三八九年、ムラト一世のオスマン軍とコソヴォ平原において対決した。この戦いにオスマン側が勝利したことは、その後のバルカン支配の大きな節目となった。だが、戦いの最中にムラトはセルビアの一領主オビリチによって切りつけられ、その後すぐに死去した。オスマン側はその報復としてラザールとオビリチをはじめ、多くのセルビア人領主を処刑した。コソヴォ平原のこの敗北は、以後セルビア人のあいだで屈辱の追憶となり、民話のテーマとして後世に伝えられた。しかし、それらの民話のなかには、トルコ人に抗して戦うはずの「クラリェヴィチ・マルコ」のようにトルコのスルタンに仕えて、敵と戦う英雄譚も見られるなど、かならずしも反「トルコ」一色に塗りつぶされたものではない(5)。そこにはオスマン支配の長い年月を反映して、どこか両者の日常的交流を思わせる雰囲気も窺われる。オスマン朝治下のバルカンを五〇〇年におよぶ「暗黒時代」と位置づけるのは近代になってバルカン諸民族の間に民族独立運動が起こり、これにヨーロッパ列強が絡むという構図が出来上がってからのことにすぎない。

ムラトの死後、王位は息子のバヤズィト一世（在位一三八九～一四〇二）に受け継がれた。「稲妻」の異名を持つかれは、領土拡張をさらに精力的に進めた。オスマン史家林佳世子は、バヤズィトは「臣属させたビザンツ、セルビア、ブルガリア、アルバニアなどのバルカン軍をもひきつれてアナトリア側に遠征し、サルハン、アイドゥン、メンテシェの諸侯国を征服している。この遠征には、オスマン家の「家臣」として、ビザンツ皇帝マヌエル二世も従軍させられている。そこにはバルカンの一大勢力として、アナトリアに軍を進めるオスマン朝の姿があった」と、オスマン朝を「バルカンの一大勢力」としてとらえる最近の新しい見方を紹介している(6)。

一方、ハンガリー王のジグモンドを中心に対オスマン「十字軍」が結成された。これにはフランス、イングランド、スコットランド、フランドル、ロンバルディア、サヴォイア、ボヘミア、ドイツの各地からやってきた騎士や貴族も加わっていた。ジグモンドはオスマン軍をハンガリーの首都であるブダに引きつけて長

図３-３　ベログラトチク要塞（ヴィディン州）
Wikimedia Commons

い行軍に疲れさせる考えであったが、イェルサレムへ向かおうとする十字軍意識に高揚したフランス軍はバルカン内部への進軍を主張し、それが受け入れられた結果、ドナウ河畔へと軍を進めた「十字軍」とオスマン軍は、一三九六年九月、ブルガリアの最北部にあるドナウ沿岸のニコポリス（現ニコポル）で激突した。結果は「十字軍」の大敗北であった。「十字軍」側の指揮の乱れ、とりわけバルカンの領主たちとドイツやハンガリー軍との意思の齟齬も敗戦の原因であった。この戦いの勝利によって、オスマン朝のバルカン領土は一挙にドナウ河畔にまで拡大した。これに気を良くしたバヤズィトは、一転アナトリアへと軍を進め、一三九七年末には最大の強敵であった南東アナトリアのカラマン侯国を、翌九八年には黒海沿岸のイスラム法官であるカーディー・ブルハネッディンの国家をも併合し、ここにオスマン朝の国境はドナウ川からユーフラテス川にいたる一大国家となった。

オスマン朝による五〇〇年におよぶバルカン支配は、これまで長い間、暴力と圧政の下に置かれた「暗黒時代」とされ、それがヨーロッパにおけるバルカン諸国の「後進性」の原因とされてきた(7)。しかし、そうした考え方は、一九世紀になってバルカン諸国が独立運動を展開するなかで主張され、それがバルカンに影響力を及ぼそうとするヨーロッパ列強によって世界に喧伝された結果であって、かならずしも現実を反映したものではない。一方では、オスマン勢力の浸透は平和的に進行し、バルカンの人びとは封建領主のくびきから解放されたとする「トルコ人福音説」がある。これらの古い考え方に対して、現在の研究ではつぎの二点が広く認められている。その第一点は、オスマン支配成功の鍵を、かれらが実施した支配の合理性にあったとする理解の仕方であり、第二点は、オスマン支配層にこれまで考えられてきた以上にバルカンの在地出身者が多く加わっていたという点である。第一点とは、要するに、征服の過程でオスマン軍団に抵抗するよりも、同盟ないしは服属する道を選んだ領主が、オスマン軍団に受け入れられたことである。その場合、かれらは、かならずしもイスラムに改宗することを強要されることもなく、キリスト教徒のままオスマン軍団に登録された(8)。

アンカラの敗北

バヤズィトがコンスタンティノープルを包囲攻撃していた一三九九年、サマルカンドを首都に、マー・ワラー・アンナフルからイラン、イラク、アフガニスタンにいたる大帝国を築いていたティムール（一三三六〜一四〇五）がアナトリアへと軍を進めてきた。両軍は一四〇二年七月に現在のアンカラ郊外で衝突した。バヤズィト側はカラマン侯国のほかに西アナトリアのトルコ系諸侯国およびバルカンの属国の兵士たちからなっていた。しかし、戦いのさなかにアナトリアの兵士たちがティムールの側に寝返ったため、バヤズィト側の敗北は決定的となり、バヤズィトは捕虜となった。一四〇四年にティムールは、みずから築いた帝国（ティムール帝国、後述）の首都サマルカンドに帰還した。このように、ティムールは八ヶ月ほどアナトリアに滞在したのち、捕虜となったバヤズィトを伴ったままサマルカンドへの帰途についたが、バヤズィトは、その道中で一四〇三年三月にアクシェヒルで捕虜のまま死亡した。ちなみに、この歴史的出来事を題材としたオペラがヘンデルの『タメルラン』（一七二四年初演）である。ここに、バヤズィトの「帝国」は瓦解し、オスマン朝は以後約一〇年間の空位時代を迎える。

第二節　オスマン帝国の成立

コンスタンティノープルの征服

アンカラの戦いによる敗北の結果生じた「空位時代」の混乱を収拾して即位したメフメト一世（在位一四一三～二一）と、つづくムラト二世（在位一四二一～四四、一四四六～五一）の時代は、スルタン権力の強化による中央集権化をめぐって積極的な改革がおこなわれた時代であった(9)。たとえば、それまで大宰相の出自はウラマー層によって占められていたが、メフメト一世の時代にはトルコ系軍人の大宰相も現れ、ムラト二世の時代になると、宮廷「奴隷」出身者（後述）が宰相になった(10)。

ただ、ムラト二世は、戦いよりは宗教的献身に身を寄せることを好む性格であったから、一四四四年に一度帝位を息子のメフメトに譲り、自分は隠遁生活を送りたかった。しかし、幼少の息子の即位をチャンスと見た諸外国の動静に不安を感じて、ムラトは、四六年にふたたび帝位に復活せざるをえなかった。

メフメト二世（在位一四四四～四六、一四五一～八一）が一四五一年に最終的に即位するとオスマン朝は新しい段階に入る。かれが即位して最初におこなった大事業が、第四回十字軍に「征服」されて略奪をほしいままにされて以来、廃墟に近い様相を呈していたコンスタンティノープルの征服である。すでにアナトリアとバルカンの両側から包囲された状態にあったこの町を征服することは、もはや時間の問題であった。一方、イスラム史の大きな流れからすれば、コンスタンティノープルを征服することは、六四二年のニハーワンドの戦いでササン朝ペルシア帝国を滅亡させて以来の大きな目標の達成を意味したのである。

一四五三年五月二九日、コンスタンティノープルは五三日間の激しい抵抗の末に陥落した。その攻防の様子は、わが国でもすでによく知られている(11)。オスマン側が、みずからの技術を売り込んできたハンガリー人の技術者ウルバンを高い給料を払って雇うことによって、当時としてはとてつもない「巨砲」を作らせることができたのに対して、ビザンツ側はそのための資金を調達できなかったために、売り込みに来たかれを雇えなかったというエピソードに象徴されるように、両陣営のあいだの経済力の差は決定的であった。オスマン側の軍勢は一〇万から一二万にのぼったのに対して、ビザンツ側は七〇〇〇人であったという。コンスタンティノープルは前述の第四回十字軍の略奪により荒廃しており、かつて一〇〇万といわれた住民も、いまや五万人程度に過ぎなかった。また、当時まだエーゲ海沿岸各地に領土を持っていたヴェネツィアと、黒海沿岸諸都市との貿易の拠点としてクリミア半島のカッファ港を確保していたジェノヴァとが、すでにビザンツを見限り、オスマン側との通商に将来を託していたために、ビザンツ側の支援要請にもかかわらず、対応を引き延ばしていた形跡がある。

メフメト二世は征服後間もなく、聖ソフィア大聖堂に入り、ここをモスクとした。コンスタンティノープル征服によるビザンツ（東ローマ）帝国の滅亡は、ヨーロッパ史上の大事件であったことは言うまでもないが、オスマン朝にとってもその国家の本質的な転換につながるできごととなった。その第一は、はじめてメガロポリスともいえる大都市を手中にしたことである。第二は、すでにスルタンというイスラム国家の君主の称号を得ていたとはいえ、いまだトルコ系の辺境戦士集団のリーダーとしての気質を残していたオスマン朝の君主が中央集権体制の頂点に立つ端緒となったことである。そこで、われわれも以下、この国を「オスマン帝国」と呼ぶことにしよう。

トルコ人＝トロイア人説の流布

ヨーロッパ人が長い間「宿敵」と考えていた「トルコ人」が、「ローマ帝国」の首都コンスタンティノープルを陥落させた事件がヨーロッパ人にあたえたショックは限りなく大きかった。「残虐なトルコ人」という考え方は、その後の歴史を通じて、ヨーロッパ人の心の中に深く刻み込まれ、ある意味では現在でも消え去ってはいない。しかしその一方で、ルネサンス知識人の間ではトルコ人のトロイア人起源説というものがあった。それは、次のような話である。すなわち「トロイアは、ギリシア人とトロイア人の戦争によって有名になった。この戦争でトロイア人は敗れた。しかし、アエネアス（ギリシア・ローマ伝説でトロイア戦争におけるトロイア側の英雄でローマ建国の祖——引用者）とともに逃れた一つのグループがローマを建設し、ローマは時とともに拡大してギリシア人を破り、トロイア人の復讐を果たした。だが、ローマ帝国が東方へ移動し、コンスタンティノポリスを首都としたのち、ギリシア化し、権力は新たにギリシア人の手に渡った。今回は、アジアの内奥に避難していた別のトロイア人のグループ、すなわちトルコ人が帰還して第二の復讐を遂げたのである」。この話を紹介したギリシア系トルコ現代史家ステファノス・イェラスィモスは、「印刷術の発明から一六〇〇年までに、主なヨーロッパ語でトルコ人をテーマにした何千という本や小冊子が印刷された。（中略）「バルバル」（野蛮人――引用者）、「異教徒」といった判を押すことによって、トルコ人を疎外しようとする膨大な数の文学の傍ら、ルネサンスの知識人たちは、トルコ人のヨーロッパへの進出という現実を咀嚼するために、一四世紀以来ヨーロッパ人の間に流布していたトルコ人＝トロイア人説に学んで、トルコ人は「われわれの仲間」であるだけでなく、ローマ帝国の後継者になるだろう。こうして、ローマ帝国は消滅せず、同じ家系のもとにとどまるであろう、という意見が高まった。なぜなら、中世以来ヨーロッパの王家の多くは自分たちをトロイア戦争の英雄と関係づけて、神聖ローマ帝国のドイツ皇帝と張り合ってきたからである。つまり、トルコ人をトロイア人起源に結びつけたのは、トルコ人ではなく、ヨーロッパ人である」と述べている(12)。

これらの文章を読んだとき、私は、最初は驚いたが、その後いろいろな本を読んでみると、たしかに中世のヨーロッパでは、フランス、ドイツ、イングランドなど、多くの「民族」や地域において自分たちのトロイア人起源説が主張されており、フランク人とトルコ人の同祖説まであったようである。ヨーロッパにおける民族起源説は大変複雑だが、ヨーロッパ内部における神聖ローマ帝国とそれ以外の諸国家との政治関係が民族起源説という形をとってあらわれているという(13)。つまり、オスマン帝国もいまやそれらヨーロッパ諸国家と同一線上に並んでいるということである。トルコ人がトロイア人の子孫であるという説はメフメト二世も、かれの側近の歴史家であるギリシア人クリトボロスを通じて知っていた。クリトボロスは、コンスタンティノープルの征服後、メフメト二世が一四六二年にアナトリア方面の遠征に出かけたときにトロイアの遺跡に立ち寄り、ホメーロスにその名の出てくる英雄たちの墓を探し、自分によってかれらの復讐が果たされたことを告げたと記している。しかし、オスマン帝国がその後ヨーロッパと地中海の西方へ進出すると、トルコ人をトロイア人の子孫とするだけでは不十分となり、オスマン帝国こそが「普遍的なローマ帝国の真の後継者」とするヨーロッパの世論が高まったことをイェラスィモスは、マキャヴェッリや一六世紀フランスの思想家ジャン・ボーダン、それに当時のヴェネツィア領事などの言説を引用しながら論じている(14)。

このようにみてくると、一見奇抜に思えるトルコ人＝トロイア人説も、オスマン朝史家藤波伸嘉が指摘したように(15)、そして、このことと関連してビザンツ史家井上浩一が言うように(16)、ビザンツ帝国の旧来の臣民、特にギリシア正教徒にとって、目の前に起こった事態（コンスタンティノープルの陥落とオスマン支配への転換）は受け入れるのに耐えがたいものではなかったのではあるまいか。

メフメト二世自身が自らをアレクサンドロス大王やローマの後継者とみなしていたことは興味ぶかい。かれはイスラムの君主であると同時に、東地中海世界の「皇帝」たろうとしていた。かれは施政のうえでも、ときにイスラム法やイスラム的伝統よりも中央集権政策を優先し、自らの「絶対化」を推し進めた(17)。

このような議論はともかく、当時のヨーロッパ人は、「トルコ」を脅威として扱うばかりではなく、この国の実際をよく知っていたと思われる。少し経ったのち、セリム一世の時代に『君主論』を著したマキャヴェッリは、「トルコ」、すなわちオスマン帝国についてわずか二ヶ所だが言及しており、そこでは、この国が当時のヨーロッパの王が諸侯によって制約される封建的な国家体制とは異なり、絶対的な権力を持つ君主による専制国家であること、そして君主は（あてにならない傭兵ではなく）、一万二〇〇〇人の歩兵と一万五〇〇〇人の騎兵というスルタン直属の兵士に守られているという。かれの挙げたこの数字はかなり正確である。こうした記述を読むと、マキャヴェッリの議論はヨーロッパにおける来るべき「絶対主義体制」

の到来を予告しているかのようでさえある(18)。

首都イスタンブルの建設

メフメト二世は、コンスタンティノープルを征服すると、この町をみずからの玉座とし、帝国の中心とすることを宣言し、第四回十字軍（一二〇二～〇四年）の占領・略奪によって荒廃しきっていたこの町の復興策にただちに着手した。このテーマに関しては、林のすぐれた研究があるので、以下、これを参照することにしよう(19)。まず、征服の過程で捕虜になることを免れたり、身代金を払って解放されたギリシア人などの住民に対して安全を保障し、旧来の慣習と宗教の維持とを約束した。また、金角湾の対岸にあるガラタ地区に在住するジェノヴァ商人にも、その身の安全と商売や通行の自由を保障した。一方、激減した人口の回復のために、征服戦争に参加したり、協力した人びと、すなわち軍人、ウラマー、神秘主義教団員などに市内の建造物を住居として与えた。そのなかには、あの巨砲の製作者であるウルバンの名もみえる。メフメト二世はさらに、帝国各地に使者を派遣し、各地からの自発的な移住を募ったが、その結果が思わしくないのを見ると、帝国支配下の諸都市や、その後の征服地から富裕な商人・職人を選んで強制的にイスタンブルに移住させた。メフメト二世は、一四五七年ごろから、町に巨大な市場やキャラバン・サライを建設し、移住してきた商人や職人がそこで商売が営めるようにしている。イスラム世界ではこうした商業施設から得られる収入は、モスクや学校・図書館などの宗教・教育・公共施設の維持・運営費を賄うために寄進（ワクフ）されるのが普通であった。イスラム圏における商業の繁栄はこうしたシステムに負うところも大きかった。イスタンブルの場合は、商業施設の多くは、ハギア・ソフィア聖堂から改修されたアヤ・ソフィア・モスクの維持・運営費として寄進された。メフメト二世は側近の軍人たちにもその財力に応じて市内の要所にモスクなどの建築をおこなうよう命じた。

こうした建設事業と人口対策により、イスタンブル(20)の人口は征服から三〇年後には約一〇万人までに回復した。このうち約四割をギリシア正教徒やアルメニア教徒、ユダヤ教徒が占めている。残りの六割は征服以前にはほとんどいなかったムスリムが占めた。このムスリムと非ムスリムの六対四という比率は、その後二〇世紀にいたるまでほぼ変わらなかった。

メフメト二世は征服後、勅令を発し、ギリシア正教会総主教やアルメニア教会総主教に、彼らの宗教共同体の自治と信仰を保障している(21)。こうしてイスタンブルはムスリムだけではなく、ギリシア系やアルメニア系のキリスト教徒、ユダヤ教徒を受け入れた多宗教・多民族都市として復興した。同時に、それによって、オスマン帝国はキリスト教徒・ユダヤ教徒をも支配する正統性を獲得したのである。

コスモポリタンなメフメト二世の宮廷

メフメト二世は、最初、現在は観光客でにぎわっているグランド・バザール（カパル・チャルシュ）の近く、イスタンブル大学本部の置かれている場所に宮殿を作った。ここは、いわば王家の私邸であった。やがて、帝都にふさわしい新たな宮殿の建設が一四六五年に着手され、七八年に完成した。このトプカプ宮殿は、ヨーロッパ型の大宮殿とはことなり、むしろ小さな建物や東屋（キオスク）の集合体に近い。そこには天幕に住むことをこよなく愛した遊牧民の伝統さえ窺われる。何千人もの侍従や使用人の食事を賄った巨大な台所や周囲に張り巡らせた高い頑丈な石塀だけが、わずかにスルタンの専制的権力をしのばせるにすぎない。

トプカプ宮殿は、第一の門（帝王の門）、第二の門（挨拶の門）と進んだのち、第二中庭（外廷）にたどり着く。ここは、かつては珍しい花が咲き乱れ、鹿やダチョウなどの動物が放し飼いにされ、芝の間を流れる水の音だけが静寂を乱す唯一のものだったという。これは自然をこよなく愛する遊牧民の感覚である。その奥、至福の門をくぐった内廷に歴代のスルタンたちが思い思い気に入った場所にキオスクをたてることによってできあがったこの宮殿は、遊牧民の天幕の集合体といった趣である。

中国史に詳しい作家の陳舜臣も、トプカプ宮殿を訪れた時の印象を「私はモンゴルの草原で、遊牧の人たちが、思い思いに自分たちのテントを張っていた情景を思い出した」と吐露している[22]。川本智史の研究によると、この宮殿はイスラム世界の宮殿類型のなかでは第四類型の「遊牧的王権」の宮殿類型に属し、一三世紀後半以降、モンゴルの侵入を契機としてイスラム世界にもたらされ、イル・ハン国、ティムール朝、オスマン朝、ムガル朝、サファヴィー朝に見られるものであるという[23]。

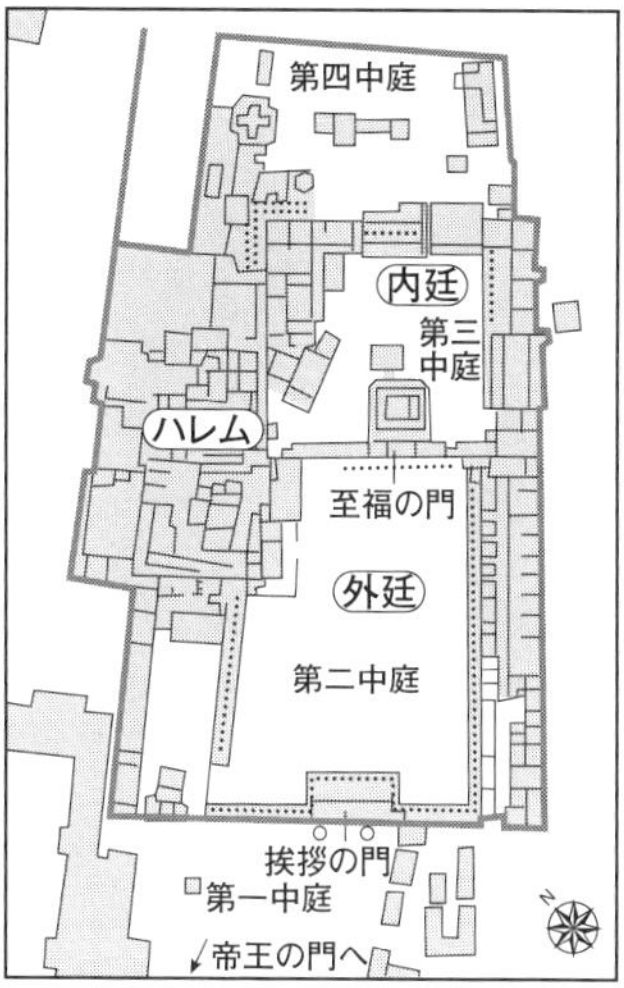

図3-4　トプカプ宮殿の概念図

このように、「遊牧的王権」の雰囲気をなお残すオスマン帝国の宮廷ではあったが、メフメト二世の宮廷での生活ぶりは、やはり、コスモポリタンであった。かれは、トルコ語のほかにアラビア語、ペルシア語をよく知っており、少しではあるが、ギリシア語とイタリア語を知っていた可能性がある。というのは、かれの宮廷にはギリシア人とイタリア人の家庭教師がいて、古代ギリシアやローマの歴史を講じていたからである。イギリスのルネ

図３-５　宮廷絵師の描いたメフメト２世の肖像画
トプカプ宮殿博物館蔵

サンス史家ピーター・バークもいっていることだが、イタリア・ルネサンスの芸術家たちが、メディチ家のような君主や富豪といったパトロンたちの宮廷で仕事をしていたことを考えれば、オスマン帝国の君主もまた、ルネサンスのパトロンの一人に数えても差し支えない(24)。事実、メフメト二世が、ヴェネツィアの有名な画家ジェンティーレ・ベッリーニを招いて自分の肖像画を描かせたりしていたことは、あまりにも有名な話であるが、そのほかにもコンスタンツォ・ダ・フェッラーラ、マッテオ・デ・パスティといったイタリアの有名な画家・彫刻家・建築家を多数招聘している。

メフメト二世はまた、ヴェネツィアの画家のもとに宮廷絵師を留学させており、その一人ブルサル・スィナンが帰国後に描いたと思われる絵にはイスラムのミニアチュール技法とルネサンス絵画の写実的な技法とが渾然一体となっているのを見ることができる。ただし、最近の研究によれば、この絵はスィナンによるものではなくかれの弟子が描いたという説もあるが、要はメフメト二世がルネサンス絵画に興味があり、その技法を取り入れようとしていたことである。ただ、東方の君主がルネサンス以降のヨーロッパの絵画に関心を示した例は、オスマン帝国に限られたことではなく、ムガル皇帝のアクバル、清の康熙帝《こうきてい》、日本のキリシタン大名などに見られるように決して珍しい話ではない。

ティムール帝国との交流

メフメト二世の宮廷は、ルネサンス期のヨーロッパと密接な交流がみられたが、メフメト二世の主宰する「御前会議」（ディーワーン、後述）にウイグル語を知る学者がいたと言われている(25)ように、中央ユーラシアやイランとの文化交流もまた盛んであった。メフメト二世の宮殿で文学用語として幅を利かせていたのはペルシア語であった。ガズナ朝やセルジューク朝時代のペルシア文学を代表するフェルダウスィーの『シャー・ナーメ（王書）』やニザーミー（アゼルバイジャン、一一四一？～一二〇九？）の『ハムサ（五行詩）』、とくにイル・ハン国の宰相ラシードゥッディーンの『集史』が盛んに読まれた。

ティムール帝国（一三七〇～一五〇七年）は、トルコ・イスラム化したモンゴル族出身のティムール（在位一三七〇～一四〇五）が一三七〇年にサマルカンドを征服してマー・ワラー・アンナフルとホラーサーンを支配しトルコ化したモンゴル系イスラム王朝である。ティムールが一四〇二年にアンカラの戦いでオスマン朝のバヤズィト一世を破ったことはすでにふれたとおりである。このように、ティムールは絶え間なく征服戦争を敢行して東は中国の辺境から西はアナトリアまで、北は南ロシアの草原地帯から南はインド北部にいたる大帝国を建設した一方で、ヘラート、タブリーズ、バグダードなど当時の高度な文化をもつ諸都市から多数の学者、文人、芸術家、建築家、職人を首都であるサマルカンドに送りこんでこの都市をイスラム文化の中心地とするための努力を惜しまなかった。ティムール帝国の宮廷には、当代一流の芸術家が集まっていた。

ティムール帝国は、当時イスラム世界一の文化水準を誇っていたため、メフメト二世はティムール帝国の首都であるサマルカンドに留学生を派遣したり、サマルカンドの学者たちを招聘したりしていた。例えば、ティムールの下で天文台長を務めたカーディー・ザーデ・ルーミーという人物は、その名前ルーミー（当時ルーム〈ローマ〉と呼ばれていたアナトリア出身の人）からわかるように、もともとはオスマン朝からの留学生であった。ルーミーの後を継いで天文表の完成に寄与したアリー・クシュチ（一四七四没）は、サマルカンドに生まれ、その父ウルグ・ベグ鷹匠（クシュチ）であったところからその名を得たが、有能であったため、ルーミーの後を継いでサマルカンドの天文台長に任じられた人物である。ウルグ・ベグが暗殺された後かれはサマルカンドを去り、当時西部イランに覇を唱えていたアク・コユンル（白羊）朝の首都タブリーズに滞在したが、その君主ウズン・ハサンの大使としてイスタンブルに派遣されてメフメト二世の宮廷に至った。クシュチは任務を果たすと、メフメト二世の要請を受けて、そのままイスタンブルを永住の地と定めた(26)。メフメト二世は、アリー・クシュチをアヤ・ソフィア・モスク付属のマドラサ（イスラム高等学院）の教授に任じ、マドラサ組織の再編成の役目をかれに託した。かれがイスタンブルに二〇〇人の学者と芸術家を連れてきていたからである。文章語として完成の域に達したテュルク語（チャガタイ語）がオスマン語の形成に大きな影響を与えたし、また、ティムール朝で発達したミニアチュールやタイル芸術がオスマン朝の画家たちの手本となっている(27)。

こうしたティムール帝国の文化の積極的な受容の背景には、学者や芸術家のパトロンになることは「王」であることの証明であり、文化のパトロンであることは、中世のペルシアと中央アジア以来の伝統だったからであるという(28)。ティムール自身、自分が侵略した国の最も優れた芸術家をサマルカンドに連れて行った。それは、のちにオスマン帝国のセリム一世（在位一五一二〜二〇）がサファヴィー朝から奪ったタブリーズとマムルーク朝を滅亡させてカイロから多くの芸術家を連れてきたのと同じである。イタリア・ルネサンスの巨匠たちがイタリア以外のヨーロッパ諸国のモデルになったように、中央アジアとペルシアの詩人はオスマン帝国の詩人たちにとってインスピレーションの源泉であった。

以上にみてきたように、メフメト二世の宮廷は、一方ではビザンツ帝国の後継国家としてヨーロッパ諸国と交流する側面があり、かつ東方イスラム世界が築き上げてきた文化を継承するという文字通りの「コスモポリタン」な雰囲気に満ちていたのである。

第三節　アナトリアとバルカンの統合

アナトリアとバルカンへのさらなる進出

メフメト二世は、コンスタンティノープル征服後の二七年間の在位中にみずから兵を率いて征服活動を続行した。かれが「征服王」の異名で呼ばれるのも、コンスタンティノープルの「征服王」だったからだけではない。かれの在位中に東部と南部のアナトリアの一部をのぞいて、アナトリアとバルカンの多くの地域がオスマン帝国領内に統合された。そこで、以下にその過程を簡略に示しておこう。アナトリアとバルカンの多くはメフメトの曽祖父であるバヤズィト一世の時代に一時期併合されていたが、ティムールとのアンカラの戦いの後、その多くが自立ないし離反してしまった。メフメトはまず、バルカン内部の平定に矛先を向け、

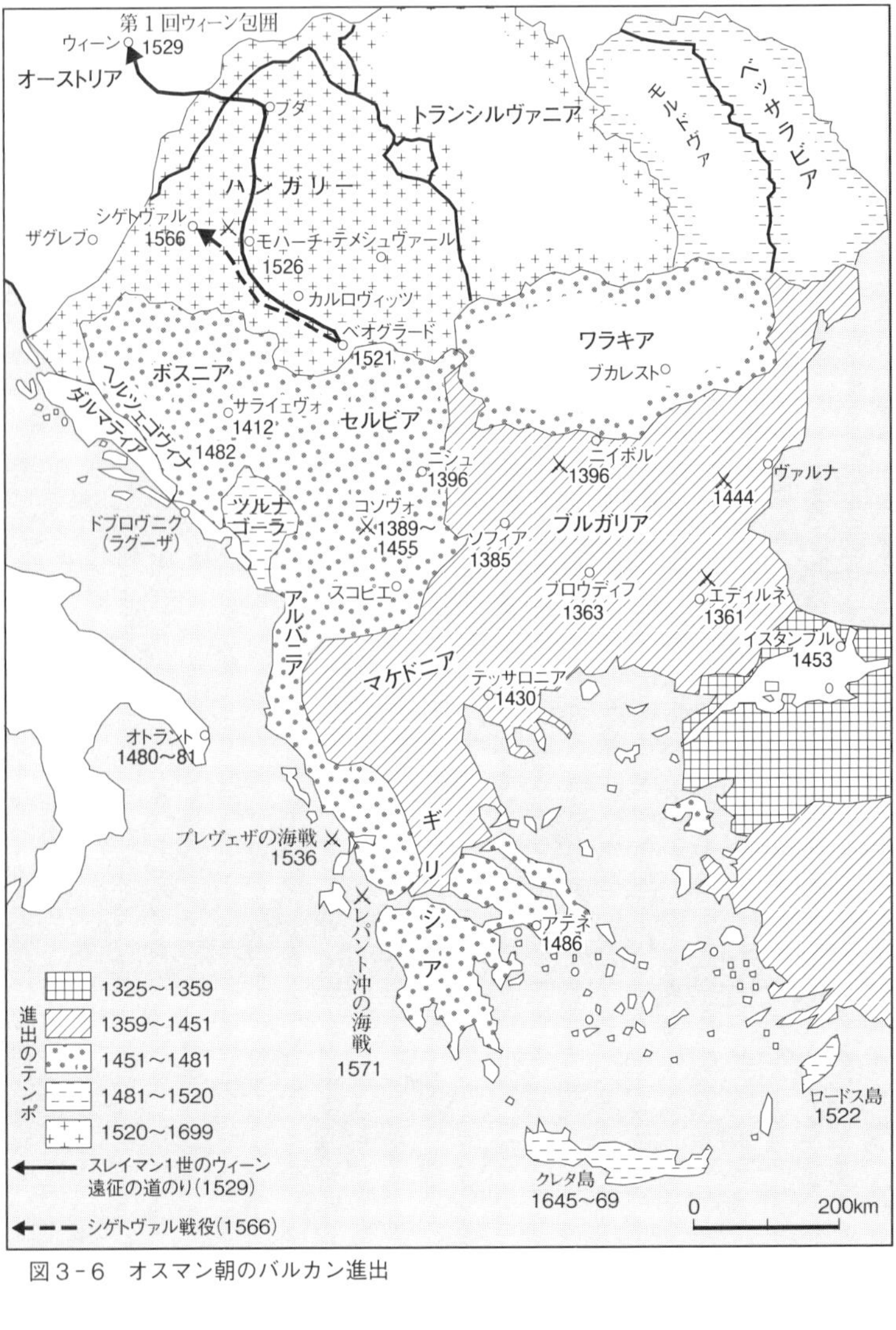

図３-６　オスマン朝のバルカン進出

一四五九年にセルビアを、さらに同年フィレンツェ人の支配するアテネを占領した。翌年には二人のビザンツ皇族が支配するペロポネソス（モレア）半島を征服した（一四六〇年）。一四六一年にはアナトリアへと矛先を向け、黒海沿岸に軍を進めた。その目的は第四回十字軍時代に成立したコムネノス朝ビザンツ皇族のトレビゾンド帝国であった。この時の皇帝ダヴィドは、姪がアゼルバイジャンを本拠にイラン・イラクへと領土を拡大したトルコ系アク・コユンル（白羊）朝（一三七八頃〜一五〇八）の英主ウズン・ハサン（在位一四六六〜七八）と結婚していることを頼りにして、オスマン帝国への貢納金を支払うのを渋っていたからである。オスマン軍は遠征の途中でジェノヴァ人が支配していた黒海沿岸の小さな港町アマスラと、トルコ系のチャンダル侯国のスィノプとを併合した。これらの町はいずれも戦わずして城を明け渡したのであった。ダヴィドもまた、ウズン・ハサンからの援軍があてにできないことを知ると、降伏した（一四六一年）。こうして黒海沿岸地域がオスマン領となった。

メフメトは休む間もなく、バルカンへときびすを返す。そこには好敵手ワラキア（現ルーマニア南部）のヴラド・ドラクールが待っていた。かれがブラム・ストーカーの小説『吸血鬼ドラキュラ』によって世界的に有名になった「ドラキュラ」のモデルとなった人物である。かれは領民たちには残虐なことで恐れられた君主であったが、オスマン軍の進撃には果敢に抵抗した。結局、一四六二年に敗れはしたが、かれの抵抗のおかげで、ワラキアとモルドヴァ（現ルーマニア北部）の両公国は、オスマン帝国の宗主権下に内部自治を認められるという格別の地位を認められたから、ヴラドはバルカンの英雄のひとりである。

メフメトのバルカン征服に頑強に抵抗したもう一人の英傑がいた。それがアルバニアのスカンデル・ベグである。アルバニアは山がちな地形のために、古来多くの豪族が割拠する土地柄であった。その一人、ギオ

図３－７　アルバニアの首都ティラナの中央広場のスカンデル・ベグ　著者撮影

ン・カストリオトは一四三〇年にオスマン朝の支配を受け入れると、当時の習慣に従って、息子たちをエディルネのオスマン宮廷に送った。そのひとりギエルギはそこで小姓として養育されたが、勇敢な少年だったので、マケドニアの英雄アレクサンドロス大王にちなんでスカンデルの名を与えられた。

一四三八年にかれはスルタンによって、軍事封土を与えられ、やがて故郷アルバニアの郡政官としてクルヤの統治を任された。クルヤに赴任したかれは、この地位を利用して、ひそかにナポリ、ヴェネツィア、ハンガリーと連絡を取り、スルタンがハンガリーのフニャディ・ヤーノシュとの戦いに苦戦している間隙をつき、スルタンに公然と反旗を翻し、クルヤでアルバニアの独立を宣言したのである。かれはムラト二世やメフメト二世と果敢に戦ってこの城塞を守り通した。

現在でもアルバニアの首都ティラナの中央広場にはスカンデル・ベグの銅像がにらみをきかせている。一九九〇年代の初めに、この像の隣にあった共産主義政権の独裁者エンヴェル・ホッジャの像が引き倒されて以来、スカンデル・ベグの像は、この国唯一の英雄像になっている。

一四六六年にボスニアが最終的に併合されると、バルカン半島のほぼ全域がメフメトによって征服された。その後、ボスニア地方は長い年月をかけて、現地民の改宗によるイスラム化が進み、その首都サライェヴォは今日に至るまでバルカンにおけるイスラム文化の中心地となって現在に至っている(29)。

一方、アナトリアには旧ルーム・セルジューク朝の首都コンヤに拠るトルコ系のカラマン侯国がアク・コユンル朝の英主ウズン・ハサンの支援を得て、なお中部アナトリアを支配していた。メフメトは一四六六年になって、ようやくコンヤを占領し、この侯国を併合した。残るはウズン・ハサンとの対決であった。ウズン・ハサンは、ヴェネツィアと同盟して東西からオスマン帝国を挟み撃ちにしようと図ったが成功しなかった。というのも、ヴェネツィアがアナトリアに関心をもつのは貿易上の利害だけだったからである。このころ、ヴェネツィアはオスマン帝国と一時的に和平を結んでいた。メフメトとウズン・ハサンの対決は一四七三年にエルズィンジャン近郊のオトルクベリで現実のものとなった。ウズン・ハサンの騎馬兵は勇敢であったが、オスマン軍の大砲と鉄砲の威力の前に総崩れとなり、ウズン・ハサンは逃亡した。

バルカンのトルコ化・イスラム化の諸相

バルカンという地名が広まったのは二〇世紀に入ってからで、それはオスマン帝国が支配したことにより、一つのまとまった地域として意識されるようになったからである。オスマン帝国の側は、ここを、「ルーム（ローマ）」の地の意味で、「ルメリ（ルームの地）」と呼んだ。バルカン半島は全体として山がちな地形をもっていたから、牧畜もまた重要な生業であった。オスマン朝は、バルカンの征服が進むとともに、トルコ系遊牧民をブルガリア東部、黒海に近いトブルジャ地方などに移住させて軍事組織としてこれを利用した。また、バルカンに古くから存在したアルーマニア人（ヴラフ）たちを「マルトロス」や「ヴォイヌク」と名付けられた軍事組織に編成して利用した。この政策は、遊牧や牧畜を時代遅れの生業であるという誤った考えに毒された近代の歴史家によって「時代遅れの牧畜経済を復活させた」と批判されたりするが、それが的外れの意見であることは言うまでもない。

バルカンでは、トルコ語以外の言葉を話すキリスト教徒が圧倒的に多いという状況が続いた。この点に関して、ギリシア近現代史家マーク・マゾワーは、「バルカンがアナトリアのようにイスラム化しなかったのは、ひとつには、スルタンにそういう気がなかったからだった。キリスト教徒の場合、非キリスト教徒や異端者を排除したいという衝動がはびこっていたが、ムスリムは一般的にそうではなかった」と述べている。マゾワーはさらに、「キリスト教徒もユダヤ教徒も「ズィンミー」つまり庇護民と認められ、忠誠を尽くして税金を払うのであれば、自分たちの慣習に従って自治をおこなうことがゆるされた。そして正教会の総主教たち、なかでも別格であるコンスタンティノープル世界総主教が、この両方の点についての保証人となり、やがては「異教徒の諸集団」の長とみなされるようになった。その代わり総主教は、正教徒共同体のために正教徒に課税する権限、キリスト教徒については教会の法廷で裁判をおこなう権限を与えられた。教会はビザンツ世界で果たしていた精神的な役割に加え、オスマン帝国内の正教徒臣民の代弁者として、しだいに政治と行政に巻き込まれていった」(30)と述べている。一方、ハンガリー史家の秋山晋吾は、イスラム法のなかに多様な人びとを包摂するシステムが存在することを指摘している(31)。

とはいえ、オスマン帝国によるバルカン支配は、アナトリアほどではないにせよ、やはりトルコ化とイスラム化という文化変容を部分的にもたらした。この点は、現代のバルカン諸国の政治状況を理解するために重要な意味を持つので、以下に簡単に紹介しておきたい。

図3-8はバルカン半島諸地域に住むキリスト教徒、ムスリム、トルコ系遊牧民、そしてユダヤ教徒の分

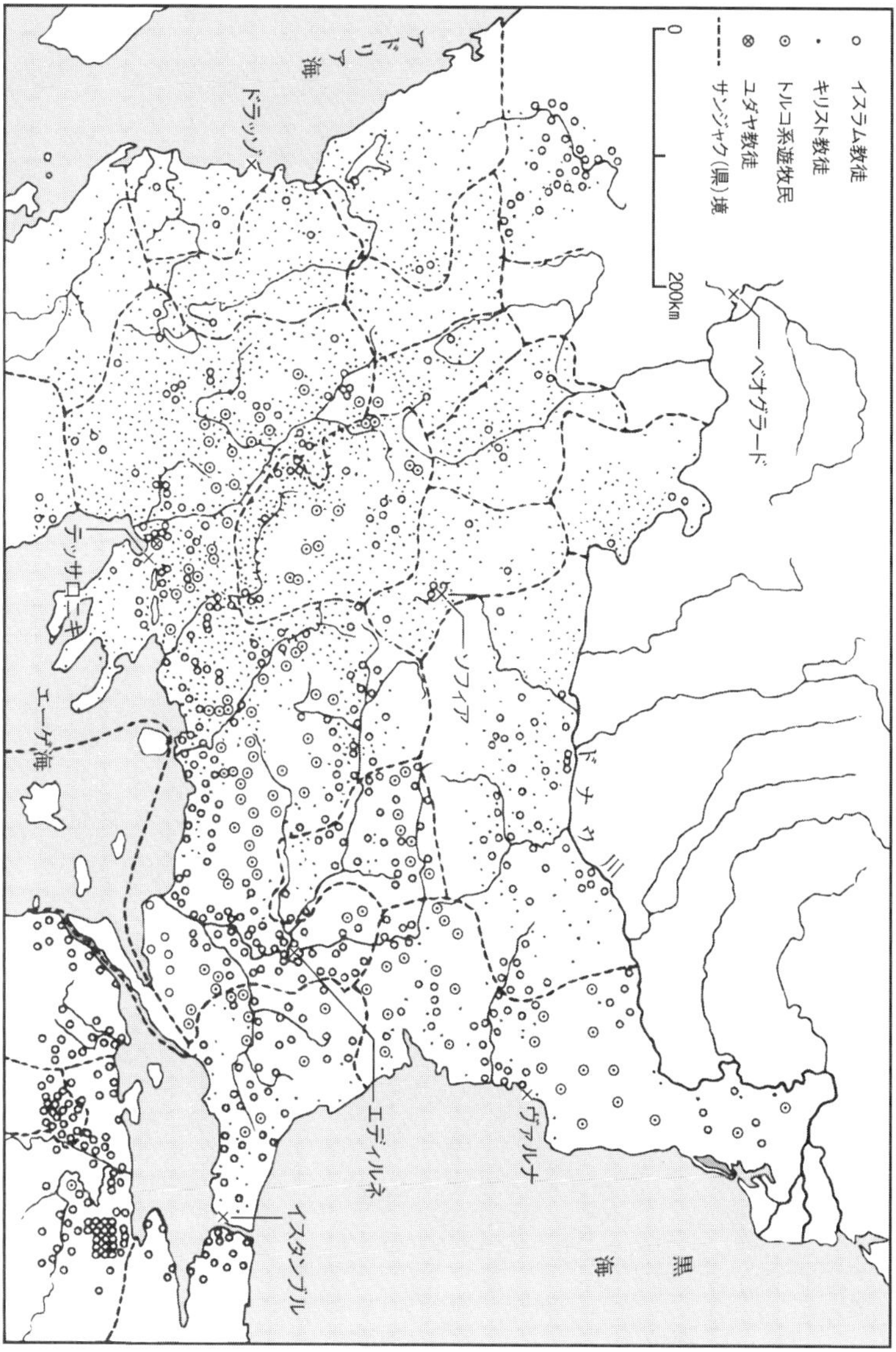

図3-8　バルカンにおけるトルコ化・イスラム化の進展

布状況を示したものである(32)。これをみると、現在のトルコ共和国のヨーロッパ領およびブルガリアの北東部、そしてギリシア北部にトルコ系遊牧民やムスリムが多数分布していることがわかる。これは、ブルガリア人など現地民が改宗した結果ではなくて、オスマン政府の政策によって、アナトリアのムスリムや遊牧民が移住したり、政府によって強制的に移住させられた結果である。したがって、これらの地域はトルコ系住民の移住によって結果的にトルコ化とイスラム化が浸透した地域である。現在のブルガリア語のなかに生活レベルのトルコ語語彙がかなり残っているのはそのためである。しかし一方では、一九世紀になってオスマン帝国がこの地域を失った結果、これらトルコ系の人びとがアナトリアへと再移住したため、アナトリアの「再トルコ化」が進む反面、ブルガリアに残されたトルコ系の人びとが「少数民」として位置づけられ、かれらに対する「スラブ化」政策が問題となったこともある。

一方、アルバニアの南部とボスニア地方にムスリムが多く見られる。アナトリアから遠く離れたこれらの地域のムスリムは現地民であるアルバニア人やセルビア人などがイスラムに改宗した結果である。一九四四年から一九五四年までアルバニア人民共和国首相を務めたエンヴェル・ホッジャは一九〇八年、オスマン帝国統治下だったアルバニア南部のジロカストラでムスリムの家庭に生まれた人物である。また、一九九〇年代のボスニア地方がムスリムとキリスト教徒との間で悲惨な民族紛争の修羅場となったことはわれわれの記憶に新しい。これらの地域の現地民の改宗については様々な説があるが、現在では、長い時間の間に自然に改宗が進んだのだと、むしろ考えられている(33)。なお、ボスニアではムスリムのことを「トルコ人」と呼ぶ習慣が残っているので注意を要する。また、一九世紀になってオスマン帝国からの自立運動をいち早く起こしたギリシアやセルビア地方はトルコ化もイスラム化もほとんど見られない、キリスト教徒が大多数を占めた地域である。

第四節　イスタンブル交易圏の成立

黒海の制海権掌握

オスマン帝国はコンスタンティノープル攻略にさきだって、黒海と地中海を結ぶボスフォラス海峡の最も狭い地点に、バヤズィト一世がアジア側に、メフメト二世がヨーロッパ側に砦を築いてここに大砲を据えていたから、この海峡をほぼ完全にコントロールすることができた。というのも、黒海と地中海にそれぞれいくつかの拠点を持っていたジェノヴァとヴェネツィアが、自分たちの権益を守るべく応援に駆け付ける可能性があったからである。

すでに一三世紀以降、イタリア商人は黒海に進出していたが、その先鞭をつけたのはジェノヴァ人であった。かれらは、ビザンツ帝国との同盟を背景に、コンスタンティノープルの金角湾の対岸に建設されたペラ、クリミア半島のカッファ、黒海南岸のスィノプ、サムスンなどに商業拠点を築いて「領事」を派遣していた。ヴェネツィアもアゾフ海沿岸のタナなどに拠点をもっていた。これらの拠点での交易によってタタール、カフカース、アブハーズなどの「民族」名で知られる奴隷が地中海世界にもたらされ、高値で売買された。黒海北岸のステップ地帯は、一三世紀半ば以降、モンゴル帝国を構成する諸ハン国のひとつであるキプチャク・ハン国（ジョチ・ウルス、金帳汗国）の支配の下にあり、ジャムチ（駅伝制）など、いわゆるモンゴル帝国の商業ネットワークに組み込まれていた地域であった。したがって、オスマン帝国がアナトリアの併合過程において黒海南岸の諸港市を征服し、かつキプチャク・ハン国を媒介としてチンギス・ハンの血統につながるクリミア・ハン国を併合したことは、オスマン帝国がモンゴル帝国の商業ルートを継承する結果をもたらした。一四七五年にクリミア半島最大の貿易港で、ジェノヴァのコロニーであったカッファをオスマン艦隊が攻撃すると、イスタンブルに滞在していたクリミア・ハン国の反体制分子がメングリ・ギライをハンに推戴してオスマン帝国の宗主権を受け入れたのである。

イスタンブル交易圏の成立

こうして黒海は以後「オスマンの湖」となり、オスマン帝国はモンゴル帝国の通商ネットワークを受け継ぐとともに、その首都イスタンブルは東西南北にのびる通商路の結節点としての性格を維持しつづけた。ジェノヴァとヴェネツィアは一四五四年にオスマン帝国と二％の関税率をベースとして通商条約を結んでいた。この税率はかつてビザンツ帝国とフィレンツェが結んでいたものを踏襲していた。それにもかかわらず、ヴェネツィアは一四六三年以後一六年間にわたってほぼ絶え間なくオスマン帝国と抗争を繰り返すことになる(34)。オスマン帝国はクリミア半島の征服を終えると、矛先をイタリアへと向けた。一四八〇年、オスマン艦隊がオトラント港を包囲すると、イタリア全土は恐怖のどん底にたたき込まれた。だが、この直後にメフメト二世は、誰にも行く先を知らせることなくアナトリアで軍を進めるさなか、突然死去した。これによってイタリアは救われた。かれの突然の死は、毒殺か病死かの議論を呼ぶことになった。

黒海と連動したイスタンブル交易圏の中心の一つはクリミア半島の貿易港カッファであった。この港は、かつて、モンゴル帝国崩壊の一因となった恐るべき疫病ペストがここを経由してヨーロッパ全土にひろがったという、いわば汚名を着せられていた。だが、オスマン帝国に併合されて以後、その宗主権のもとで、黒海貿易の一大拠点となることで、その名誉を挽回したのである。

一四八七年から一四九〇年におよぶこの港の関税簿史料の関税収入の欄に目を向けると、イスタンブル以外にも、イズミル、スィノプ、トラブゾン（旧名トレビゾンド）などのアナトリア諸港からくる船は、アナトリア各地の特産品であるさまざまな綿織物やアンカラの高級毛織物モヘア、ブルサの絹織物、アナトリア西部のウシャクやギョルデスなどの町で織られる絨毯などを筆頭に多彩な商品を満載していた。ちなみに、ギョルデスの絨毯は、現存する最古の絨毯として知られる西シベリアのアルタイ山脈にあるバジリク古墳で一九四九年に発掘された絨毯と同じ方法で織られており、これはこの町の名をとって「ギョルデス結び」と名付けられていることに注目したい。フィンドリーは、「現存する最古の絨毯が一三世紀のアナトリアでつくられたトルコ絨毯であるという事実を見落としてはならない」と述べたのち、「明らかに、この時代のテュルク系諸国家とモンゴル系諸国家は文化的、歴史的に多くの共通点を有していた」と続けている(35)。一方、黒海北岸のアザック、タマン、スーダックなどの港からくる船は奴隷、毛皮、キャビア、魚、魚脂、塩、蜜蠟、ワインなど北方の特産物を積み込んでいた。これら北方の特産物のうち、世界史的に見て、のちに重要性を獲得するのはシルクロードを経由してもたらされる毛皮、とりわけ「テン」とよばれるイタチ科の動物の高級品として知られる毛皮である。これはオスマン宮廷でも珍重されたが、とりわけ一七世紀以後ロシア

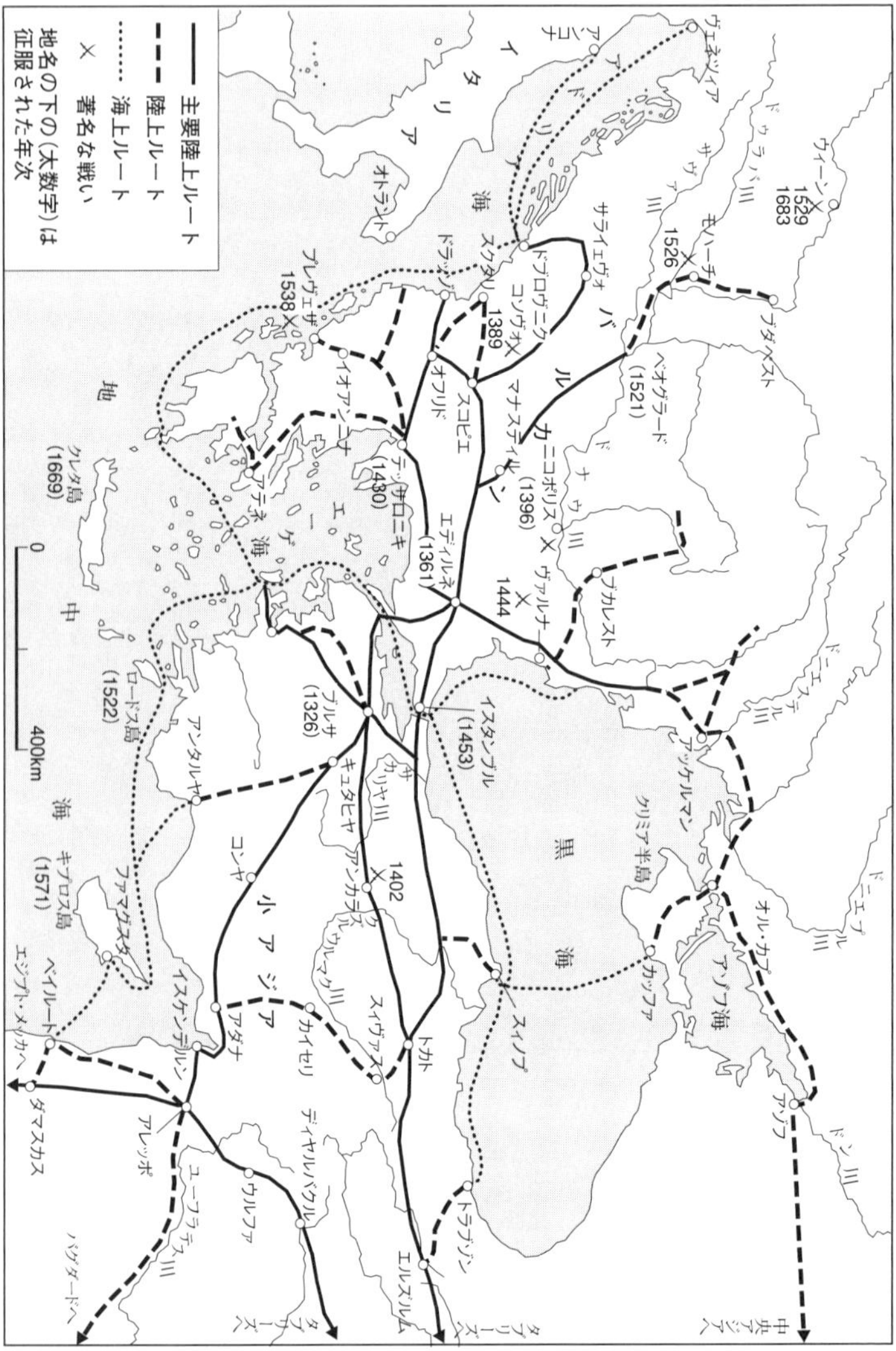

図3-9　16世紀アナトリアとバルカンの交易ルート

の商人がこの毛皮を求めて、その生息地であるシベリアへ入植していったことがロシアの中央ユーラシアへの進出の動機の一つとなったことが重要である。

この関税簿を閉じて、イスタンブルを中心とした当時の国際貿易品を今少し包括的に拾ってみよう。時間的には少しのち、一六世紀まで下らざるをえないが、エジプトからは小麦、米、砂糖、コーヒー、各種香辛料、ヨーロッパからはイタリア各地の高級毛織物、紙、鉄器、ガラス製品、モレア（旧ペロポネソス）半島とエーゲ海方面からはワイン、オリーヴ、オレンジ、海綿などの地中海の物産がイスタンブルにもたらされた。バルカンでは、テッサリアとマケドニアから小麦と生皮が、ブルガリアのマリッツァ川沿いの渓谷と西トラキアからは宮廷と軍隊用の米が、ブルガリア、マケドニア、東トラキアの平野からは牛肉と羊肉がおくられた。それゆえにバルカン南部はイスタンブルの食糧供給基地として位置づけられていた。

都市の発展

オスマン帝国による併合の結果、これまで大小の王朝、旧支配層や修道院領などに分割され、政治的混乱に見舞われがちだったバルカンは、オスマン帝国という巨大な政治権力のもとに統合された。ドナウ川北方の国境地帯やアドリア海、黒海へ至る道路網が発達し、その結節点にあたる都市が物資、軍隊、商人、そして情報の集結する場所として発達した。

首都イスタンブルからバルカン各地にいたる道路網には、旧アドリアノープル（エディルネ）を出発点として、三つの主要幹線があった（図３－９参照）。その一つは、黒海沿岸を北上して南ロシアや中欧にいたる道、二つは、ソフィア、ニシュ、ベオグラード、ブダペストを経てウィーンにいたる中央道で、これにはマ

図3-10　サライェヴォ旧市街の中心「バシュチャルシーヤ」
著者撮影

図3-11　モスタル　著者撮影

ナストゥル（現ビトラ）の南方でサライェヴォ、モスタルを経てラグーザ（ドブロヴニク）にいたる枝道が接続していた。三つは、古代ローマのヴィア・イグナティア街道に該当し、サロニカ（現テッサロニキ）からアルバニアのドラッゾ港を経てアドリア海からローマへといたった。これらの他に多数の支線が分かれていたことはいうまでもない。

都市民はモスクや教会を中心とした街区（マハッレ）に住み、昼間はバザールで商業や手工業にいそしんだ。当時作成された「検地帳」を検討すると、住民はしばしば民族ないし宗教別の街区に分かれて住んでいるかのごとくみえるが、実際には民族・宗教の別を問わずに混住している場合が少なくなかった。たとえば、こうした混住街区はいずれも、その町の中心にある商業地区である。たとえば、サライェヴォの商業地区である「バシュチャルシーヤ」（トルコ語で「筆頭市場」の意）にはモスク、教会、シナゴーグが肩を並べていた。サライェヴォは、ボスニア・ヘルツェゴヴィナ地方がオスマン帝国の支配下にはいったのち、一五二一年から四一年にかけて何度か「ボスナ県」軍政官を務めたフスレヴ・ベグがモスクをはじめ、マドラサ、キャラバン・サライ、ハマーム（公衆浴場）などの建物を建てたことにはじまる。それまでは小さな砦があった場所である。したがって、サライェヴォが建設された当初、その住民のほとんどすべてはムスリムであった。しかし、時とともにセルビア正教徒、カトリック教徒、そしてユダヤ教徒もやってきた。とくに、この町は「小さなイェルサレム」と呼ばれるほどユダヤ教徒の歴史にとって重要であった。かれらは一四九二年にスペインを追われたセファルディーム系ユダヤ教徒で、最初オスマン帝国領のサロニカに移住し、やがて北上してスコピエを経てサライェヴォへ入った。一五六六年のことであるという。かれらは金融と商業、それに各種の手工業に進出した。

第五節　中央集権国家への胎動

遊牧民的分権国家体制の清算

オスマン帝国以前の中央ユーラシアおよび西アジアに建てられたトルコ・モンゴル系諸国家は、いずれも短命な王朝に終わった。その最大の理由は、君主の没後、王位の継承権がすべての王子に認められていたからである。このため、残された王子たちの間で熾烈な王位継承争いが繰り広げられ、結局は、最も実力のある王子が勝ち抜くことにはなるのだが、こうした王位継承争いが、王朝の解体・滅亡の原因となったことは、セルジューク朝やルーム・セルジューク朝の事例で見たとおりである。モンゴル帝国もまた、ユーラシアの東西をつなぐ巨大な領域に広がっていたとはいえ、その東端に位置する「大元ウルス」（中国史上の元朝）を宗主とするチンギス一門の分家からなる四つの「大ウルス」をはじめとする多数のウルスからなる分権国家であった。

オスマン朝においても、当初はスルタンの死去にともなう王位継承争いは絶えることがなかった。すでにバヤズィト一世の時代にはじまっていたことではあるが、メフメト二世は、二度目の即位後に残っていたただ一人の弟を殺すことによって、すなわち王位継承権をめぐる内紛の芽をつむための予防措置として、帝国史上に名高い「兄弟殺し」の慣行を定着させた(36)。この慣行以後、父から子へとスルタン位が継承された。それは、オスマン帝国が長い命脈を保ちえた大きな理由の一つとなった。

これとは別に、メフメト二世はコンスタンティノープル征服直後に、父ムラト二世の時代から絶大な影響力を持っていたトルコ系の有力なウラマー家系に属するチャンダルル家の大宰相カラ・ハリル・パシャを処刑（一一三八七年）し、代わってアルバニア人ないしルム（オスマン帝国内の正教徒）といわれる「スルタンの奴隷」身分（後述）出自のザガノス・パシャを大宰相に任命した。この間の事情は複雑であるが、いずれにしても、これを皮切りに、以後草創期に活躍した有力なトルコ系ムスリム家系やキリスト教から改宗したエヴレノス家やキョセ・ミハル家（共に北西アナトリアのビザンツ側のギリシア人小領主）など、オスマン王家のライバルとなり得るような有力な家系はしだいに政権の中枢から遠ざけられたことは、すでに述べたとおりである(37)。

これらの方法によってオスマン朝における王位継承争いがなくなったわけではないが、王朝としてのオスマン帝国における君主の地位が安定し、帝国の長期にわたる存続を可能にすることに大いに貢献したことは間違いない。そして、スルタンのライバルとなり得る存在に代わって、オスマン帝国を支えた「スルタンの奴隷」身分の軍人・官僚を養成するシステムがつぎに述べるデヴシルメ制度である。三橋はデヴシルメ制度を「制度化された人間開発」と名付けて、その実態を、主として法的側面に焦点を当てて、克明に説明している[38]。以下、この制度について、その後の論点を含めて紹介したい。

制度化された人間開発——デヴシルメ制度

バヤズィト一世の時代になると、ドナウ川からユーフラテス川にいたるその広大な領土を支配する必要性から、さらに組織的な人材登用の方策が開発された。それがデヴシルメ制度である。「デヴシルメ」とは、「集めること」を意味するトルコ語である。これは、主としてバルカン（のちにアナトリアからも）の農村に住む八歳から一五歳前後（諸説あり）の少年を必要に応じて徴用する制度で、かれらはイスタンブルに到着すると、まず割礼を施された。つまり、かれらは、自発的なイスラムへの改宗が見られたボスニア人の若干の例外を除けば、すべてキリスト教からイスラムに改宗させられてムスリムとなったのである。それにもかかわらず、かれらは「ス

図3-12　デヴシルメの様子
1558年，トプカプ宮殿博物館蔵

ルタンの奴隷」身分に位置づけられた。

徴用された少年の多くはアナトリアやバルカンの農村に貸し出され、農業に従事しながら、トルコ語とムスリムとしての生活習慣とを習得して戻ると、その大多数は、予備軍に配属されてイェニチェリ（新しい兵の意）など近衛軍人の道を歩んでいく。ただし、デヴシルメによって教育を受けた軍団の人数は一度たりとも一万名を越えることはなかった(39)、あるいは「おそらく年に七〇〇〇～八〇〇〇名を徴用」(40)したと言われるように、長期間にわたって大量の人材を継続的に確保することは不可能であったと思われる。

イェニチェリの制度そのものが創設されたのはムラト一世の時代と言われており、そのころはまだ前述のような戦争捕虜などから編制されていたようである。徴用された少年たちのうち、とくに優れた者は宮廷の「内廷」に小姓として白人宦官の監督下で、イスラム諸学をはじめ、各人の能力に応じて、武芸・各種芸術の訓練を施され、将来のオスマン帝国を担うエリート集団として養成された。有名な建築家スィナン（一五八八没）もこうした教育を受けた少年の一人である。かれらも「スルタンの奴隷」、すなわちトルコ語で「カプ・クル（御門の奴隷の意）」と位置づけられた。カプ・クルはスルタンの「奴隷」身分であるとはいえ、俸給を支給される存在であった。そして能力次第でスルタン直属の軍司令官にも、また宮廷侍従を経て宮廷から「出仕」したのち、地方の州や県の軍政官（ベイレル・ベイ、サンジャク・ベイ）、あるいは常備軍の指揮官（イェニチェリ長官）や行政職の最高位に位置する大宰相の地位にまで上りつめ、スルタンの娘や妹と結婚して、オスマン王家の「外戚」にも連なることができた。つまり、スルタンに対しては「奴隷」であるが、それ以外には、オスマン社会のれっきとしたエリート層を形成したのである。重要なことは、一七世紀以後しだいにデヴシルメ制度が実施されなくなった後も、かれらを「スルタンの奴隷」と位置づける「観念」

が一九世紀に至るまで生き続けた点である。

それはさておき、オスマン帝国が、この「スルタンの奴隷」身分の軍人・官僚のうえに君臨することによって、イスラム世界とキリスト教（ビザンツ）世界との辺境に生まれた小侯国から帝国へと発展し、中央集権体制を築き上げた。すなわち創建当初の分権的な性格を清算して六〇〇年余におよぶ帝国として存続することを可能にするうえで、デヴシルメという「制度化された人間開発」が重要な役割を果たしたことを意味している。まさに林が「分権制を旨とする遊牧民の征服国家のイメージは、オスマン帝国の実態から最も遠い」と断言しているように(41)、それを実現するうえで大きな力となったのはデヴシルメ制度によってヨーロッパからの使節を驚かせた規律正しい近衛兵（イェニチェリ〈歩兵〉、といわゆる「六連隊」〈騎兵〉など）や宮廷で高度な教育を受けた「オスマンル」（オスマン家に仕える者の意）を自認する支配階層（アスケリー）のオスマン王家への忠誠心に負うところが大きい。

ただし、それによって匈奴・突厥、とりわけモンゴル帝国以来の中央ユーラシアに築かれたトルコ・モンゴル系国家の性格が全く失われたわけではないことは、つぎに述べるとおりである(42)。

マムルーク・クル・デヴシルメ

デヴシルメの「起源」に関連して林は「デヴシルメと呼ばれる、税として少年を徴用する制度」によってイェニチェリ軍団の兵員が補充されたと述べ(43)、比較文明史家鈴木董は、トルコ人史家「イナルジクは、デヴシルメは奴隷化というより辺境の特例としての戦時臨時税的徴用だったとするが、なお議論の余地を残す」と、デヴシルメを一種の税とする見方に留保を付けている(44)。たしかに、「スルタンの奴隷（カプ・クル）」

の考え方は、アラブ世界のマムルーク軍人とは明らかに異なっている。マムルークはイスラム法上の奴隷身分であり、金銭や主人の意志で解放されたが、カプ・クルはオスマン帝国の職につくことを条件にスルタンに対してのみ隷属したのであり、改宗後も「スルタンの奴隷」であることには変わらず、解放という手続きはとられなかった。つまり、カプ・クルは法的な身分ではなく、絶対的な君主に仕える一種の職業集団であった(45)。

アラブのマムルーク制度が、ルーム・セルジューク朝を媒介としてオスマン朝に伝えられたことは考えられる。しかし、そうした方法で人材の確保において、成立して間もないオスマン朝ではマムルークを購入するだけの貨幣が存在しなかったのと、フロンティアであるが故に、戦争捕虜を獲得する機会が多かったことから、その五分の一は君主であるスルタンの取り分権であるというイスラムの原則を利用して戦争捕虜から調達したり、また、オスマン側に加わったバルカンの旧支配層、あるいは、さきに述べたアルバニアのスカンダル・ベグのように、彼らが人質としてオスマン宮廷に送り込んだ若者たちといったバルカンのキリスト教徒たちの役割が大きかった。たとえば、メフメト二世の時代に大宰相を務めた八人のうち六人がバルカンの出身者で、さらにそのうち四人がバルカンの旧支配層から登用された人材、さらにそのうちの三人はビザンツ貴族の子弟とみられるという(46)。林はこうした人材のやり取りに関連して、「ビザンツ帝国の宮廷にならい、オスマン帝国も征服や服従のたびに、旧支配層の適正な年齢の子弟をオスマン宮廷に受け入れ、自ら教育し、オスマン帝国の軍人に育て上げていったのである」と述べている。一方、リンダ・ダーリングは「敗北した敵の子供を支配者の宮殿においてその最も親密な召使、身辺護衛、官僚として育て上げるという古代アッシリアの慣習を採用した」とその伝統を古代オリエントの慣習と結びつけている(47)。ただし、いきなり古代に遡るよりは、バルカン各地の行政経験者や旧支配層の子弟が登用されることによって、ビザンツ帝国の支配技術が持ち込まれたと考えるのが自然である。つまり、ビザンツ以来の統治技術の継承である。ただし、オスマン朝に対するビザンツ帝国の諸制度の影響の問題に関しては、今世紀初頭以来の研究史の長い伝統があったことも忘れてはならない(48)。

しかし、他方では「スルタン」すなわち「王」の「奴隷身分」の軍団という点から考えれば、それはイスラム史の中に、すでに見慣れた光景である(49)。マムルークが「成人の暁には」奴隷身分から「解放」されたのに対して、オスマン帝国のカプ・クルは解放されることは、原則としてなかった。この点が、マムルークとカプ・クルの間の大きな違いである。マムルークが解放された後、軍事的のみならず、政治的にも上昇して、その名もマムルーク朝（一二五〇〜一五一七年）に象徴されるように、自ら王朝の君主となったのに対して、カプ・クルの場合は、あくまでもオスマン王家を頂点とする王朝体制を前提としながら、その権力の中核として機能するに留まったのである。鈴木は、マムルークとカプ・クルの間のこうした相違に関連して、「オスマン朝における王家の家系意識の強さは、中央アジアの遊牧トルコ的伝統に遡りうるともいわれる」と述べている(50)。ここにいう遊牧トルコ的伝統とは、トルコ族の伝説の王オグズ・ハンに由来するものであり、オグズ・ハンの正統なる後継者という自意識である。オスマン朝の君主がハンを名乗ったのはムラト一世に始まり、一五世紀前半のムラト二世以降、オスマン王家の歴史意識の中に組み込まれたようである(51)。

清水和裕は、「マムルーク」「グラーム」「マワーリー」などとも呼ばれる「奴隷軍団」に関する研究の中で、「グラーム軍団と東方の伝統的な従者集団の関わりという要素を無視することはできないように思われる」といい、突厥の君主が唐の玄宗を「天可汗」（尊称のみならず）、自らを「奴」と（卑）称して君臣関係に移ったこと、および突厥碑文には突厥が唐の太宗に服従したことを「奴隷（クル）」となったと表現する部分があるという護雅夫の研究を紹介したのち、突厥や唐（唐の王室が鮮卑であることを想起されたい――引用者）にも同様の観念が存在したことを裏付けるであろう」と結論付けた後、「モンゴルにおけるネケル・ケシクといった人的紐帯形成制度の存在も視野に含める必要があろう」と述べている(52)。

ケシクとネケル

そこで、つぎにモンゴルのケシクあるいはネケルについて述べよう。モンゴル史家杉山正明はモンゴル帝国の「ケシク制（その成員がケシグテン）」について述べたのち、「じつは、こうした存在は、オスマン朝のイェニ・チェリ、清朝の包衣にもみとめられる」と述べて、オスマン朝とモンゴル帝国における類似の制度の存在に注意を向けている。杉山によれば、「ケシクの日常の仕事は、遊牧宮廷に当たるオルドの維持・管理のほか、遊牧君主としてのチンギスの生活全般にわたった。（中略）ケシクに入ったものは、いつもチンギスと行動を共にし、様々な薫陶を受けた。チンギスとは主従であるとともに、先生と弟子の間柄でもあり、深い個人感情で結ばれた」などと述べている(53)。

一方、川本正知は、「チンギス・ハンは、のちのケシグテンすなわち親衛隊の原型といわれる二六人の側近の役職者を任命したが、その中には身辺警護人以外に料理人三人、羊放牧係一人、去勢馬放牧係二人、馬群放牧係三人、家車（天幕を乗せる車）を整える者一人、家の中の男女の下僕たちを管理する者一人が含まれる（『秘史』）。これらの役職名からして、この側近集団は明らかにハンの「いえ」の私的な家政機関である」と明快に述べている(54)。

これらケシクの職掌に関する言説から得られる印象は、オスマン帝国との類比で言えば、兵営に起居するイェニチェリよりも、内廷でスルタンに仕える「イチオウラヌ」すなわち「小姓」に近い印象を受ける。しかし、ケシクは一方では、「近衛兵」あるいは「親衛隊」として王権を軍事的に支える役割を果たしていることもまた、指摘されているからイェニチェリとも共通する側面もある。

他方、ネケルに関しては、モンゴル帝国形成期に関する護雅夫の詳細な研究がある。かれは、その結論を「nokur（ネケル――引用者）は、その主君（qan）に対して、ヨーロッパにおける「従士」について言われる如き、高い独立性・対等性を有したものではなく、（中略）むしろいわば「家産的支配・隷属関係」として理解さるべきではないか」と結論付けている(55)。護の研究を受け継いで志茂碩敏は、ネケルたちは、「宮廷（オルド）長官、親衛隊（ケシク）長官、御陵（ゴルク）長官、王室領（インジュ）長官、ヤルグチ長官、書記（ビチクチ）局長官、駅伝（ジャム）長官、親衛万人隊長、親衛千人隊長、万人隊長、千人隊長などの要職に就き当該ウルスの運営にあたった。（中略）彼らはともにチンギス・ハーン法典ヤサを遵守し、冬営地、夏営地を移動して遊牧生活を送っていた」(56)と述べている。志茂はさらに、チンギス・カンとそのネケルたちとの関係は、チンギスの孫にあたるフレグの建国したイル・ハン国時代になっても「チンギス汗時代そのままの形で継承されている」のを確認している(57)。

それでは、ケシクとネケルとの違いはどのようなものであろうか。この点に関して、中央ユーラシア研究家K・ベクウイズは、「少数のノケル（ネケル――引用者）、すなわち「友」と呼ばれる中核グループと、チンギス・カンの晩年には一万を数えたケシグもしくはケシグテンと呼ばれる皇帝の大護衛団が中心の拡大コミタートゥス（従士制――引用者）があった」(58)という。つまり、ネケルとは、ケシクの上位に位置する存在であった。

チンギスの時代からイル・ハン国の時代まで受け継がれてきた君臣関係に見られた「家産制的」側面は、一面ではオスマン朝のスルタンとカプ・クルとの関係に受け継がれているかのようにみえる。しかしながら、かれら「家産的家人」たちの果たした歴史的役割となると、両者の間には決定的な違いがある。モンゴルの場合は、かれらと各ウルスのハンとの紐帯が帝国の全体制のなかで、これを維持するというよりは、それぞれのウルスとして自立ないし分裂するときの柱となった。これに対して、オスマン朝の場合は、オスマン家のライバルとなり得る有力な家系を政権の中枢から排除したり、あるいは「兄弟殺し」による王位継承争いを制御したといった草創期におこなわれた分権的遊牧国家の性格を払拭するための諸措置によって、カプ・クルがオスマン王家による一系的中央集権国家の柱となったのである。中世イスラム史家荒井悠太がいうように「支配的エリートの人為的創出によって部族的紐帯からの脱却と王朝の延命に成功した」(59)のがオスマン朝であった。デヴシルメ制度は一七世紀以後、おこなわれなくなり、自由身分の官僚と軍人に取って代わられるが、かれらも、一九世紀、すなわち「近代」までは、オスマン宮廷と関係を持つ限りにおいては、カプ・クルであるという「観念」が自他共に継続していたことが重要である。ただし、オスマン朝が六〇〇年余という史上空前の長命を保った背景には、中央ユーラシアの草原地帯のなかでの遊牧生活という厳しい環境の中で培われた家父長制的な政治構造を想定する意見もある(60)。

ところで、オスマン朝もその草創期からさまざまな人びとによって構成されていたことはすでに指摘したが、そのなかには「ネケル」の名で呼ばれる戦士たちがいたようである。たとえば、E・ギュネルは「オスマン国家に臣従したベイ（トルコ系遊牧民の有力者――引用者）たちには、セルジューク朝同様、かれらに付き従うネケルたちがいた」。あるいは「カレスィ侯国とサルハン侯国のベイはルーム・セルジューク朝のマスードニ世（在位一二八四〜九七）のネケルだった」。そしてこれら「ネケルはムラト二世時代には五〇〇〇人に上った」といい、そして「一六世紀にはこの用語は消滅した」と述べている(61)。なお、一六世紀の検地帳に付随した「地方法令集（カーヌーン・ナーメ、後述）」を参照すると、ネケルたちについて、かれらは「スィパーヒー（在郷騎兵――引用者）あるいはスィパーヒー・ザーデ（スィパーヒーの息子の意――引用者）」、あるいは「ネケル・ザーデ（ネケルの息子）」と呼ばれたという記述にも出くわす(62)。つまり、「初期のスィパーヒーの中には、有力なガーズィーの「ネケル」「グラーム」「クル」がみられる」(63)という意見があるように、何らかの有力者に付き従う者たちが、モンゴル語、アラビア語、トルコ語によるさまざまな呼称で呼ばれていたのである。

第四章　イスラム世界の盟主に

第一節　バヤズィト二世の時代

悲劇の皇子ジェム

バヤズィト二世（在位一四八一〜一五一二）時代の対外的発展、とりわけヨーロッパへの進出がにぶったのは、弟のジェムがヨーロッパ諸国の人質となっていたことと関係が深い。事件の発端はメフメト二世の王位継承争いである。メフメト二世には三人の男子がいたが、将来を最も嘱望されていたムスタファは一四七四年に死亡している。残されたのがジェムとバヤズィトであった。ジェムとバヤズィトのうち、イェニチェリら常備軍の支持を集めていたのはバヤズィトであった。ジェムを支持したのは、イスラム神秘主義メヴレヴィー教団の始祖ルーミーの家系につながるという名家出身の大宰相カラマーニー・メフメト・パシャであった(1)。メフメト二世が死んだとき、大宰相はジェムを先にイスタンブルへ送り込む策を講じたが、イェニチェリ軍は大宰相を殺害して主導権を握り、バヤズィトが即位した。これに対して弟のジェムは兄の王位継承権を認めず、オスマン帝国の最初の首都であったブルサで自分の名を印した貨幣を鋳造させてアナトリアの支配権を要求した。

しかし、かれのこの行動は、すでに過去のものとなりつつあった遊牧時代の分封制的で時代錯誤な行動であった。もとより兄がこうした要求を受け入れるはずもなく、兄弟間の戦闘に敗れたジェムは、十字軍の残

図4－1　悲劇の王子ジェム
ヴァチカン宮殿博物館蔵

図4－2　ジェムを迎え入れるロードス島騎士団長　トプカプ宮殿博物館蔵

党であるロードス島の聖ヨハネ騎士団のもとへ亡命した。騎士団長とはかねてから旧知の間柄だったからである。ジェムの思惑は騎士団の援助でハンガリー方面へ行き、そこから兄に対して再度戦いを挑むことであった。

しかし、ジェムの思惑は裏切られ、騎士団はジェムをフランスへと送った。こうして、オスマン帝国の皇子は、ヨーロッパ諸国の対オスマン工作のための恰好の人質となったのである。

スペインを逐われたユダヤ教徒の受け入れ

バヤズィト二世時代の対外関係は、ジェムの問題もあって、しばらくは膠着状態にあったが、ジェムの死によってようやく動き出した。一四九五年にバヤズィトはクリミア・ハン国の騎兵とオスマン軍のアクンジュ（略奪戦に参加する軍人。戦利品収入で生計を立てていた）をポーランドへ送り込んで、「オスマンの湖」である黒海へのポーランドの進出を許さぬ姿勢を示した。一方、ヴェネツィアとはモレア半島（ペロポネソス半島）やアドリア海に面する諸都市をめぐって一進一退の争いを続けていたが、一五〇三年の和平を有利のうちに結んだ。まだ海上の戦いでは優勢だったヴェネツィアに対抗し得るためには海軍力の向上を図る必要性に迫られたオスマン帝国が、当時のヨーロッパに見られた海軍の技術革新に学んで、イタリアそのほかのヨーロッパ諸国から新しい技術を取り入れたことで、ヨーロッパの技術者や軍人がオスマン帝国を有望な「就職先」のひとつとした。

一方、この時代にイベリア半島方面のレコンキスタが終了した一四九二年の追放令によって、スペインを逐われたユダヤ教徒の多くがオスマン帝国に受け入れられたことは世界史上によく知られている。

オスマン帝国には土着のロマニオットと呼ばれるユダヤ教徒がいたが、一四九二年にスペインで「ユダヤ教徒追放令」が発布されると、バヤズィト二世は逃れてきたユダヤ教徒を受け入れた。オスマン朝当局のズィンミー（保護民）に対する政策を考慮すると、それは宗教的な寛容さゆえにおこなわれたのではなく、むしろかれらの人的資源を国家建設に利用するという実利的な目的でおこなわれたとするのが妥当な評価である。有能なズィンミーがオスマン朝にとって必要であったことは、メフメト二世がズィンミーを首都に強制的に移住させたという事実を考えればわかりやすい。そしてメフメト二世の後継者バヤズィト二世もその政策を継承していた。これに関連して、宮武志郎が「このような状況にあるオスマン朝に、ヨーロッパの技術や知識を持つ多くのユダヤ教徒が難を逃れて移住してきたことは、オスマン朝にとってまさに千載一遇といってても過言ではない」と述べているように、金融家・商人として地中海世界に広いネットワークを張り巡らせていた、あるいは「古代ギリシアからの医学を受け継いで発展したイスラーム医学の知識、イスラーム医学をルネサンス期からさらに発展させたヨーロッパ医学の知識を学んだユダヤ教徒の医師の重要性を、スルタンたちは認識して」(2)おり、これはまさに、国家にとって役に立つ人材を「民族」や宗教の違いにこだわらずに融通無碍に活用する中央ユーラシア以来の伝統の典型例であるともいえよう。

東方への視点

コンスタンティノープルの「征服王」としてビザンツ皇帝、カエサルの継承者意識を持ち、西方へ目を向けがちであったメフメト二世と違って敬虔なムスリムであったバヤズィト二世のもとで、イスラムの学問を身に着けたウラマーの影響力が増してきた。オスマン朝における学問の発達は、第二代オルハンがイズニクにマドラサ(イスラム学院)を建てた(一三三一年)のを嚆矢としているが、メフメト二世がコンスタンティノープル征服後に「サフヌ・セマーン(八つの庭)」と呼ばれる高等教育を目的とした八つのマドラサを建設すると、ここにイスラム諸学発達の基盤が出来上がり、その出身者たちが発言力を持つようになっていった。つまり、イスラム法学が権威化されることにより、イスラム法学者のイスラムが、オスマン帝国のイスラムとなったのである。メフメト二世の宮廷を飾っていた絵画が売り払われたりしたのもかれらの影響力を物語っている。バヤズィト自身、皇子の時代を中部アナトリアのヤで過ごしたこともあって、イランや中央アジアの洗練されたイスラム的伝統に傾倒しており、イスラム神秘主義思想やイラン伝来の史書や文学書に親しんでいた(3)。かれは古典的なペルシアの作品のための東方スタイルの画家や能書家のパトロンとなったのである(4)。彼の時代はまた、「国内の経済的活性化、兵器の充実や海軍力の増強など、次代の征服事業の条件整備の時代であった」という評価もある(5)。

アナトリアの情勢

アナトリアの東部や南部ではまだオスマン支配は浸透していなかった。アナトリアのトルコ系遊牧民出自の人びとにとって、バルカンを基盤に中央集権体制を整えたオスマン帝国は、むしろ外来の支配者であった。このような心性をもつアナトリアの民衆のあいだに、イランにおけるトルコ系のサファヴィー教団のリーダー、シャー・イスマーイールによって創建されたシーア派のサファヴィー朝（一五〇一〜一七三六年）による扇動があった。それは、設立まもないサファヴィー朝のなかで強い勢力であったトルコ系の軍事集団クズルバシュ（赤い頭〈帽子〉の意）が体現していたシャマニズムやさらに土俗的なアニミズム的信仰・心情に、遊牧から定住農耕への過渡期にあったアナトリアのトルコ系諸侯国の遺民たちの共感、そしてなによりも、バルカンでの成功を梃子《てこ》にしたイスタンブルの中央集権的な権力に対する反感があったと思われる。やがてアナトリアの反オスマン分子のなかから「シャー・クル」、すなわちサファヴィー朝の君主シャーの「奴隷クル」を名乗る人物を首領とした反乱が起こった（一五一一年）。その軍勢は一万人にのぼったといわれるが、それは、バヤズィト二世のもとで確立しつつあったスンナ派イスラム政権、あるいは教学的で硬直したイスラムになじめぬアナトリアの民衆の心性をイスマーイールが巧みに宣撫した結果である。

このような難局に直面して、バヤズィトの三人の王子たちのうち最年少のセリムは、兄たちがシャー・クルの反乱鎮圧に忙殺されている間に、任地であり、イスタンブルから遠く離れたトラブゾンからイスタンブルに近いバルカンへの任地替えを父のバヤズィトに要求したが、許されず、いったんクリミア半島のカッファに引き下がった。この間、父のお気に入りの王子アフメトが反乱の鎮圧に成功して、父の譲位を受けるためにイスタンブルに入ろうとしたが、イェニチェリ軍団に拒否されてイスタンブルに入ることができなかった。これに対してカッファからイスタンブルに入ったセリムは父に譲位を迫り、一五一二年四月一九日にスルタンの座についた。バヤズィトの治世はこのような形で終わりを告げたが、小笠原は、「バヤズィト二世が三〇年にわたって安定した治世を実現しえた理由のひとつは、カプ・クルという新たな支配エリートに王女を娶せることによって、自らの支配を確立させるという工夫に求められるだろう」(6)と興味深い考察をおこなっている。

第二節　セリム一世の時代

シーア派の弾圧

セリム一世（在位一五一二〜二〇）は即位を祝いにやってきたハンガリー、ヴェネツィア、そしてエジプトのマムルーク朝の使節を引見して和平を約束したのち、翌年、まず二人の兄弟を戦場で破り、斬首ではなく、絞首したというから(7)、これは王家一族の血を流すことを忌避する遊牧国家の伝統を踏襲したのではなかろうか(8)。さらに、その五人の子供たちもオスマン領内にいる者はみな殺されたという。この一連の事件の推移は「兄弟殺し」の慣行というものが、同時に王子たちの実力争いに他ならないこと、そしていまやイェニチェリ軍団が首都の政治を左右するほどの実力を蓄えるに至った事実を如実に反映している。

最初に取り掛かった喫緊の仕事は、アナトリアのシーア派を逮捕し、その多くを処刑することであった。その数は四万人に達したといわれている。その真偽のほどは定かではないが、この「弾圧」はオスマン王家とアナトリア民衆との乖離をよりいっそう増幅する結果となった。両者のあいだにみられたこの微妙な関係は、その後もずっと、この国家の歴史を貫く潮流となった。

チャルディラーンの戦い

シーア派の人びとはサファヴィー朝の支持者であったから、イスマーイールとの戦いを必然的なものとさせた。セリムはサファヴィー朝の首都タブリーズの西北方のチャルディラーン（現トルコ）でイスマーイールとの歴史的戦闘に入った（一五一四年八月）。兵力はともに騎馬軍団を主力とする十万の軍勢からなっていたが、オスマン軍団は、ヨーロッパ方面への遠征で学んだ鉄砲で武装したイェニチェリ軍が加わっていたうえに、移動が簡単な小型の大砲を備えていた。勝敗の行方はこれらの点にあった。大砲と鉄砲の威力の前に、イスマーイールの騎兵隊は総崩れとなった。セリムはこの勝利に続く、マムルーク朝との間に繰り広げられたマルジ・ダービクの戦い（一五一六年）でもこの戦術で勝利し、エジプトを征服する足掛かりを摑んでいるが、これはまさに、弓による優れた騎射技術によって世界を席巻してきた騎馬遊牧軍団の時代の終わりを告げる歴史的な戦いを象徴している。この戦術を世界史のレベルに広げれば、チャルディラーンの戦いにおける鉄砲の威力を学んだムガル帝国の創始者バーブル（在位一五二六～三〇）は、一五二六年にデリー北方のパーニーパットの戦いでこれを用いてインドを征服する足掛かりを得ることになる(9)。

図４－３　チャルディラーンの戦い　トプカプ宮殿博物館蔵

視野をさらに拡大すれば、騎馬軍団と鉄砲隊の戦いにおける鉄砲隊の勝利という図式は、日本の長篠の戦い（一五七五年）と全く同じである。この戦いについてここで述べる必要はないが、日本に鉄砲が伝来したのは、一五四三年のことであるから、チャルディラーンの戦いの二九年後のことである。

俗に種子島銃といわれるこの鉄砲がオスマン帝国で使われた銃、すなわちルーミー銃であるか否かは定かではないが、ルーミー銃とは、当時のアナトリア（ルーム）で使われていた銃のことである。ある研究によれば、ルーミー銃（嚕蜜銃）を中国にもたらしたのは「朶思麻《だしま》という人物とされる。オスマン帝国の火器管理官であったこの人物は、一六世紀中頃に同国の使節の一員として明朝に到来し、そのまま留まっていた」[10]という。織田信長が鉄砲鍛冶に作らせた銃がルーミー銃をモデルにしたものであったかどうかは不明であるが、オスマン製の小銃（嚕蜜銃）が中央アジア経由で東アジアに伝来し、日本製の小銃と市場でも戦場でも競合していたことは、オスマン近世と東アジア近世との直接的な連関の存在を示唆している[11]。

シリア・エジプトの征服

セリムにとってのつぎの目標は、エジプトのカイロを首都として、シリアからアナトリア南東部へと進出の機を窺うマムルーク朝との対決であった。アッバース朝カリフの末裔を擁し、ムスリムにとっては大事なメッカ（マッカ）とメディナ（マディーナ）の両聖都を保護する立場に立っていたことが、マムルーク朝をイスラム世界の盟主としていたからである。ただ、同じスンナ派であるマムルーク朝と戦うにはその正当性の証明に気を遣う必要があったが、マムルーク朝もサファヴィー朝同様に反オスマン分子である、すなわち「異端者を助ける者は異端者である。異端との戦いは聖戦である」という法判断を宗教指導者からあらかじめえていた(12)。

セリムは一五一五年のうちに、マムルーク朝との間で紛争の種となっていたドゥルカドゥル侯国とラマザン侯国を従えた。翌一五一六年には北シリアのアレッポ北方のマルジ・ダービクの戦い（八月）でマムルーク朝軍を下した。この戦いでも、勇敢に戦ったマムルーク朝の騎馬兵に対して、オスマン帝国の大砲と鉄砲が威力を発揮した。この戦いでシリアを獲得したセリムは余勢を駆ってカイロを陥れた（一五一七年一月）。ヨーロッパではマルティン・ルターが宗教改革ののろしを上げた年のことである。ここにマムルーク朝は滅亡した。その結果、オスマン帝国はメッカとメディナの両聖都を保護下に置くことになり、ここに、西アジア・イスラム世界の辺境に誕生したオスマン朝は、イランを除く西アジアを統一したのである。このときアッバース朝の末裔からカリフの地位を譲られ、ここにオスマン帝国の「スルタン＝カリフ制」が成立したとかつては言われたが、これはフィクションにすぎない(13)。

預言者の血族であるメッカのシャリーフ家がセリムの権威を認めたのは、当時インド洋に強引に参入したポルトガルの脅威にイスラム世界全体がさらされていたからでもあった。制度としての存否、あるいはシャリーフ家の思惑はともかく、以後オスマン帝国は全世界のスンナ派ムスリムの盟主をもって任じ、全世界から聖地メッカを訪れる巡礼の安全を確保し、かれらにさまざまな便宜を供する庇護者としての立場を意識し、またそのようにふるまったのはたしかである。こうして、イスラム世界の「守護者」となったオスマン帝国は、それを正しく実践し、イスラム独特の「正義」を実践していく必要があった。つまり、エジプト征服によって「バルカンの国として出発したオスマン帝国が「イスラム化」を深めていく、大きな転機」となったのである(14)。

広大なアラブ地域を手中にすることによって、これまでオスマン帝国にあって決して多数を占める存在ではなかったイスラム教徒、すなわちムスリムが、いまやマジョリティとなった。「ナイルのたまもの」といわれる豊かな農業生産力をもつエジプトと「歴史的シリア」（現在のシリア、レバノン、ヨルダン、パレスティナ〈イスラエル〉を含む地域）の領有は、オスマン帝国に莫大な経済的利益をもたらした。

いまひとつ忘れられてはならないのは、イスラム文明史上の問題である。すなわち、セリムがエジプト征服を終えて帰国の途に就くにあたって、「カリフ・ムタワッキル以下数千人におよぶエジプト人のアミール（軍人——引用者）、行政官、書記、商人、ウラマーなどをともなってイスタンブルに帰還したことである。かつてバグダードからカイロへのイスラム文化の移植は多数のウラマーの移住によって果たされたが、今回のカイロからイスタンブルへの官僚やウラマーの移動も、オスマン帝国の首都における文化活動に大きな影響を及ぼしたはずである」(15)。逆に「オスマン帝国の一属州となったエジプトでの著作活動は著しく生彩を欠くようになり、法学や神学あるいは歴史学の分野で見るべき業績を残す学者はほとんど影をひそめてしまった」(16)という。

同じことをセリムは、かつてイスマーイールを追ってタブリーズに入城し、八日程滞在する間に、タブリーズの有能な工芸職人と商人の中から優れた者を選んでイスタンブルへ移住させるという形でおこなっていたことを付け加えておこう。こうした形で、イランやアラブ世界に蓄積されたイスラム文明はイスタンブルへと移植されたのである。なお、征服した土地の優秀な人材を自国領内に連行することによって活用する方法は、チンギス・ハンがおこなった方法でもあった(17)。

こうして、オスマン帝国はイスラム世界の二つの聖都メッカとメディナの保護者の立場に立ち、いわば「イスラム世界の盟主」となったのである。

第三節　「壮麗王」スレイマン一世の時代

ヨーロッパへの進出

セリム一世崩御の報に接するや否や、母の傍らでエーゲ海沿岸地方のマニサ（旧名マグネシア）に軍政官として駐在していた皇子スレイマンは急きょイスタンブルに上洛し、王位に就いた。父セリムが東方の征服王であったのに比べて、スレイマンの治世（一五二〇～六六年）は、どちらかというと、西方の征服に精力が費やされたといえる。かれは、一三回に及ぶ遠征をみずから指揮し、最後は、陣中に没することになる。

スレイマンが王位にあった時期は、ヨーロッパにおいてもフランスのフランソワ一世（在位一五一五～

四七）、神聖ローマ皇帝、すなわちハプスブルク家のカール五世（在位一五一九〜五六）、少し遅れてイギリスのエリザベス一世（在位一五五八〜一六〇三）、それにローマ教皇、あるいはマルティン・ルターに代表されるプロテスタント勢力といった世界史上に名のある有力な陣営が互いにしのぎを削った時代であった。

この時期のヨーロッパ国際関係は、ハプスブルクとオスマンとの対立を軸として展開している。一五一六年にカールが政略結婚によってカルロス一世としてスペイン王になり、一九年にはこれに加えて神聖ローマ皇帝に選出されてカール五世を名乗ることになった。その結果、フランスはスペインと神聖ローマ帝国を手中に収めたハプスブルク家の圧迫にさらされることとなった。このため、フランソワ一世は、異教徒と手を結んだとの批判を覚悟のうえでスレイマン一世との同盟を結んだのである。スレイマンにしてみれば、最大の敵ハプスブルクの「敵」であるフランスは「敵の敵」すなわち味方ということになる。この同盟関係は、その後も長く続き、地中海海域におけるフランスの優位を長く存続させた。

ヨーロッパにおけるオスマン帝国の進出は、一六世紀に入ると、すでに北部セルビアからハンガリーへと伸びつつあった。スレイマンが一五二一年にベオグラードを陥落させてセルビアを平定すると、ここにハンガリーへの足場が確保された。ハンガリー王国は長い間バルカン半島へのオスマン帝国の侵攻を阻止するヨーロッパ＝キリスト教世界の防波堤役を果たしてきた。一五世紀にはフニャディ・ヤーノシュ（一四〇七?〜五六）が対オスマン戦争に勝利し、その使命を果たしてきた。その子マーチャーシュ一世コルヴィヌス（在位一四五八〜九〇）のもとで、ハンガリー王国は最盛期を迎えた。マーチャーシュの死後、王位に就いたラヨシュ二世（在位一五一六〜二六）の妃は、神聖ローマ皇帝カール五世とその実弟のオーストリア大公フェルディナントの妹であった。こうしてハンガリーはハプスブルクの傘下に入った。これもハプスブルクの常套手段である「政略結婚」であったが、この結婚はハプスブルクにハンガリーの防衛という重い荷を背負わせることになった。

第一次ウィーン包囲

ドイツ農民戦争が終息に向かった翌年の一五二六年、スレイマン一世自らが率いる大軍がハンガリーを攻略すべくモハーチの平原に押し寄せた。スレイマンをハンガリー遠征に駆り立てた原因の一つは、フランソワ一世とその母ルイーズの手紙であった。カール五世がドイツとスペインを領有した結果、その間に挟まれたフランソワは、カールの野望を阻止するべく北イタリアのパヴィアで戦いを挑んだがあえなく敗れ（一五二五年）、なかんずく捕虜になってしまったのである。手紙はかれの救出を要請するものであった。

モハーチでスレイマンを迎えたのは、ラヨシュ二世であったが、その軍勢にはポーランド、チェコ、イタリア、スペインの騎士たちもいた。戦いは三〇〇門の大砲に火を噴かせたオスマン側の大勝利に終わり、ラヨシュは戦死した。ハンガリーの敗北はこの国の人文主義者たちと深い接触を保っていた名高いオランダの人文主義者エラスムス（一四六九頃～一五三六）に大きな衝撃を与えたという。オスマン軍の来襲を告げる鐘（テュルケン・グロッケン）が村から村へ鳴り響く中をオスマン軍はさらに北上し、ハンガリーの首都ブダに入城した。

モハーチの戦いの結果、ハンガリーは大貴族サポヤイ・ヤーノシュ（在位一五二六～四〇）を王に戴くかたちでオスマン帝国に併合された。サポヤイがハンガリーの大小の貴族たちの推薦を受けたこともあるが、一方ではフランスもサポヤイを支持したからである。これに対してカールは、ラヨシュ二世の妹と結婚していた弟のフェルディナントをハンガリー王に推戴した。こうして、ハンガリーに二人の人物が王位を主張するという事態が生まれたが、その背景には、神聖ローマ帝国とフランスの対立を軸としたヨーロッパの対立が凝縮していた。そしてさらに、こうした政局のカギを握っていたのが、ヨーロッパの「外敵」と位置づけられていたモハーチの勝利者オスマン帝国なのであった(18)。オスマン軍が引き揚げると、フェルディナントはサポヤイ・ヤーノシュに闘いをいどみ、首都ブダに入場した。サポヤイはポーランドに逃げ、オスマン帝国に支援を要請した。一五二九年、スレイマンはふたたびハンガリーへ軍をすすめた。その真の目的はカー

図4-4　第一次ウィーン包囲
1588年，トプカプ宮殿博物館蔵

ル五世のヨーロッパにおける優位に終止符を打ち、フランス王を支援することであった。

スレイマンはブダを奪回してサポヤイにハンガリーの王位の象徴である聖イシュトヴァンの宝冠を授けると、余勢を駆って、カール五世の弟フェルディナントが待ち受けるウィーンへと迫った。これが世界史上に名高い一五二九年のオスマン帝国による「第一次ウィーン包囲」である。今日ではウィーンは壮麗な王宮と音楽の都としてむしろ知られているにすぎないが、当時はヨーロッパ世界帝国の地位を目指すハプスブルク家の牙城であり、ヨーロッパで最も重要な都市であった。この都市が陥落することは、ヨーロッパ全土がオスマン帝国、すなわち「トルコ」の脅威に直接さらされることを意味したと考えられがちであるが、それ以上に、オスマン帝国の存在がまさに、当時のヨーロッパ国際関係のなかで重要な位置を占めていたと認識することが大事である。オスマン帝国の存在は、決してヨーロッパの「外」からくる「敵」ではなかったからである。オスマン軍がウィーンに到着したのは、東欧の寒い冬の近づいた九月の末であった。一二万の軍勢を要するオスマン軍の巨砲とイェニチェリ、スィパーヒー（在郷騎兵、後述）による果敢な攻撃にもかかわらず、ハプスブルクの守りは堅かった。勝敗は容易に決せず、オスマン軍は寒さのために包囲を解かざるを得なくなった。一〇月一四日オスマン軍は整然と撤退した。

一五二九年のウィーン包囲後、オスマン帝国の休戦使節とのあいだに一五三三年六月に結ばれた条約でフェルディナントは、ハンガリーの国土をサポヤイと分け合い、かつスルタンを父と仰ぎ大宰相を兄とするという立場で、オスマン帝国に貢税（三万ドゥカートの金貨）を支払うという立場で西部ハンガリーの支配権を承認されたのである。

しかし、オスマン帝国とハプスブルクとの抗争はその後も続き、結局、一五四一年にブダを含む中央の肥沃な大平原にはブダ州、テメシュヴァル（現ルーマニア、ティミショアラ）州などが設置されてオスマン帝国の直轄領となった。東部はオスマン帝国に貢納する半独立のトランシルヴァニア公国としてジグモンドに安堵された。西部のわずかな部分だけがハンガリー王国としてハプスブルクの支配下に留まったのである。

地中海への進出

セリム一世によりシリア・エジプトが征服され領土に組み込まれたことによって、イスタンブルとアレクサンドリアないしベイルートをつなぐ通商ルートの安全を確保する必要が生じた。とくにエジプトはスルタンの任命した総督を通じて毎年莫大な税収をスルタンの手もとに送金していたが、ロードス島、キプロス島、クレタ島から出帆するキリスト教徒の海賊がこれを狙っていたからである。オスマン帝国における海軍は長い間、ヴェネツィアのそれに対抗できなかったが、メフメト二世が金角湾に造船所を作り、バヤズィト二世の時代に海軍力の増強が図られた結果、いまやヴェネツィアをしのぐ海軍力を擁するようになっていた。それには、ビザンツ人、ヴェネツィア人、そしてジェノヴァ人の大きな助力によってオスマン海軍は発展したことが重要である。中央ユーラシアの遊牧民出身であるトルコ人は海が苦手だったと考えられることが多いが、実際にはすぐに海になじんだのである(19)。

この国では、海に関係する技術や船員などの人的資源のほとんどはギリシア人とイタリア人を活用することによって得られた。オスマン帝国の海軍提督がイタリア語起源の「カプタン」・パシャと呼ばれていた事実がこれを象徴している。ここにも、「民族」や宗教にこだわることなく、有用な人材を縦横に活用する中央ユーラシア以来の伝統が生きている。

スレイマン一世は一五二二年に十字軍の残存勢力ともいうべきロードス島の聖ヨハネ騎士団を追放すべく大艦隊を派遣した。騎士団は半年余り果敢に抵抗したが、ついに降伏した。この島の征服後、騎士団に撤退条件として示された、たとえば、騎士団の全員は、身の回り品、武器ともどもロードス島と付属島嶼から一二日以内に撤退すること、滞留を希望する者は信仰自由たるべきこと、五年間免税たるべきこと、などの条件はきわめて寛容なものであった(20)。

その背景には、先に触れたジェムが騎士団長と親しい関係にあった事実が示唆するように、騎士団とオスマン帝国との間には「敵と味方」という関係だけでは捉えられないものがあったからではなかろうか。カー

図４-５　ロードス島の征服　トプカプ宮殿博物館蔵

図４－６　ハイレッディン・バルバロス
トプカプ宮殿博物館蔵

ル五世はかれらをマルタ島へ住まわせたので、以後マルタ騎士団とよばれ、今日に至っている(21)。

この頃、チュニジア、アルジェリア方面ではエーゲ海のレスボス島の出身と言われるオルチとフズルの兄弟が海賊として名を馳せていた。弟のフズルが、のちに「赤髭」、すなわち「バルバロス」と呼ばれて恐れられたハイレッティンである。かれらはチュニジアのハフス朝（一二二八～一五七四年）と同盟してここを根拠地としていた。一五一六年、アルジェリアがスペインと対抗するためにかれらに応援を要請した。二人はアルジェリアへ行き、町を占領した。カール五世、すなわちスペイン王でもあるカルロス一世がアルジェリアにおけるスペイン軍の救援に派遣した艦隊はかれらに敗れた。兄のオルチはアルジェリアで君主を僭称したが、まもなく地元の君主との戦いで戦死した。

弟のバルバロスは一五三三年に船団を率いてイスタンブルに来航し、オスマン帝国に帰順した。かれは、やがてオスマン帝国の海軍提督（カプタン・パシャ）に任じられ、帝国海軍の発展に大きく貢献することになる(22)。

オスマン帝国がスペイン・ハプスブルクと西地中海域で抗争しているすきをついて、ヴェネツィアはオスマン帝国の商船を拿捕していた。ローマ教皇もまた、カール五世と連絡を取ってキリスト教徒連合艦隊をヴェネツィア領のコルフ島（現ギリシアの港町ケルキラ沖）に集結させた。オスマン艦隊とキリスト教徒連合艦隊とのこの対決が、史上に名高いプレヴェザの海戦（一五三八年）で、オスマン艦隊の大勝利によって決着がつけられた。この海戦でオスマン艦隊を率いたのはバルバロス・ハイレッティン、連合艦隊を指揮したのはジェノヴァ出身の名将アンドレア・ドリアであった。この敗北によってヴェネツィアは、ダルマティアとモレア半島沿岸に持っていた城塞を放棄し、オスマン帝国に三〇万ドゥカート（金貨）の賠償金を支払う約束で講和せねばならなかった（一五四〇年）。海上におけるスペイン・ハプスブルクとの抗争はさらに続き、四三年にはオスマン艦隊はフランスの支援要請に応えて神聖ローマ帝国に加担していたニースに艦隊を派遣している。

こうした情勢の中で漁夫の利を得たのはフランスであった。すでに述べたように、オスマン帝国最大の敵ハプスブルクの敵であったフランスはオスマン帝国の支援を受けただけではなく、他のヨーロッパ諸国に先んじて一五六九年にオスマン帝国から恩恵的な通商特権（キャピチュレーション）を認められ、以後地中海貿易を終始有利に展開する手がかりをつかんだからである。キャピチュレーションとは、商業活動の自由、安全航行の保証、免税特権、居留地、領事裁判権、捕虜の釈放と身柄の引き受けなどを内容とするものである(23)。これは、ムスリム共同体とユダヤ教徒・キリスト教徒などの非ムスリム諸共同体とのあいだで安全保障の協約を結ぶことで成り立ってきたイスラム国家としての当然の政策であった。というのも、オスマン帝国は、先行するイスラム諸王朝の伝統を引き継いで、国内のユダヤ教徒やキリスト教徒臣民をズィンミーすなわち保護民と位置づけて宗教や共同体的慣行を認めるイスラム法を実践してきたからである。一六世紀の国際関係の中で「安全をめぐる社会契約」というイスラム法の思想を実践しようとしたのが、キャピチュレーションであった。今度はそれが対外的に、国際関係の中で「安全をめぐる社会契約」としてイスラム法の精神を実践したのである。当時まだ、レコンキスタ精神の真っただ中にあったヨーロッパの「改宗か死か」を迫る野蛮な異端審問と比較すると、オスマン帝国の寛容性は明らかである。中東現代史家板垣雄三は、こうした状況を踏まえて、「スペインなどでの異端審問という思想・信条への野蛮な圧迫を逃れて自由を求めた人びとの大半を受け入れたのは、一六世紀のオスマン帝国である。ヨーロッパでのプロテスタンティズムの確立を直接・間接に支援したのもオスマン帝国だった。ヴェネツィアの衰退も、オランダの独立も、スペインの無敵艦隊を撃破したイングランドの勝利も、一六世紀のヨーロッパの歴史の中の何もかもが、オスマン帝国をわきに押しのけては語れない」と結論付けている(24)。

ヨーロッパ世界へのインパクト

一五六六年、ハプスブルクのフェルディナントの息子マクシミリアンがトランシルヴァニアを侵略したとの報が入ると、スレイマンは、老齢にもかかわらず、ハンガリーのシゲトヴァルに向けて一三回目の、そして最後の遠征に出立した。しかしかれは、この町を包囲のさなかに陣中に没し、オスマン軍は遺体とともにイスタンブルへと引き上げた。スレイマンの四六年におよぶ長い治世は、しばしば「最盛期」と位置づけられ、かれ自身もヨーロッパからは「壮麗なる者」と呼ばれ、また、後世のオスマン朝の人びとからは「理想の世」と追憶された。ただし、最近では、スレイマンの時代をそのように理想化することに対しては疑問視する見方もでている。

すでによく知られている話ではあるが、スレイマン一世は、ローマ教皇の三重冠を凌ぐ四重冠を作らせて自分の栄光を誇示していた(25)。このことはかれが、曽祖父のメフメト二世同様、「真の世界帝国の皇帝」であって、神聖ローマ帝国のカール五世を凌駕する存在であるという意識の持ち主であったことを示してい

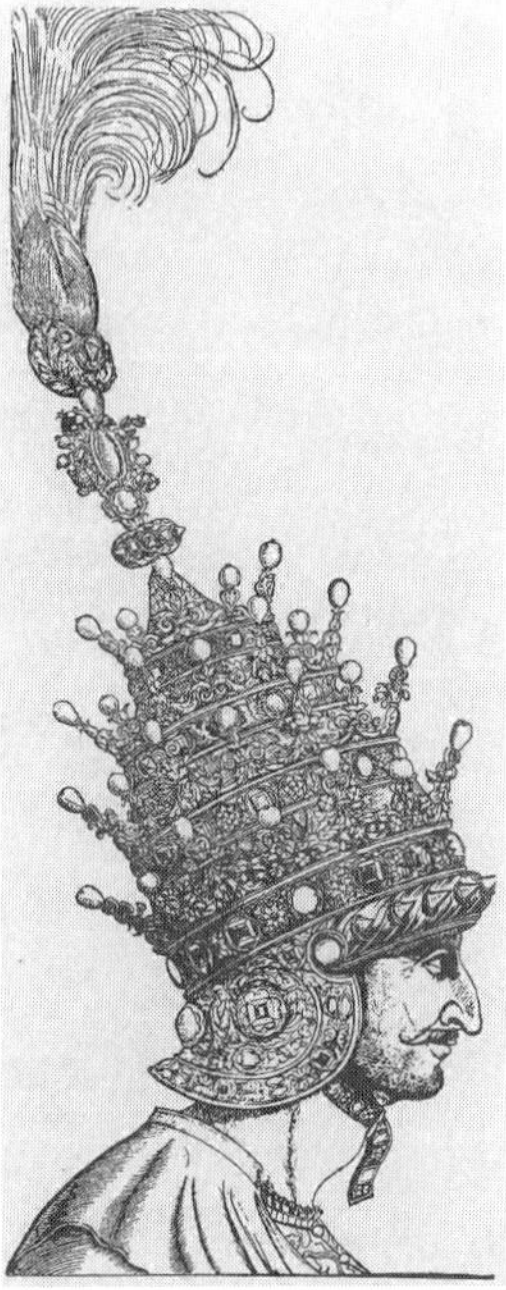

図4-7　スレイマン1世の四重冠
Kupferstichkabinette Berlins 蔵

る。神聖ローマ帝国の皇帝、カール五世が「カエサル」の称号を用いることをスレイマンが拒絶しているのは、スレイマン自身が「世界の保護者」をもって任じていたからである。メフメト二世やスレイマン一世がこのような意識を持っていたように、帝国内の非ムスリム臣民にとっても、かれらは「ローマ皇帝」そのものであったからでもあろう。

一方、当時ヨーロッパ最強の君主として、ローマ教皇の要請もあってカトリシズムの擁護者をもって任じていたカール五世は、マルティン・ルター派の運動を押さえ込まねばならなかった。しかしながら、うえに述べたスレイマンの海陸からする猛攻は、結局のところルター派の運動を後方から支援することになった。

カール五世は一五五五年の「アウクスブルクの和議」によってプロテスタントの勢力に妥協せざるを得なかった。かれは、すでに一五三一年に妻へ送った手紙の中で、「トルコの脅威が非常に高まったので、より悪い不幸を避けるためにルター派と和解することさえ考えた」と告白している[26]。スレイマンはその長い治世の間に、のちに詳述するように中央官僚機構と法体系を整え、オスマン帝国の「古典的体制」を完成させたのである。

東方との関係

東隣のサファヴィー朝との抗争はセリム一世の時代で終わりを遂げたわけではない。スレイマン一世の時代にもなお継続した。一五三四年にはじまり、足かけ二年におよぶスレイマン一世の「イラン・イラク遠征」の結果、イラクの中部・南部がオスマン帝国領となった。

一方、中央アジア方面との関係はどうであろうか。この点に関しては、かつてモンゴル帝国によって、いわゆるシルク・ロードを中心に四通八達した交通網がイスタンブルまで、さらには海を渡ってローマへと通じていたはずである。だが、イランにシーア派のサファヴィー朝が勃興した結果、あるいはアフリカ南岸経由の「海の道」が発展した結果、中央ユーラシア経由の「陸の道」は衰退したと考えられてきた。しかし、近年の研究ではオスマン帝国

図４－８　ルター派の宣伝ビラ「二人の悪魔の戴冠」
ローマ教皇(右)とスルタン(左), Matthias Gerung(1500 ～ 69 年), 1544 ～ 68 年, Herzog Anton Ulrich Museum 蔵

と中央ユーラシアとの関係が、従来言われてきたようには衰退したわけではないこと、すなわちシャイバーン朝（一五〇〇〜九九年）などを媒介として継続していたことが明らかにされつつある(27)。一六世紀の半ばに、モスクワ大公のイヴァン四世（在位一五三三〜八四）がアストラハンにいたるまでのヴォルガ流域を占領し、オスマン帝国と中央ユーラシアの諸ハン国とを脅かすと、オスマン帝国とシャイバーン朝は連携を強めた。また、中央ユーラシアの諸ハン国は、イラン経由で地中海に出られなくなったので、カスピ海の北岸を回ってクリミア半島に至るルートを選択していた。ところが、ロシアがこの道を抑えると、諸ハン国は、このメッカへの巡礼ならびに通商ルートをロシアの手から解放するよう、スレイマン一世に呼びかけたという。

ハプスブルクとの問題が一段落した一五六六年以後、というからスレイマン一世の没後ということになるが、オスマン帝国は、ようやくこれらの要求に応えて、ドン川とヴォルガ川の間に運河を開削して軍隊と艦隊をドン川経由でアストラハンへと輸送し、アストラハン国（一四六六〜一五六六／七年）の残党と共同してロシアをこの地域から駆逐することを計画した。艦隊はカスピ海を南下してイランにおけるオスマン軍を支援するはずだった。これに対してロシアとサファヴィー朝は同盟して、ローマ教皇グレゴリウス十三世（在位一五七二〜八五）に反オスマン「十字軍」の結成を訴えた。結局サファヴィー朝を北方から包囲しようとするオスマン帝国の計画は失敗した（一五六九年）。しかし、この出来事は、中央ユーラシアの諸ハン国がオスマン帝国をイスラム世界の盟主として認識していたことを示すと同時に、オスマン帝国のスルタンも、自らそれを認めていたことを示しているのではなかろうか。すでに述べたように、オスマン帝国の銃（ルーミー銃）は中央ユーラシア経由で中国の明王朝にもたらされた。これはシャイバーン朝に送られたオスマン銃が贈り物として中国に運ばれたものと、堀川徹は推測している。かれはまた、中央アジアへロシアが参入した

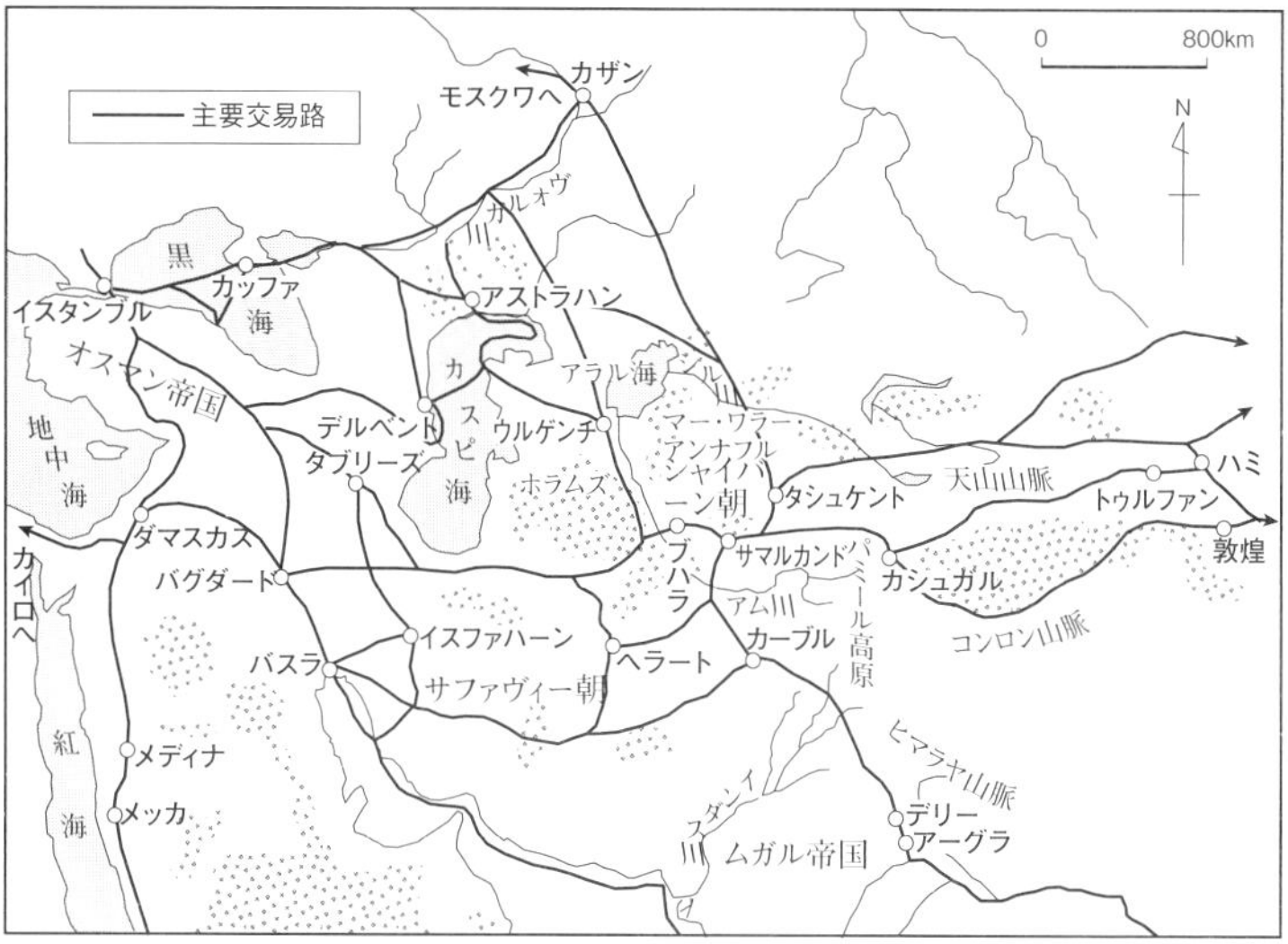

図4-9　16世紀の中央アジア交易路

ことは、かえって東西の貿易を活性化させたと述べている(28)。また、一五七四年に中国で刊行された本の中の「西域諸国」には、明王朝の西方貿易の拠点であった「嘉峪関（チアユークワン）」にはじまり、西端の「魯迷城（ルームの町）」すなわちイスタンブルにいたる三〇〇の地名が記されているという(29)。これは、一六世紀にイスタンブルから中国にいたる草原とオアシスのムスリム商人による内陸貿易が存在したことの証左である。オスマン朝のスレイマンは、火器で武装した三〇〇人のイェニチェリ軍団を中央アジアに派遣している。両者間の交通路としては、サファヴィー朝の支配するイランを避け、黒海からカスピ海の北を通るルートが中心で、商人の往来やメッカへと向かうムスリムの巡礼路として利用された(30)。ただし、このルートによる交易がどのようなものであったかを知るには、なお今後の研究が必要である。

第四節　「古典的」体制の完成

中央集権的統治機構

オスマン帝国の中央集権的な統治機構は、君主であるスルタンの補佐役としての宰相（ヴェズィール）職を頂点とする官僚機構である。第二代オルハンの時代にイスラム法学者層のなかから宰相を任命して文民行政を担当させたが、早くも第三代のムラト一世の時代には宰相を複数化して、その頂点の大宰相（サドラザム）に行政と軍事両面での君主の補佐役としての任務を与えた。以後、オスマン帝国末期に至るまで大宰相は帝国の行政・軍事両面において君主であるスルタンの「絶対的代理人」として大きな権限を与えられた。こうした宰相職制度は、イスラム国家の伝統、とりわけ、五〇〇年の命脈を保ったアッバース朝からセルジューク朝とルーム・セルジューク朝を経て受け継がれたと言われている。だが、アッバース朝の宰相（ワズィール）とオスマン帝国の宰相との決定的な違いは、前者は自由人であるのに対して、後者の場合は、当初こそ自由人であるイスラム法学者層であったが、メフメト二世時代以後になると、第三章で述べたデヴシルメ出身者として宮廷で養育された小姓出身の「カプ・クル」（御門の奴隷）に取って代わられたことである。そこに、前章で紹介したモンゴル帝国の君主（カアン）の「家産的隷属者」（護雅夫による）である「ネケル」との共通性を見出すことができる。

御前会議ディーワーン

国政の最高議決機関は「ディーワーン」と呼ばれる「御前会議」である。もともとは、正統カリフ時代に、俸給と食糧を支給するための帳簿のことを意味した言葉であるが、ウマイヤ朝（六六一〜七五〇年）時代になって中央行政制度が整えられると、徴税を担当する税務庁、戦士に俸給を支給する軍務庁、カリフの文書を作成し管理する文書庁、カリフの印を預かる印璽庁が設けられ、アッバース朝時代（七五〇〜一二五八年）に駅伝制度が発達すると、駅伝庁が増設され、また支出庁、私領地庁も増設された。ディーワーンの制度はトルコ系のセルジューク朝を経由してオスマン朝にも受け継がれた。

オスマン帝国は大宰相とその補佐役である数名の宰相たちのほかに、会議の決定事項を文書化する文書行政部門の長である国璽尚書（ニシャンジュ）、財務部門をつかさどる二名の財務長官（デフテルダル）、そして、司法文教部門を代表する二名の軍法官（カザスケル）などから構成される「会議体」（閣議）である。ここで注意すべきことは、財務長官と軍法官、それぞれ二名のうち、ルメリ（バルカン）を管轄する者がアナドル（アナトリア）を管轄する者の上位に位置づけられていることである。このことは地方行政区分である州の軍政官（ベイレルベイ）たちのなかでもルメリ州軍政官が、アナドル州軍政官よりも上位にあり、大宰相への昇進に最も近い位置づけにあることと照らし合わせると、帝国内部におけるバルカンとアナトリアの位置づけを示唆している点から意味深いものがある。

御前会議は当初、つねにスルタンの臨席のもとで、毎日開催されていたが、「時代が下るにつれて御前会議の招集される日は減っていき、具体的にいつかは不明であるが、一六世紀後半には週四回になったとされ

図4-10　御前会議の様子を窺うスルタン
ヴェネツィア，コレール美術館蔵

る。一七世紀半ばになると、土、日、月、火の週四回開催される体制が固まった」。御前会議へのスルタンの臨席に関しては、「ある日宰相らと居並んで会議を行なっていたメフメト二世の元に、不躾な嘆願者が現れて、「どなたがスルタンかな」と尋ね、これに憤慨したメフメト二世は以降カーテンの背後から会議を傍聴することにした」という逸話がある。だが、「ムラト二世の宮廷においても、御前会議は中庭においてスルタン抜きで行なわれるものであり、メフメト二世も単にこれを継承しただけなのであった」(31)という。

現在は「トプカプ宮殿博物館」となっている宮殿の第二の門（挨拶の門）をくぐった第二中庭の左側にひときわ高いとんがり帽子の屋根が見える。その屋根の下が、御前会議の開催される部屋「クッベアルトゥ（丸屋根の下の意）」である。スレイマン一世が即位した一五二〇年に大規模な改修がおこなわれた時にこの部屋が建設された。この部屋には、国庫となる宝物庫および文書庫とならんでスルタンが御前会議を覗き見る部屋の設けられた「正義の塔」などが隣接する。

御前会議は、普通、昼の祈りのアザーン（礼拝の時を告げる呼びかけ）の声が聞こえるまで続けられた。会議の審議事項は書記官長が準備し、まず政治的・行政的諸事項が審議され、そのうち特にスルタンの認可を受ける必要のない決定事項は、すぐに国璽尚書に渡され、かれがスルタンの「花押（トゥーラ）」付の勅令を準備する。その後、会議の出席者たちは、それぞれの議題についてひとりずつスルタンに報告をし、スルタンがそれを了承すれば、会議の審議事項は最終的に決定したことになる。この手続きの過程で作成された文書（枢機勅令簿）が現在イスタンブルの国立オスマン文書局にほぼ毎年保存されている。

この間に大事なことは、民衆からの苦情や嘆願などの処理がおこなわれたことである。嘆願者は順に「クッベアルトゥ」の部屋に呼ばれ、トルコ語を解さない者のために通訳が用意されていた。この、臣民の訴えを宮廷が直接聞くという行為の起源は、カーディー（イスラム法官）が主宰し裁決する「シャリーア法廷」とは別個に、本来はカリフ、その補助者であるワズィール（大臣）などの政治権力者が直接裁決する「マザーリム法廷」としてアッバース朝時代に設立されたものである。そしてこれがイラン人宰相ニザーム・アルムルクによってセルジューク朝にもちこまれた。すでに紹介したことではあるが（四一頁参照）、かれの著した『統治の書』第三章の冒頭に、「帝王は（中略）週に二日マザーリム法廷（中略）に出席し、不正を行う者に報いを与え、公正をなし、民の言葉を自分の耳で聞くのである」という字句に示された帝王観がその根底にある(32)。この帝王観は、スレイマン一世時代の学者アリー・クナルザーデ（一五七二没）が一五六四年に著した『高貴なる徳性』において「正義の輪」と名付けられた。それは、

正義、そは世界に安寧をもたらすもの。
世界は緑園なり、その垣根は国家。
国家を秩序立てるはシャリーアなり。
王権なくしてシャリーアは守りえず。
つわものなくして王権はつかみえず。

財貨なくしてつわものは募りえず。
財貨を蓄えるは民草なり。
民草を世界の帝王に服せしめるもの、そは正義。（佐々木紳訳による）

という八連句である(33)。連句の後半は、第一章で紹介した最初のトルコ系イスラム王朝であるカラ・ハン朝の君主への忠告書『クタドゥグ・ビリグ』に出てくる格言（第一章二七頁参照）そのものでもある。

この「正義」を実現する場が「マザーリム法廷」なのである(34)。このマザーリム法廷と中央ユーラシア時代のモンゴル帝国との関係については第二章でもすでに言及したとおりである（七六頁参照）。スルタンたちは、御前会議を主宰することがなくなった後も、先に述べた御前会議場に向かって開かれた窓の後ろから審議を見守るのを最も重要な義務に数えていた。

スルタンを支える宮廷育ちの官僚たち

スレイマン一世時代の輝かしい征服活動、外交、そして内政を支えたのはオスマン王家一族の者たちやトルコ系のムスリム支配層に属する者たち以上に、前章で詳述したデヴシルメなど様々な形でオスマン宮廷に受け入れられ、そこで教育を受けた「スルタンの奴隷」（カプ・クル）身分として位置づけられた多様な民族的出自をもつ官僚層である。このように有用な人材を積極的に取り込んでいく手法は、突厥・ウイグルなどの遊牧国家の伝統を統合したモンゴル帝国で完成をみたものである。前章で詳述した「ネケル」や「ケシグテン」がそれである。そしてそれが、分権的な部族的紐帯から脱却して、君主専制的な中央集権体制を完成させたオスマン帝国の長寿の秘密であったことも前節で指摘したとおりである（一一八頁参照）。事実、「トルコの世紀」を表徴する数々の征服活動と統治機構の整備といったスレイマン一世の時代を語ることは、ほとんどかれら「宮廷育ちの軍人および官僚」たちの活動を述べるに等しい。そこで、以下、かれらのうちからイブラヒム、リュステム、そしてソコッル・メフメトの三人の大宰相たちの活動を紹介しよう。

最初のイブラヒム（一五三六没）について、林は、「アドリア海に面したパルガのヴェネツィア在留民の子と言われるが、クリミア出身とする説もある」としたうえで、かれがスレイマンの小姓となったのも、「デヴシルメによるという説と海賊にさらわれて売られたとする説などがあり、不明である」と述べている(35)。一方、小笠原は、「彼はもともとイオニア海沿岸のヴェネツィア居留民の子で、民族的出自はセルビア系であったと思われるが、オスマン海軍に捕らえられ、ボスニア総督イスケンデル・パシャの娘に与えられ、のちにマニサ時代のスレイマン王子（のち一世）に献呈されて彼の寵を得た」(36)という。確かなことは、特別な身分を持たないキリスト教徒の子であり、小姓時代にスレイマンに見いだされ国政の中心に躍り出た人物だったという二点である。

一五二二年のロードス島征服の後にイブラヒムは大宰相に抜擢されてから以後、すでに述べたスレイマンによる数々の征服と国政に関わっている。しかし、スレイマンによるイブラヒムの格別な引き立てとかれの成功は当時の人びとによる妬みと疑念を生み、最終的には彼の失脚、処刑という悲劇に結びついた。イブラヒムは、スレイマン一世の「イラン・イラク遠征」直後の一五三六年、大宰相であったにもかかわらず、トプカプ宮殿のスルタンのハレムの一室で、夜半に突然、絞首されたのである。その理由は現在に至るまで解明されていないが、「スルタンと並ぶほどの権勢を誇ったイブラヒム・パシャも、「スルタンの奴隷」である限り、スルタンの命に服し、突然の死を受け入れるしかなかったのである」(37)。

次の人物はスレイマンと彼の寵妃ヒュッレムの娘ミフリマーフの婿であるリュステム・パシャ（一五六一没）である。ヒュッレム妃は、二五年間スレイマン一世と一夫一妻の関係にあった宮廷の奴隷身分出身の女性である。欧米の文献では「ロクソラン」とされているが、オスマン宮廷のハレムの女性のうち最もよく知られた人物である。スレイマンは一五三四年に奴隷身分から解放した彼女と正式に結婚した。小笠原によれば、「かつてのスルタンたちは、ビザンツ帝国やセルビア、あるいはアナトリアのトルコ系侯国の王女としばしば正式な婚姻関係を結んでいた。しかし、奴隷と正式に結婚した事例は皆無」(38)であるという。スレイマンが、このように寵愛したヒュッレム妃の娘婿が、当時ディヤルバクル州軍政官であったサライイェヴォ出身のリュステムである。林によれば、かれは財務と蓄財に長けた人物で、「一五四四年に大宰相の地位に就いたのち、ハプスブルク家との和解をまとめ上げ、貢納金を確保した」り、「スルタン領に徴税請負制を導入するなどし、スレイマンの治世の前半の戦役で悪化した財政を立て直すという大きな功績をあげた」(39)。かれのように国家の財政を処理する能力は、たとえば、突厥帝国時代のソグド人や西ウイグル国の「ソグド系ウイグル人」、そしてクビライ政権以後の「大元ウルス」（元朝）の頭脳となったウイグル人を想起させる（第一章一九頁参照）。

デヴシルメ出身者を代表するもうひとり一人が、一五〇五年ごろボスニアのソコロヴィッチ村で生まれたバヨである。十八歳で徴用（デヴシルメ）されたとき、かれはすでにセルビア正教会の助祭をしていたという。徴用されたバヨはイスラムに改宗し、出身地の名にちなんでソコッル・メフメトと呼ばれた。エディルネの宮殿で三年を過ごし、そこでイスラムの知識を十分に学んだ後、スレイマン一世の太刀持ちに任じられ、一五六五年に大宰相に就任すると、以後もセリム二世、ムラト三世の三人のスルタンに仕え、政治・外交に顕著な業績を挙げ、オスマン帝国きっての政治家として腕を振るった。

かれの経歴は、「スルタンの奴隷」とは名ばかりで、帝国の命運を左右する名宰相であった。たとえば、一五七一年のキプロス征服とその直後のレパントの海戦における「敗北」からの迅速な艦隊の復興、そして失敗に終わったとはいえ、史上に名高い「ドン・ヴォルガ運河」建設計画が挙げられる。この計画は、北方草原地帯のロシア帝国からの防衛、中央アジアのムスリムのメッカ巡礼ルートの開発、そしてサファヴィー朝への北方からの圧力といった政策を展開するためであった。一五五〇年代には、上はソコッルから下はイェニチェリになるために訓練を受けている少年まで、ソコロヴィッチ一族はスルタンのお膝元で最も影響力のある集団であった(40)。「一五五七年、彼の弟（または甥）は、セルビア正教会の大主教に任じられている。これは、一時途絶えていたセルビア正教会をオスマン帝国が復活させたもの」である(41)。セルビア系正教徒の総主教座は、一四五九年のセルビア帝国の滅亡によって失われていたが、一五五七年にソコッルの尽力によって、総主教座を回復した。ただし、一七六六年には、イスタンブルの総主教の強い働きかけにより、この主教座は、オスマン当局により廃止された。

また、かれの甥の一人ムスタファは徴税官としてボスニアへ送られ、のちにボスニア州知事となり、ソコッルの片腕となった。言い伝えによると、ソコッルはデヴシルメに徴用されて故郷を離れるときに、ボスニアとセルビアの境を流れるドリナ川を渡った時の苦労を忘れなかった。かれは長ずるにおよんでヴィシェグラードの街に長大な橋を建設した。

ソコッルとその一族の事例は、デヴシルメによる徴用が、「華の都」での出世と一族の繁栄の道でもあったことを示している。だが、ソコッルは、一五七九年、ライバルの軍人政治家の差し向けた刺客によって暗殺された。これは、オスマン帝国の政治のイニシャティブが「カプ・クル」から、自由人である有力な軍人政治家たちの党派争いを軸として展開する新しい時代の幕開けを予告するものであった。

図４－１１　ドリナの橋全景　Wikimedia Commons

ウラマー官僚機構の整備

イスラムを統治理念とする国家では、ウラマーは統治者の支配を監視し、その正統性を判断する役割を担い、民事・刑事の訴訟に判決を下す法官として、あるいはマドラサの教授としてムスリム社会を支えていた。オスマン朝においては、初期にはウラマーは、支配組織において行政にも参画するなど、王朝の運営に大きな役割を果たしていた。やがて、メフメト二世の時代以降、軍事や行政部門においてデヴシルメ出身者を中心とした官僚機構が発達し、中央行政の分化が進むと、次第にウラマーの役割は司法と文教部門を専業とするものとなり、一つの社会階層が形成されていった。一五三七年にマドラサで教育を受けた者たちを対象に「ミュラーゼメト」と呼ばれる「任官資格」制度が制定されると、帝国各地から多数の人材がイスタンブルへと集まった。その結果生まれた官職の序列、ヒエラルヒーは「イルミエ」と呼ばれて、ウラマー層の身分秩序を規定するシステムとなった。こうして、ウラマー層が、総体としてではないとはいえ、国家の支配機構の中に取り込まれ、組織化された。

オスマン朝史家松尾有里子は、イルミエの内部をマドラサの教授職とカーディー職との二つの系列に区分している。それによれば、マドラサの教授職には地方の小都市の下位のマドラサから、イスタンブルのスレイマン一世によって建立されたマドラサ（「スレイマニエ」）を頂点とする教授職のヒエラルヒーが存在し、カーディー職には、地方の小都市に派遣されたカーディーからアレッポ・バグダードなど大都市のカーディー職にいたるヒエラルヒーが存在する。カーディー職の頂点には、首都の「御前会議」に参画する二人の「カザスケル（軍法官）」が統括するカーディー職のヒエラルヒーとが存在する。そしてシェイヒュルイスラム（イスラムの神学者でウラマーの最高位に位置するイスタンブルのムフティー）を頂点とするイルミエ組織の見取り図を提示している(42)。これらのうち、国政との関連で重要なのがカーディー職であることは論を俟たないが、注意すべき事は、カーディーとして彼らが派遣されるカザー（郡）を州・県の軍政官が派遣される軍管区の下部組織としてみることは正しくない、ということである。軍政官の多くがデヴシルメ出身の「スルタンの奴隷」身分の官僚であるのに対して、カーディーは自由身分の出自であるから、かれらには別個の独自の行政上の機能があったからである。かれらの任期は、平均して約一年半から二年であった。それは、任官待ちの人間（ウラマー）が多数いたからである(43)。

カーディーは、首都の御前会議に参画する二人の「カザスケル（軍法官）」に直属して、帝国各地の都市に派遣されて、民事・刑事の裁判のみならず、都市行政全般を取り仕切る地方法官として地方社会を支えたのである。このように、ウラマーが整然と官僚のごとく組織化されて、国家の側から把握されているのが、他のイスラム諸王朝に見られないオスマン朝の際立った特徴である。ただし、カーディーの顧問役として生活上、宗教上のさまざまな質問に対してイスラム法に照らした法判断（ファトワー）を与える法学者ムフティーは、イルミエの枠外にあったと考えられる。

カーディーによる「イスラム法廷」は、イスラム法（シャリーア）による裁きの場であると同時に、君主へと通じる窓口でもあった。というのは、カーディーに対する不満があれば、イスタンブルの御前会議に上奏（上訴）することができたからである。そこでは、この問題に対して、そのメンバーである軍法官、そしてスレイマン一世時代に重要性を獲得したと言われる最高位のウラマーであるシェイヒュルイスラムと呼ばれるイスタンブルのムフティーに絶大な権限が与えられたのである。ただし、林が言う如く、彼らは「イスラム法を遵守する国家の体面を保つ。「宗教」そのものではなく、イスラム教徒の「国家」に仕える立場にあり、国家の利害を他に優先させている。イスラム法に反する慣習が他に優先するフェトヴァ（ファトワー——引用者）によって公認されている例は多い。かれの役割は、オスマン帝国の統治や政策の正当化。ウラマーたちが果たした役割は、行政的・官僚的側面が強く、精神面での神秘主義教団の役割と表裏の関係にある」(44)。

シャリーアとカーヌーン

オスマン帝国に限らず、前近代のイスラム国家では、アラビア語でシャリーア（イスラム法）と呼ばれ、ムスリムの公私にわたる生活を律する宗教法、いわば「普遍法」がある。その法源は聖典『クルアーン（コーラン）』を第一として、預言者ムハンマドの生前の言行録を編纂した『ハディース集』、ムスリム共同体の合意である「イジュマー」、それに「キャース」（類推）である。このほかに、国家の運営の必要性から制定された行政法・世俗法などと訳される「カーヌーン」がある。カーヌーンは第二代正統カリフであるウマル（在位六三四〜六四四）まで遡るギリシア語起源の言葉である。税法、国家構成法、商取引法といった分野でシャリーアを補う形で適用された。しかし、立法者は神であるから、国家が制定する法律は神の法の施行細則にすぎない。これに加えて、ウルフあるいはアーダと呼ばれる地域社会の慣習法がある。ただし、この三つの「法」は並列的に存在するのではなく、理論的には、イスラム国家である以上、個人の生活、法、国家のいずれもがイスラムの聖法であるシャリーアに基づくのが原則であり、立法と法解釈の権限は法律の専門家たち（ウラマー）にゆだねられ、スルタンはむろんのこと、カリフでさえこの分野にたちいることはできなかった。

以上がイスラム国家の法制度の基本形態であるが、歴史的にみると、九四六年にシーア派のブワイフ朝がバグダードに入城することによってアッバース朝が弱体化すると、各地に成立したサーマーン朝、ガズナ朝、セルジューク朝といった諸王朝のもとで、古代ペルシア帝国以来の君主による絶対的権力の伝統を重視するイラン人官僚の影響力もあって、カーヌーンとウルフの領域が拡大したといわれている。これはまた、これら諸王朝の君主とアッバース朝カリフとの抗争の一形態ともいわれている。そうしたなかで、モンゴル軍のイランからアナトリアへの侵入によって成立したイル・ハン国時代には、イスラムを受け入れる以前は、チンギス・ハンの禁令（ヤサ）が通用していたのに対して、イスラム化したガザン・ハンのもとで、それ以前のモンゴルの伝統とイスラム的伝統との融合がみられた。イル・ハン国史家小野浩は、ガザン・ハンがイクター（軍事封土）授与の勅令（ヤルリグ）の冒頭にみられるつぎの言葉、すなわち、

（1）神「アッラー」とその「力のもとに」

（2）預言者「ムハンマド」とその「幸運・福・恩恵（のもとに）」

という三段構えの表現パターンおよび語句の意味の類似性のなかにそれが見出されるという(45)。

（3）発令者「ガザン」の名とその「命令」

こうして中央ユーラシアの遊牧国家の伝統、古代ペルシアの伝統、そしてイスラムの伝統が合体しつつも、カーヌーンとウルフの領域がさらに拡大しつつ、オスマン帝国、ティムール帝国、そしてムガル帝国を含むトルコ・モンゴル系国家へと継承されたのである。

スルタンの法としてのカーヌーン

そのなかでも、オスマン帝国において、とりわけ、中央集権体制の確立を意図したメフメト二世がカーヌーンの領域を飛躍的に拡大させた。つまり、スルタン個人の意思に基づいて発布される「スルタンの法＝カーヌーン」が重要な位置を占めたのである。この辺の事情をフィンドリーは、「オスマン朝は王が立法を行うというテュルク＝モンゴル的伝統とイスラームのシャリーアを共に受け継いだ。そのいずれもが慣習を法源として認めていた」と簡潔に述べている(46)。

これは、すでに第一章で論じたように、突厥の可汗（カガン）の称号に込められたイデオロギーである「テングリ」すなわち天上の神から「クトゥ」と呼ばれる「幸運」あるいは「祝福」を授けられて支配を命じられた可汗の最も重要な役割は、慣習である「トゥル」ないし「トゥレ」に基づいて国家を平和裡に治めることであった(47)。そして、これが、オスマン帝国などに受け継がれ、イスラム化以前のトルコ・モンゴル系の諸国家の伝統が前面に出てきたのである。このためであろうか、一五世紀まで、スルタンによる勅令がチンギス・ハンの「禁令」を意味する「ヤサ」ないし「ヤサク」と呼ばれ、これを集大成した「ヤサク・ナーメ」が存在した(48)にもかかわらず、一六世紀以後、これに代わって、先行するイスラム王朝と同じ「カーヌーン」「カーヌーン・ナーメ（法令集）」の名が定着したのである。

このように、オスマン朝におけるカーヌーンの制定はスルタンの権威に基づくものであるから、それは、しばしば「勅令」の形式を取るという。したがって法的事柄に関するスルタンの勅令は、いつでもカーヌーンとしての効力を有するものであり、その内容は多岐にわたり、その適用範囲も、特定の集団や地域に関わるものから、帝国全域に向けられたものまでさまざまである。カーヌーンが文書として帝国各地に送られるためには、その内容に応じて、国璽尚書《ニシャンジュ》ないし財務長官《デフテルダル》が起草し、大宰相《サドラザム》の承認を得、また、重要なものの場合には、スルタンの直筆による認可を得て、法律として発効する。

カーヌーンとカーヌーン・ナーメの成立事情は以上のようであるが、トルコ人史家H・イナルジクは、現存するカーヌーン・ナーメの種類をつぎの五つに分類している(49)。

(1) スルタンの勅令の形式を持つもの。このタイプのうち、現存最古のものは、バヤズィト二世時代のもので、それは、イナルジク自身によって一九五六年に出版されている(50)。

(2) 県（サンジャク）別に編纂されたもの。これはイル・ハン国を経てオスマン帝国に受け継がれたもので、その起源は古代イランにまで遡ることができるという。この種のカーヌーン・ナーメの最も重要な点は、新しく征服された土地などでおこなわれた「検地」に基づいて作成された「検地帳」に付せられた「カーヌーン・ナーメ」である。

(3)特定の集団を対象としたもの。オスマン帝国において、遊牧民、農民のなかには、特殊な任務を遂行する代償として部分的ないし全面的免税特権を与えられた集団がおり、彼らの任務や免税特権について規定したもの。

(4)国家組織に関するもの。宮廷組織、行政機構、典礼作法などに関するもの。

(5)一般的性格を持つもの。帝国全土に通用するもので、たとえばスィパーヒー(在郷騎兵、後述)に関する諸規定などである。この種のものは、メフメト二世、セリム一世、スレイマン一世のものとして広く知られているものがこのタイプに属する(51)。

このように、さまざまな「法令集」が発布されて、オスマン帝国における法は、あたかもシャリーアとカーヌーンの二重構造となっただけではなく、カーヌーンには、ときにはシャリーアに反するものもあるという(52)。オスマン朝はその成立当初からウラマー層を介して、イスラムの原理を尊重してきたとはいえ、メフメト二世の時代以来、デヴシルメ出身層を基盤とした中央集権体制を構築するに従って、中央ユーラシア以来の君主の立法権に基づくカーヌーンの領域が拡大していった。イナルジクは、スレイマン一世が「カーヌーニー(立法者)」と呼ばれ、その名を冠したカーヌーン・ナーメが広く知られるのは、全盛期を誇った彼の治世が一つの「理想の世」として絶えずそこへの回帰を希求する思考のパターンが生まれたからであると述べている(53)。そうだとすれば、たとえば、オスマン帝国の「近代化」の嚆矢となった一八三九年の「ギュルハーネ勅令」(後述)が「わが国家は、建国以来、聖典クルアーンとシャリーアの諸条項に準拠してきたために国家は繁栄し、臣民は豊かであった。それにもかかわらず、ここ一五〇年来衰退を続けてきたのはシャリーアとカーヌーンが尊重されていないためである」という一文で始まっているのも「スレイマン一世の理想的な御世」への回帰を願う心性があるからではなかろうか。

シャリーアとカーヌーンの「統合」

スレイマン一世の四六年間におよぶ治世の後半は、前半の輝かしい征服活動によって獲得した広大な国土を安定的に治めるための内政の整備に向けられた時代である。その方針はかれの曽祖父メフメト二世の時代以来続けられてきた中央集権化体制をスンナ派イスラムの立場からみて問題なきものとして整備することであった。その中心が、イスラム国家の「普遍法」であるシャリーアと「スルタンの法」すなわち「カーヌーン」との関係を明確化することであった。その背景には、アラブ地域を支配下に入れ、メッカとメディナの両聖都の保護者をもって任じる「イスラムの盟主」となった立場がある。スレイマン一世はこの問題に関しては一五四五年から七四年まで二九年間にわたってシェイヒュルイスラム職というウラマーの最高位に君臨したエビュッスウード・エフェンディ（一四九〇〜一五七四）にすべて任せていた。エビュッスウードは、イスタンブルないしその近郊の農村で生まれた人物であるが、かれの母親は、メフメト二世によって招聘されてイスタンブルに永住したティムール帝国の学者アリー・クシュチの兄弟の娘である(54)。かれは、神秘主義教団の導師を父に持ち、イスタンブルのマドラサで学んだ後、マドラサ教授、カザスケル職を経た後、一五四二年にシェイヒュルイスラムに昇進し、二八年一一ヶ月務めた(55)。エビュッスウードは、オスマン帝国の公式の法学派として採用されていた社会の現実的な要請に最も柔軟なハナフィー派法学の立場から「スルタンの法」の体系全体がシャリーアの下にあり、それはシャリーアに抵触していないと、宣言することで、原点にある慣習がシャリーアにより守られることになる、という仕組みを構築したのである[56]。

ここにいう「原点にある慣習」には、たとえば、セルビアのステファン・ドゥシャン王の法典をはじめ、オスマン領内に組み入れられたバルカン各地の法や慣習が、あるいはまたアク・コユンル（白羊）朝のような遊牧政権のもとに置かれていた東アナトリア地域の法も取り込まれていた。しかし一方では、「カーヌーン」は、原理的に見れば、「中央ユーラシア型」国家の君主（ハン、可汗、カアン）の法である「ヤサ」にも通じることを考慮する必要もある。イスラムの諸王朝の中でトルコ・モンゴル系王朝、とりわけオスマン帝国においてスルタンの立法行為に他ならない「カーヌーン」が極めて重要な位置を占めていたのである。フィンドリーもまた、「オスマン朝は王が立法を行うというテュルク＝モンゴル的伝統とイスラームのシャリーアを共に受け継いだ。そのいずれもが慣習を法源として認めていた」[57]と述べている。

たとえば、クルアーンで厳しく禁じられている「利子」の禁止に触れかねない現金の寄進（ワクフ）をシェイヒュルイスラムのエビュッスウードが保守派のウラマーとの論争の末に合法化したのが、その好例である。というのも、現金のワクフは、すでに社会に根付いており、その廃止は現実的ではなかったからである。しかし、「こうした作業は、これまでの法慣習を変えるものではなかった。むしろ現状を肯定するために異論を封じる理論武装をした」と林は述べているが[58]、小笠原はこれを「クルアーンの文言よりも現実を優先させるのが、オスマン帝国における「イスラム」なのであった」と解釈している[59]。

エビュッスウードは、在任中に多くのカーヌーンを起草し、かつ個別の問題に対応する多数のファトワーを発行した。スレイマン一世が、ずっとのちのことではあるが、「立法者」と呼ばれたのはエビュッスウードの起草したカーヌーンをスレイマンが認可したからであろう。こうして、メフメト二世によって端緒のつけられた中央集権的な帝国の基本ルールが、「イスラムの名のもとに」明文化されたのである。そのなかでもいまひとつ指摘せねばならないことがある。エビュッスウードが、県単位でおこなわれた「検地」の結果作成された「検地帳」に記載された農産物に対する「十分の一税（ウシュル、実際にはさまざまな税率がある）」などさまざまな税目、あるいは在郷騎兵（スィパーヒー、後述）と農民との関係などを定めた「地方法令集（カーヌーン・ナーメ）」を調整し、「オスマン帝国の土地国有原則をハナフィー派の古典イスラム法理論を用いて整然と説明した」(60)ことであろう。これは、オスマン帝国の中央集権体制を支える柱として、帝国の最後の最後まで拠り所とされた大原則である。

このようにして、エビュッスウードを中心として体系化されたオスマン帝国の、いわば古典体制の基本的枠組みが定められ、それはスレイマン大帝の「理想的な御世」、政治・社会の乱れを正すべき「理想」として後世に受け継がれた。

ただし、付け加えておかねばならないのは、エビュッスウードの柔軟な法解釈に対して反対の声がないわけではなかったことである。とりわけ、現金をワクフ財源として、そこから生ずる利子を運用することを「合法である」と認めたことに対しては、これを手厳しく批判したメフメト・ビルギヴィー（一五七三没）がいた。北西アナトリアの都市バルケスィルに生まれた法学者であったが、かれは、法学者の間の論争の的であった「現金のワクフ財化」を合法と認めたエビュッスウードに反対の意見を厳しく表明した著書を著したことで知られた人物である。結局、彼の意見は認められず、スルタン、セリム二世（在位一五六六～七四）によって南西アナトリアの町ビルギのマドラサの教授に任命された。しかし、かれがこのマドラサでおこなった授業は大評判となり、アナトリア各地から大勢の学生が詰めかけたことから、かれは「ビルギヴィー」

（ビルギの人の意）として後世に名を残したのである。ビルギヴィーの名声が長く続いたことは、たとえば一八〇四年に、アナトリア随一の名望家（アーヤーン、後述）として知られた人物が作成させた自分の財産の一部を寄進したワクフ文書に、自分の建立したマドラサの教授に任命される人物の資格について厳しい学問的条件を付けるにあたって、学問があり、ムスリム民衆にビルギヴィーの著作を教授できる人物に良い給料を支払うことという条件をつけていることからもわかる(61)。このことは、国際貿易の中心地である首都イスタンブルのようなコスモポリタンな雰囲気の横溢する大都市と地方都市とのあいだのイスラムに対する感覚の温度差が長く続いていたことを示唆しているように思われる。

地方統治の概要

オスマン帝国の地方統治の形態は、大きく分けて「直轄領」と「属国」とに分けられる。帝国全土の広大な「直轄領」は、州（エヤーレト）に分けられ、中央から軍政官（ベイレル・ベイ）が派遣された。建国当初州はアナドル州とルメリ州の二つであったが、征服の進展と共にその数は増し、一六一二年までに三二州を数えるに至った。帝国の全「直轄領」は小都市ごとに郡《カザー》に分けられ、ここには帝都の「御前会議」のメンバーである「軍法官」の管轄下に置かれた地方法官（カーディー）が派遣され、シャリーアに基づく司法のみならず民政にかかわるすべての業務をも担当していた。こうして直轄領は、スルタンによる中央集権支配のもとにしっかりと把握されていた。また、カーディーは、すでに述べたように、「上奏《イーラーム》」という手続きによって、軍政官の不正や人民の訴えを御前会議に伝える（「マザーリム法廷」）ことによってスルタンの公正なる支配を全国津津浦々に浸透させる役割を果たしたのである。

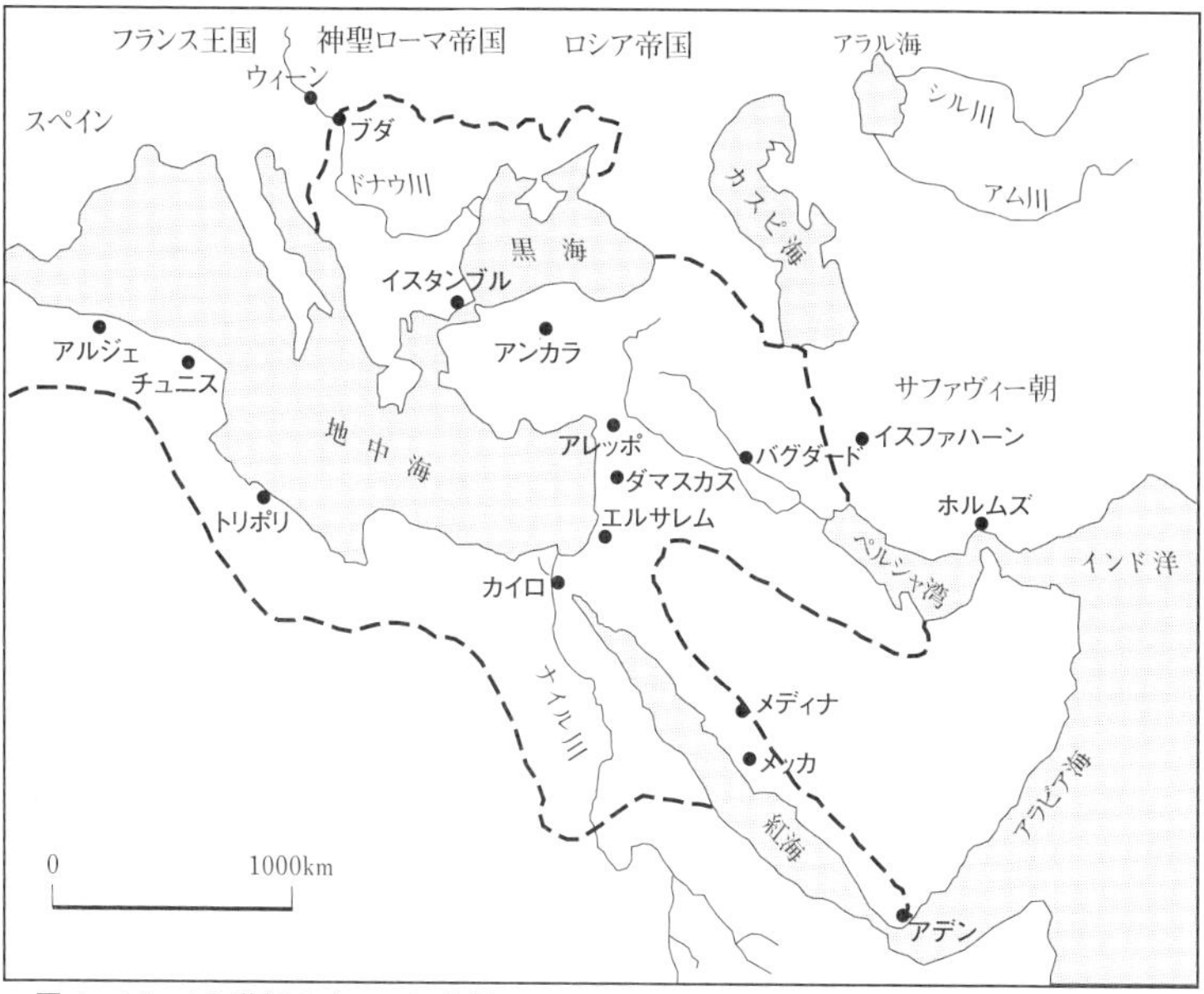

図4-12　16世紀のオスマン帝国

このうち、帝都イスタンブルに近いアナトリアとバルカン、およびシリアの一部（平野部）といった中核地域では、各州は、さらに県に分けられ、中央から軍政官（サンジャク・ベイ）が任命された。これら州や県の軍政官は、帝国の直轄領を強力な軍事力によって把握していたが、反面、かれらの多くは、すでに述べたデヴシルメ出身者であったから、スルタンの絶対的な権力のもとに服しており、かつ、頻繁に配置換えがおこなわれたから、派遣された社会に根付いてスルタンによる中央集権支配を脅かす存在とはなりえなかった。

これに対して、直轄領のうち、エジプト、バグダード、北アフリカのチュニジア、アルジェリアなどの遠隔州は、中央政府の派遣する軍政官の手を通じて間接的に、緩やかに支配された。そして、毎年一定量の税収を送金したり、政府の要請に応じて兵員・軍需品を供出するほかは、おおむね帝国支配以前の社会組織を維持した。

また、州に組み込まれず、帝国の宗主権や保護権を認めて貢納国に留まった地域、あるいは東部アナトリアの有力なトルコ系・クルド系の「支配者」の統率に基づく自治が認められた地域もあった。以上がオスマン帝国の地方統治機構の全体像である。こうしたオスマン帝国の支配体制を文化人類学者の松原正毅は、「オスマン帝国は、類例の少ないほど寛容性を持った統治体制を構築した帝国といってよいだろう。その寛容性は、多様な宗教や言語集団を幅広く包容するものであった」と総括している(62)。その具体的なありようについては、のちに改めて述べる。

中核地域の統治形態——ティマール制の起源をめぐって

直轄領のうち帝都に最も近いアナトリアとバルカンおよびシリアの一部（平野部）の中核地域には、「ティマール制」と呼ばれ、かつては、ヨーロッパの封建制との類推から「トルコ封建制」などと呼ばれていた一種の「軍事封土」制のもとに置かれていた(63)。制度史的には、ブワイフ朝以来のイクター制やビザンツ帝国のプロノイア制を受け継いでいるといわれる(64・65)。

オスマン朝のティマール制における「ティマール」は、一介の在郷騎兵（スィパーヒー）に「授封」される最小規模の「封土」から得られる税収に過ぎないのに比べて、モンゴルのそれは、チンギス・ハンの末子トルイなどの王族や功臣の取り分であるから、その規模の相違は明らかである。また、イル・ハン国においても、ブワイフ朝以来のイクター制は受け継がれており、オスマン朝のティマール制は制度としてはむしろこの延長線上にあると考えられるが、オスマン朝において、なぜアラビア語の「イクター」ではなく、「ティマール」という言葉で呼ばれたのかはわからない。このようにティマールの語源についてはまだ、確かなことはわからないが、この問題をさらに追及することは本書の枠を超えるので、ここでは問題提起するにとどめ、さしあたって、制度史上では、ティマールとは、「軍事封土」上の一単位としての名称であるというにとどめておきたい。

ティマール制の構造と性格

さて、ティマール制では、「封土」の保有者が、軍事奉仕を代償に、大きい順に「ハス」（一〇万アクチェ〈銀貨〉以上）、「ゼアメト」（二万アクチェから一〇万アクチェ）、そして「ティマール」（三〇〇〇アクチェから二万アクチェまで）と呼ばれる「封土」として指定された税源からの徴税権のみを与えられる制度である。ハスは、通常軍政官（ベイレル・ベイとサンジャク・ベイ）が保有した。「封土」の大部分をなすティマールはスィパーヒーと呼ばれる在郷騎兵に与えられた。かれらは「封土」の多寡に応じて、完全武装させた従士（ジェベリ）を従えて自ら出征する義務を負っていた。ゼアメトは両者の中間に当たるが、ス・バシあるいはアライ・ベイ等と呼ばれるスィパーヒーの司令官たちが保有した。

「ティマール」とは授与される徴税権のうち、最小単位で最多数の「封土」であるがゆえに、この制度は「ティマール制」と呼びならわされているが、「封土」とは、そもそも土地だけではなく、都市の諸税をも含む何らかの租税収入を生み出す「生計・収入」すなわち「ディルリク」とも呼ばれているから、この制度自体は「ディルリク制」と呼ぶほうが良いという考え方も成り立つ。事実、そのような事例も見られる(66)。

このような問題があるが、これまでこの制度を「ティマール制」と呼ぶのが一般的なので、本書においても、以下そのように呼ぶことにする。スィパーヒー（在郷騎兵）は、戦時には年収額に応じた装備と兵力を従えて従軍する義務があったが、同時に、かれらは農村社会の秩序の維持に責任を負っていた。ただし、住民に対する裁判権はなく、ティマール保有権も原則として非世襲であった。世襲が認められる場合でも、それは最初に指定された「封土」分だけの世襲が許されるのであって、父親が戦功によって得た加増分までも相続することは許されなかった。そこには門閥の形成を許さぬオスマン王家による農民の保護理念が貫かれているのをみることができる。しかし、初期の段階では、スルタンは有力な「ガーズィー」（イスラム信仰戦士）層からなる軍政官（ベイレル・ベイ）にたいして小規模な「封土」の直接の授封権を認めねばならなかった。このほか、バルカンの征服に功績の著しかったエヴレノス家などには「私有地」を与え、また、オスマン側の支配を受け入れたビザンツ側の小封建領主の所領を安堵して、スィパーヒー層の隊伍に加えるなどの譲歩をおこなった。さらに、スレイマン一世の時代までは、アナトリアの重要な県（サンジャク）には、オスマン王家の王子たちが軍政官（サンジャク・ベイ）として赴任するのがならわしだった。すべてこれらの諸事実は、ティマール制の中に、とくに初期の時代には「遊牧分封制」の名残がみられるという(67)。ちなみに、「サンジャク・ベイの多くはスィパーヒー同様、トルコ系の家系出身である事が多かったが、彼らはトルコ系騎士の誇りから、騎馬戦をもっぱらとし、鉄砲などの新しい兵器使用には消極的だった」という(68)。

一六世紀、デヴシルメ制度が重要性を増し、スルタンによる中央集権体制が確立すると、初期の「遊牧分封制」の性格は弱まり、官僚統制の側面が強化された。ティマール制は、このように、中央集権体制が整えられる一五世紀後半のメフメト二世時代からスレイマンの時代には、各県単位に「検地（タフリール）」がおこなわれ、スィパーヒーと農民との関係などは「検地帳」に付記された法令集（カーヌーン・ナーメ）に規定されて支配体制の基礎とされた(69)。

ティマールの保有者たち

それでは、ティマールの保有者はどのような人びとであったのだろうか。まず、第一に指摘しなければならないのは、オスマン側の征服に強いて抵抗しなかったビザンツ側の旧領主層である。これに関して、たとえば、一四三一年付のアルバニア県（現在のアルバニアと北部ギリシアにまたがる地域）の「検地帳」によれば、「ティマール」を与えられたスィパーヒー三三五人のうち五八％がキリスト教徒あるいはムスリムになって日の浅いバルカン出身の人びとであったという具体的なデータがある(70)。また、ティマール制以前のバルカン領土の獲得に大きな役割を果たした「アクン（略奪）」の担い手である「アクンジュ（略奪者）」たちがいた。かれらは自由意志で戦争に参加し、「戦利品」のみを収入とする騎士である。政府はかれらを台帳に記録して管理はしているけれども、俸給や武器・甲冑を支給するわけではない。かれらの多くは本来キリスト教徒であったが、改宗してオスマン侯国の側についたエヴレノス家、ミハル家、マルコチオウル家あるいはトゥルクマン出身と思われるトゥラハン家といった有力な武将に従ったり、単独で遠征に参加した者もいた。一五世紀には約五万人のアクンジュがいた(71)。

スィパーヒーは、スキタイ以来の強弓による騎射を得意とする騎兵である。このことを考えれば、かれらの多くは遊牧民の出自であったと考えられる。第三章で紹介した（一二一頁参照）、ムラト二世の時代に五〇〇〇〇人に達したという「ネケル」たちの多くは、この制度のもとに吸収されていったと思われる。ただし、ここにいうネケルとは、もはやモンゴル人である必要はない。むしろトルコ系の「ガーズィー」あるいはビザンツの小領主（アクリタイ）やかれらに付き従う戦士たちで、すでに述べたように、一六世紀の検地帳に付随した「地方法令集（カーヌーン・ナーメ、後述）では「いくつかの地域ではスィパーヒーあるいはスィパーヒー・ザーデ」「ネケル・ザーデ（ネケルの息子）」などと呼ばれ、むしろ「アクンジュ」の一部を構成した戦士たちかもしれない(72)。ティマール保有をめぐるこうした状況は、ティマール制がオスマン朝の支配を受容したさまざまな人びとを国家体制内に組み込む手段ともなったことを示している。

臣民の大多数が農民であるオスマン帝国では、税源の大半は農村から生み出される各種租税である。農地に対する権利は、さきにふれた「国家的土地所有」のもとに置かれていて、「封土」の保有者には土地に対する権利は一切与えられていないところに特徴がある(73)。ただし、モンゴル帝国とも関連して、フィンドリーのつぎの言葉を付け加えておきたい。すなわち「モンゴルは、徹底的にセンサスをおこなう人びとであった。チンギス・カンは早くも一二〇六年に、判決や王族に割り当てた人民や土地についての記録を「青冊kökö debter」にとどめるよう命じている。のちにオスマン朝の人びとが記録簿や台帳を指して「デフテル」という言葉を用いたこと、また、その言葉自体がそもそもギリシア語（佐々木の訳註――ディフテーラ、獣皮紙）に起源を有していることを思い合わせれば、この言葉がモンゴルによって用いられていたことは、テュルク＝モンゴル的政治文化の視界と洗練のほどを如実に示している」(74)という。ティマール制実施の基礎である「検地帳」もまた、「デフテル」というから、この点でも何らかのモンゴルの影響があるのかもしれない。

このティマールの保持者である在郷の騎兵が「スィパーヒー」である。州と県の軍政官の任務はなによりもまず、スィパーヒーを率いて戦場に馳せ参じることであった。在郷騎兵スィパーヒーの数についてはさまざまな数値が示されているが、スレイマン一世時代の初期に当たる一五二七年には、「バルカンに一万六八八人、西アナトリアには七五三六人の在郷騎士がいた（このほかに東アナトリア、アラブ領とあわせ、全体では約二万八〇〇〇人)。このうち、バルカンの在郷騎兵がつくりだす軍は、彼らの従者を加え、四万四〇〇〇人の兵力だった」(75)。これに対して、イェニチェリの数は約一万二〇〇〇~三〇〇〇人であったようである(76)。つまり、スレイマン一世の時代には、すでにイェニチェリなどが使う小銃の時代に入ってはいたが、人数から見れば、騎兵軍団がなお主力であった。しかし、イェニチェリを遠方の重要な都市に駐屯させることによって、広大な国家領域にパクス・オトマニカの支配をいきわたらせることを可能にしたのである。

アナトリアとバルカンの大半の州は、このように中央の「固い」中央集権支配下に把握されていた。バルカンでは、現在のブルガリア、ギリシア、旧ユーゴスラヴィア、アルバニアにあたる地域にはティマール制が布かれていた。これに対して、ワラキア・モルドヴァはオスマン帝国の宗主権のもとに従来の支配体制を許された「属国」として位置づけられた。また、ツルナゴーラ(モンテネグロ)や東アナトリアの山岳地帯のクルド族族長による自治支配(オジャク制)を認められた地域など、オスマン帝国の地方支配は、現地の状況や歴史的経緯などに応じて多様で柔軟なものであった。メッカとメディナのイスラムの両聖都は、オスマン帝国の保護下に預言者ムハンマドの血統を引くシャリーフ家の統括のもとにおかれていた。さらに、ダルマティア沿岸の商業都市国家のドブロブニク(旧ラグーザ)のように、オスマン帝国に貢納することを条件にバルカンにおける商業特権を得た国家もある。この町の図書館には、現在でもオスマン・トルコ語による文書がメフメト二世の勅令をはじめ、多数残されている。

オスマン帝国の地方統治がこのように多様な形態をとったのは、要するに、既存の政治・社会体制との摩擦を出来るだけ起こさないことを旨とする現実主義の産物であった。オスマン王家にしてみれば、要は、租税収入が確保され、支配王家としての体面が維持されれば、それ以外のことに干渉する必要がなかったのである。これを財政至上主義と呼んでもよいし、中央ユーラシア以来の遊牧国家の伝統と呼んでもよいであろう。

緩やかな遠隔地の統治——アラブ世界の統合

一六世紀前半にオスマン帝国支配下に組み込まれたアラブ諸地域は、「直轄領」とはいえ、おしなべて緩やかな間接的支配のもとに置かれていた。ただし、イスタンブルの中央権力から比較的近い北シリアのダマスカス州、アレッポ州、トリポリ州、サイダー州では、「検地」がおこなわれ、ティマール制が布かれた。しかし、その場合でも、ドルーズ派、アラウィー派のムスリムとマロン派のキリスト教徒とが住み、権力が及びにくいレバノン山地は間接支配下におかれた。これ以外の、いわば遠方のアラブ地域の多くは、中央から総督が派遣され、イェニチェリなどの軍隊も駐留したが、オスマン以前の体制はおおむね維持された。これらの地域は毎年、租税のうちの一定の額を州の総督を通じて一括して納入することから、「サールヤーネ（年貢の意）州」と呼ばれた。エジプト州、バグダード州、バスラ州、イエメン州、ハベシュ（エチオピア）州、現在のクエートにほぼ相当するアル＝ハサー州や北アフリカのリビア、チュニジア、アルジェリア諸州である。ここではティマール制も、「検地」もおこなわれず、原則として総督は中央から任命・派遣され、軍隊も駐屯してはいたが、現地の体制が多く温存されていた。

エジプトでは、征服後、中央から派遣されたエジプト総督は「スルタンの代理」として特別な地位が与えられたが、イスタンブルから派遣された若干の行政官、カーディー、オスマン軍団に守られ一定の貢納金をスルタンに送金する体制が組まれた。また、「検地」を実施してティマール制に倣った中央集権的な制度の導入が試みられたが、成功せず、徴税請負制に切り替えられた。このため、徴税権が有力なマムルーク軍人の手に委ねられたため、旧マムルーク体制が温存されることになった。

アラビア半島に対するオスマン帝国支配は、歴代の西アジア王朝が享受した中継貿易国家としての地位を守らんとする経済的なものだった。その中で、特に重要だったのはコーヒー貿易の最も重要なイエメンであった。スレイマン一世は、一五三八年にインド洋に艦隊を派遣し、イエメンの沿岸部を属領化することに成功した。以後イエメンは紅海経由のコーヒー貿易の一大拠点として繁栄した。一七世紀の年代記作者ナイーマーは一六四八年の記述の中で「世界の財宝はインドに、そしてコーヒーのためにイエメンに集まっている」(77)と述べている。ただし、オスマン帝国が積極的に支配しようとしたのは、イエメンのような海岸部のみで、遊牧民の首長の割拠する内陸部には関心を持たないか、持っても影響力を行使できなかった。例外はメッカ・メディナ。この地は「両聖地の奉仕者」の称号をいただくオスマン帝国に帰順するメッカのシャリーフ（預言者ムハンマドにつながる高貴な血筋の人）家によって管理された」(78)。

マグリブ地方、すなわち北アフリカでは、まずアルジェリアに総督を任命し、のちリビアをも征服してここにも総督を任命した。一五七四年になって、チュニスを征服し、チュニジアの総督が任命され、彼を頂点として、イスタンブルから派遣された軍人と海軍に編入された海賊の首領が実権を握る支配体制が出来上がったという(79)。ここにいう「海賊」を代表するのが、すでに述べた「バルバロス」こと、ハイレッティンであろう。

以上見てきたオスマン帝国のアラブ地域の支配を総括すれば、イスラムという信仰を共有し、シャリーア（イスラム法）に基づく法治がアラブ諸「民族」に受容されたことが「緩やかな支配」を永続させたのである。

ただし、研究史的には、オスマン帝国のアラブ支配時代は、バルカン半島同様、それぞれの地域において「暗黒時代」と位置づけられて敬遠されたため、長い間研究が進まなかったが、近年ではそうした見方は克服され、「一六～一八世紀のオスマン帝国支配時代に、アラブ国家群の原型が既に地方有力者の台頭、地域社会の成熟という形で形成されていた」と加藤博がいうように研究の進展が見られる(80)。

クリミア・ハン国

クリミア・ハン国は、チンギス・ハンの長子ジュチによってモンゴル帝国の北西端に建国されたジュチ・ウルス（キプチャク・ハン国）の継承国家のひとつである。一四七五年にオスマン帝国の総主権下に入り、その騎兵隊はオスマン帝国とハプスブルク家との戦争で活躍し、ロシアおよび東欧とオスマン帝国との間の緩衝国の役割を果たした国家である。それと同時に、この国がすでにトルコ化し、イスラム化したとはいえ、本来チンギス・ハンの血統を引くことから、オスマン帝国においてスルタンの即位儀礼である「臣従の誓い（バイア）」やオスマン王家主宰の祝祭時におこなわれるオスマン朝君主への表敬において、クリミア・ハン家からの使者は二番目にそれをおこなう権利をもっていただけではなく、常にその自治を尊重されていた(81)。

非ムスリム臣民の処遇

オスマン帝国の非ムスリムは、主としてキリスト教徒とユダヤ教徒からなっていた。キリスト教徒のなかでは正教徒が最大多数を占めていたが、このほかにアルメニア教会派、マロン派やネストリウス派キリスト教徒などが数えられる。歴代のイスラム諸王朝において、キリスト教徒とユダヤ教徒のような「啓典の民」

は、改宗を強要されることは基本的にはなく、シャリーアに従って、むしろ「保護」すべき民（ズィンミー）として固有の信仰と法および生活慣習を保ち、自治生活を営み得るものと定められていた。オスマン帝国でも、もとよりその伝統が生きていたから、帝国の歴史を通じて人口の三分の一程度を占めた非ムスリムたちは、宗派ごとの聖職者組織を通じてゆるやかな結びつきを保ち、宗教と結びついた社会生活の面で自由を享受することができた。

ギリシア正教会をはじめとする各宗教共同体（ミッレト）はそれぞれの教会法による裁判所を持ち、共同体内部の事柄を処理する自治的な権利を持っていた。しかし、行政的な問題に関しては、非イスラム教徒にたいしても地方法官カーディーの権限は及んでいる。また、一七世紀のアナトリア各地のカーディー法廷文書には、多数のキリスト教徒住民の契約や訴訟が記載されており非イスラム教徒も事柄に応じてカーディー法廷を利用していたことが知られている(82)。

すでに述べたように、一四九二年以後にスペインを逐われたユダヤ教徒がオスマン帝国に受け入れられていた。スペインにおけるユダヤ教徒の中ではキリスト教に改宗すると「コンベルソ」と呼ばれたが、「内々に」ユダヤ教徒の信仰を保持しているとして「マラーノ（豚）」という蔑称で呼ばれて迫害されていた人びとは、あくまでキリスト教徒として活動していた。しかし、一五三〇年代になると、マラーノの代表的存在であるナスィ一族がイスタンブルに移住した。一五三五年にはイスタンブルのユダヤ教徒は四万人を越え、一つの都市としては、世界一ユダヤ教徒の多い都市といわれた(83)。かれらがオスマン帝国の金融面において活躍したことは、一六世紀に「商業帝国」を築いたヨーロッパ有数の「ビジネス・ウーマン」グラシア・ナスィ（一五一〇頃〜六九）の甥であり、娘婿でもあり、一五五三年ごろイスタンブルに移住したヤセフ・ナスィ（あるいはヨセフ・ナスィ）の名とともによく知られている。かれもグラシアと同じ「コンベルソ」であったが、ユダヤ教徒を迫害しないオスマン帝国では、おおっぴらに、ユダヤ教徒として活動することができた。かれは、ヨーロッパ各地との商業・情報ネットワークを駆使して、叔母の「商業帝国」を拡大するとともに、セリム二世（一五六六～七四）の外交顧問を務めるなどオスマン帝国の政治にも大きな影響力を与えた(84)。

このように多数の非ムスリムが存在した帝国内部では、かれらはそれぞれの教会の下で宗教的自治を享受した。それぞれの教会は、信仰や儀礼をとりしきり共同体内部での問題については自分たちの法を適用し、裁判を実施することができた。キリスト教徒は教会の法に従っていたが、一方では、キリスト教徒とムスリムとにかかわる問題はイスラム法廷で扱われた。また、とくに商業上の契約や売買に関しては、キリスト教徒やユダヤ教徒も、イスラム法廷を利用することを選択することができた。

非ムスリムは、ジズヤと呼ばれる人頭税の支払いと、生活上の若干の制約を受けてはいた。したがって、今日の目から見れば、ムスリムと非ムスリムとのこうした共存のシステムは、しばしば指摘されるように、平等ではなく、不平等のもとの共存と言うこともできる。しかし、少なくとも前近代の西欧キリスト教世界では、キリスト教徒の支配下にムスリムが存在すること自体が原理的に保障されていなかったことを想起すれば、当時のイスラム世界は、はるかに寛容な共存の原理を持つ世界であった。しかも、すでにバヤズィト二世の時代にユダヤ教徒が受け入れられたことに関して指摘したように、かれら少数民の持つ知識や技術は、むしろ貴重な財産でもあった。比較文明史家鈴木董は、イスラム的共存のシステムを乱すような紛争が生じた場合、それを迅速に制圧しうる強靱な支配の組織が維持されていた事例として、スレイマン一世時代のイスタンブルで「ユダヤ教徒に対するムスリム住民の暴動が、常備軍の出動によって瞬く間に鎮圧された」

事例を挙げて、中世後半から近世初期にかけて西欧の諸都市で起こった民衆の反ユダヤ暴動によるユダヤ教徒の虐殺を防げなかった事例と対比している(85)。

以上に述べてきたように、スレイマン一世の時代に完成したオスマン帝国の「古典的体制」とは、一方では「スルタンの奴隷」身分の軍人・官僚を媒介とした、そして古代ペルシアおよび古代中央ユーラシアに淵源をもつ絶対君主的帝王観に基づく強固な中央集権支配のもとに把握されていた中核地域と、他方では多様な地域と住民の暮らしの現実を許容しつつ緩やかな支配の傘のもとに治められた周辺地域、これらが全体として柔軟に適用されたイスラムの原則によって正統化された体制であった。そして、この体制がしだいに相対化されて、つぎの時代が始まる一九世紀までが「近世」と呼ばれるおおよそ三〇〇年の時空間であった。

「ポスト・モンゴル時代」論とオスマン帝国

モンゴル帝国史家杉山正明は、一九九六年の著作で「ポスト・モンゴル時代」の帝国として「明帝国・大清帝国・オスマン帝国・インドのティムール帝国（ふつう「ムガル朝」と称される）・ロシア帝国」を挙げて、「一九世紀の帝国主義以前には、アジアの大帝国時代が久しく続いていた」と述べて、オスマン帝国を「ポスト・モンゴル時代」の中に位置づけた(86)。その後、一九九七年の著作でも、かれはふたたび「ふりかえって、モンゴルとその時代は、いわば世界史の分水嶺であった。それまでのユーラシア世界史の大流は、モンゴル帝国を中心に一体化するユーラシアというかたちでひとまずまとまりをつくった。世界史のさまざまな事象は、いったんそこにながれこみ、時と地平をともにしたのち、ふたたび流れ出していったのである。マクロに眺めれば、ユーラシアと北アフリカはモンゴル時代を通して「中世」の残滓をふりはらい、「ポスト・モンゴル時代」とでもいうべき時代を経たうえで、「近代」へと徐々に移り変わった。西欧の海上進出も、その中で起きる。つまり、近年の日本でいうところの新しい造語「大航海時代」も、あくまでモンゴル時代におけるユーラシアのゆるやかな一体化を前提としたうえで、しかも「ポスト・モンゴル時代」のなかの一現象としておこったものであった」と述べて「ポスト・モンゴル時代」の世界史的な意義を強調している(87)。

一方、森安孝夫は、「遊牧国家から中央ユーラシア型国家へ」という命題をたて、「中央ユーラシア型国家」とは「遊牧王族と腹心親衛集団を頂点とするピラミッド型支配機構、中央・左右翼分統体制、十進法的軍民組織などを特徴とする遊牧国家の発展形態であり、人口の少ない「北方」の遊牧勢力が中核となり、騎馬軍団による軍事力とシルクロードによる経済力に加えて文書行政などのノウハウを取り込み、従来からの本拠地である草原に足場を残しながら、「南方」にいる大人口の農耕民・都市民を安定的に支配するシステムを構築したものである。それゆえ必然的に、異民族・異宗教にも寛容で、可能な限りそうした勢力を活用する多民族・多宗教・多言語の複合的国家となる」と定義し、西ウイグル王国、カラ・ハン朝、セルジューク朝などを数え上げた後、「その中央ユーラシア型国家の完成体がモンゴル帝国である」という。そして、モンゴル帝国の世界史的役割を縷々述べた後、「モンゴル帝国の後継国家であるオスマン朝・サファヴィー朝・ムガール朝、清朝が並び立っていた一七世紀まで、経済力においても軍事力においてもヨーロッパとくに西欧がアジアを凌駕したことは一度もたりともなかった」という(88)。

さらに例を挙げれば、イル・ハン国からサファヴィー朝時代にかけての約五〇〇年のイランを中心とした地域を、羽田正は、「トルコ・モンゴル系の遊牧民的な規範や心性、価値観や行動様式が大きな価値観を持ち、それが政治や社会、文化のあり方に多大な影響を与えていた」一つの歴史世界であるとし、これを「東方イスラーム世界」と名付けた(89)。羽田は、別の著作でオスマン、サファヴィー、ムガルの三つのイスラム国家を比較検討し、「この三つの王朝とその時代は、ヨーロッパ列強の政治・経済的な影響が本格的に及んでくる前の、イスラーム世界の自律的な発展が最終的に行き着いた到達点だったとも言える」と結論づけている(90)。

このような問題意識は、ごく最近邦訳された『ティムール以後——世界帝国の興亡一四〇〇〜二〇〇〇年』(91)の著者ダーウィンも共有している。彼は、その日本語版への序文の冒頭で「本書の大きな狙いの一つは、ユーラシア大陸の歴史をいま一度、世界史の中心にすえ直すことである」と述べ、「ヨーロッパを、一五〇〇年以降の世界史を展開させてきた「原動力」として位置づける」西洋中心史観を批判し、「なるほどヨーロッパ人は、一五〇〇年以降、新たな帝国建設を開始したと言えるかもしれない。しかしながらそれは、オスマン帝国、ムガル帝国、そしてイランのサファヴィー朝も同じなのである」と述べて、著書の第三章を「近世の均衡」と命名している。この本の力点は一九世紀以後現代に至る時期に置かれているとはいえ、「ポスト・モンゴル帝国」論と相通じるところがあることは、『ティムール以後』という本書のタイトルに象徴されている。

中国の清朝（大清帝国）史家の杉山清彦は、みずからの専門とする大清帝国をも念頭におきつつ、オスマン帝国、サファヴィー朝、ムガル帝国の三帝国は「いずれも外来もしくは外来起源の少数の軍事集団が、宗教・宗派なり、言語文化なりを異にする人口稠密地域を支配下に治めた帝国」として把握し、その共通点を次のように提示している（以上は岸本の簡潔な整理による）(92)。

一、それ以前の政治的・文化的枠組みから見て境界ないし辺境から勃興し、古い文化伝統を誇る地域を征

服・再編成したこと

二、国家構成員や組織技術に見られる多「民族」的・多文化的な混合性・複合性

三、その領域が一元的な支配下に置かれているのではなく、多様な統治形態の地域の集合体であったこと

四、それ以前からの伝統的言語文化とずれを持つ言語や文字が支配の言語として用いられ、それによる文書行政が高度に発達したこと

そのうえで、杉山はこの共通性の淵源を、「先行する一三～一四世紀のモンゴル帝国から、いずれもその広域支配と多「民族」統合をひきついだ巨大国家」であることに求めている(93)。ただし、われわれの行論からすれば、それはまた、突厥以来のトルコ・モンゴル系遊牧国家にまで遡るということができよう。モンゴル帝国とは、それらの伝統を受け継いだ国家に他ならないからである。

当てはまるか否かは、さておいて、オスマン帝国に関していえば、妥当な判断である。なお、オスマン帝国に関して若干補足説明を加えれば、これらの論点の一）はイスラム世界とキリスト教世界の狭間に生まれたオスマン侯国が、やがてアナトリア・バルカン・アラブ地域を統一して大帝国を築いた事実を指しており、二）は前章で扱ったデヴシルメ制度を軸とした多様な「民族」からなる「家産的臣下」＝カプ・クル身分の官僚・軍人層をはじめ、スペインを追われたユダヤ教徒、地中海における航海技術の保有者であるギリシア人やイタリア人などなど、有用な人材を宗教・「民族」・文化の相違にとらわれずに受け入れたことに象徴される。三）は、本章において具体的に紹介したように、デヴシルメ出身の軍政官、官僚化されたウラマーとも言える地方法官（カーディー）、そしてティマール制による地方社会の掌握という「強固な支配」と帝国領

内各地の伝統や実情に応じた、「地方の数だけ統治の方法があった」(94)と言わしめた柔軟な統治形態とである。四）に関しては、少し説明がいる。すなわち、オスマン帝国が当時のイスラム世界における主要言語であったアラビア語とペルシア語ではなく、文章語としてはまだ未成熟であったトルコ語を公用語として採用し、それによる膨大な文書行政を展開したことで、まさにモンゴル帝国の「文書主義」に対応する「文書行政」である。今日イスタンブルの「国立オスマン文書館」に残された一億点を越える文書のみならず、旧オスマン領内各地に残された文書群がそれをものがたっている。

ここに紹介したポスト・モンゴル帝国論は、たとえば、「一五世紀にはいり、台頭してきたユーラシア大陸の各帝国は、いずれも柔軟で効率的な統治組織をもち、広大な領域を支配し、多様な民族集団を統治した。（中略）こうした帝国のほとんどがチンギスの血統などモンゴルに由来する権威を利用していた」(95〜98)といったような形で、近年刊行されている「新しい世界史」の記述を試みるいくつかの書物の中にも反映されつつある。

こうした研究動向はともかく、「中央アジア以東の地域において、イスラーム化とトルコ化がいっそうひろくふかくすすむなか、北アフリカも含めユーラシアの大半は、オスマン朝を中心に広やかに結ばれていた」(99)とするならば、一六世紀から一九世紀にいたるおおよそ三〇〇年もの間、ユーラシア大陸の西端をのぞく地域の多くが、多様な宗教・民族・文化の織りなす空間を柔らかに包み込んでいた事実は、世界史上に特筆すべき重要なことではないだろうか。

一方、遊牧民の果たしてきた人類史上の役割に注目する文化人類学者松原正毅は、「長期間にわたって遊牧勢力を中心とした歴史変動がくりかえされてきたのは、遊牧勢力が基本的にそなえていた柔軟な社会編成をおこなう力によるところがおおいとおもわれる。柔軟な社会編成をおこなう力は、言語や出自の違いを問わない包容力にもとづいたものである。諸宗教への寛容性も、並行してみられる。もちろん騎馬戦力を中核とした卓越的な軍事勢力の存在も、歴史変動の原動力を果たす要素となっていただろう」(100)と述べているが、オスマン帝国もそのひとつであろう。

このように、オスマン帝国にはモンゴル帝国の政治文化を継承した側面が見られるとはいえ、国家そのものの性質は真逆であった。それは、モンゴル帝国史家岡田英弘が言ったように(101)モンゴル帝国はチンギス一門による四つの「ウルス」の連合国家であるという分権的な帝国であったがゆえに短命に終わったのとは対照的に、オスマン帝国はオスマン王家出身の単一の君主をいただく形でのオスマン王家への、杉山清彦の言葉を借りれば「王統の至尊化」とイスラムに基づいた「正統性」とに裏打ちされた中央集権体制を確立したがゆえに、一七世紀以後この体制がしだいに相対化され、一九世紀にはいると、西欧列強の圧迫に対処するための「手法としての」(林佳世子)西洋化を通じて近代的な「国民国家」トルコ共和国の成立に至るまで、六〇〇年余におよぶ命脈を保つことができたのである。

オスマン朝の「帝国」としてのこうした存在は、杉山清彦が大清帝国との類比として言うように、「オスマン朝、サファヴィー朝、ムガル朝、ロマノフ朝、ハプスブルク朝などと並び立つ近世帝国としての位置付け」(102)を含めて、近年盛んに議論されている「帝国論」の文脈の中で「オスマンや清などは柔構造の専制帝国とされるが、外圧を受けつつ近代国民国家に転生する際、旧帝国の体制が反面教師として認識され、後継国であるトルコや中国は逆に多元性の許容度の低い国になった」(103)事例として位置づける考え方も提唱されていることを付け加えておこう。

第五章

「オスマンの平和」のもとで暮らす人びと

第一節　「オスマンの平和」を根底で支えた人びと

スィパーヒーと農民

現在の中東（イランを除く）・北アフリカ、バルカン諸国から東欧の一部、黒海北岸、北部コーカサスといった広大な地域をその版図に収め、地中海の制海権を掌握し、かつアラビア半島の南岸一体を支配下に置くことによってインド洋海域と地中海・黒海とを結びつけることに成功したオスマン帝国によって実現された「オスマンの平和（パクス・オトマニカ）」のもとに暮らす人びとの生活を支えるシステムとその実態を次に考えていきたい。

前章で、その制度的・軍事的側面を紹介したティマール制のもとでの農村社会を知るための最大の手掛りは、アナトリアとバルカンの各県ごとに行われた「検地」（タフリール）の結果作成された「検地帳」（あるいは租税台帳）とそれにともなった地方ごとの「カーヌーン・ナーメ」（地方法令集）である。「検地帳」の内容は、現地の地理的・人文風土的条件に応じてさまざまであるが、総じて、スィパーヒー（在郷騎兵）と農民の社会的関係、各種税目、農民の土地保有状況などが具体的に記されている(1)。まず、農地はすべて国有地で、農民はその永代借地人、スィパーヒーはその徴税人であることが大前提である。農民は親子代々耕してきた農地の用益権（保有権）を息子に（のち娘も）無償で相続することができるが、その代わり、

「検地帳」に登録された村を勝手に離れたり、農地を売却したり、分割することは許されなかった。スィパーヒーは土地を離れた農民を一五年以内ならば強制的に連れ戻すことができた。しかし、一方では、初期の時代に存在した旧領主の土地で賦役をさせたり、干し草、まぐさ、薪などを提供させたりといったいわゆる「封建的慣行」を許さず、農民を直接保護することによって農民の生活を守ることがスルタンによる正義の証であった。そしてこれらがイスラムの原則に基づいて正しく守られているか否かを監視するのが帝国各地の小都市にくまなく派遣された地方法官（カーディー）の役目であった。ここに、カーヌーン（世俗法）とシャリーア（イスラム法）に基づくオスマン帝国支配の真骨頂がみられる。

私が実際に分析した西アナトリアの「サルハン県」の一五三一年付「検地帳」によれば、一対の耕作用家畜によって耕作をおこなう農民は①「チフト農民」（チフトとは「一対」の意味で、これはビザンツ帝国のゼウガラートイ〈牛一対持農〉に対応する）(2)、②その半分を意味する「ニーム農民」、③既婚の息子「ベナク農民」、④未婚の息子「ミュジェッレド農民」の四類型からなっていたが、やはり江戸時代の日本史と対比するならば、さしずめ「本百姓」にあたる「チフト農民」の数が「ニーム農民」（水飲み百姓）をわずかにではあるが上回っている。「チフト農民」とは、一対の耕作用家畜に曳かせたおおよそ五ヘクタール前後の土地を保有する小農民が中心である。五ヘクタールというと江戸時代の日本と比べると、とてつもなく広いように思われるが、前近代のアナトリアのような灌漑を伴わない乾地農法では、単位面積の収量は極めて低いだけではなく、一年ごとに耕作と休耕を繰り返す二圃制農法であったから、一年に耕される土地面積は二・五ヘクタールという計算になる。労働量にして約三〇日、一〇月末から一一月末にかけての降雨期にのみ耕作の行われる冬作農業であった(3)。

イナルジクはこれを「チフトハーネ・システム」と名付け、ティマール制体制の基本的な生産関係と位置付けている(4)。この点に関連して、フィンドリーも、「「小農帝国」たるオスマン国家は、テュルク史上の初期のステップ諸帝国よりも、かつて同じ土地を支配していたローマ帝国やビザンツ帝国と共有するものが多かった。（中略）イナルジクはこれを「チフトハーネ」と呼び、その原型をビザンツやローマに求めた。（中略）農民の小家族経営（チフトリキ）を保護するという目的は、オスマン帝国の歴史を通じて変わることはなかった」(5)と述べている。つまり、国有地原則を維持することによって、地方の有力者による農地の簒奪を阻止して小農民を保護することが君主であるスルタンの「正義」の実現であった。

現代の文化人類学者の調査によれば、トラクターが導入される一九五〇年代までのトルコの耕作形態は、「カラサバン」と呼ばれる鉄の刃のついた木製の犁を二頭の耕牛（または馬）に曳かせる古代から連綿として続けてこられた伝統的農法を維持していたのである(6)。現代トルコの農村調査によれば、収穫量は播種量の平作で四倍、悪くて三倍と農民は考えており、翌年のための種籾、税金、そして家族の食料を除けばごくわずかの余剰が残る程度であったのではなかろうか(7)。しかしこれが「小農帝国」たるオスマン帝国の力の源泉であった。

ただし以上は、あくまでも肥沃な西アナトリアやバルカンの一部の例であって、これをティマール制の施行された地域全体に当てはめることができないのは当然である。そして、アナトリアやバルカンの山岳地帯では、農業と牧畜の境界が明確ではなく、また平野でも農家副業としての羊・山羊などの飼育がさかんであったから、保有する土地の多寡だけがそのまま貧富の差を反映しているとは限らないのは、日本の場合と同じである。

図５－１　戦士たちの戦功を記録する書記　トプカプ宮殿博物館蔵

ティマールの保有権は息子へ相続されることが許されたが、父親の軍功により加増された分は相続を許されなかった。このため、オスマン軍の戦場には書記たちが同行し、正しいティマール授与のために、それぞれの軍功を記録した証明書を発給して回っていた(8)。

スィパーヒーが農民から徴収する税の多くは現物納であった。それらは収穫期にその都度徴収されたから、かれらは四季を通じて農民と密接な関係を持たざるをえなかった。しかし、他方でスィパーヒーは頻繁に行われる戦役に出征する義務を負っていた。そのためには、どうしても現金収入が必要であったから、現物納による税を貨幣で徴収しようとする傾向があった。これがティマール制の抱えた基本的矛盾であった。社会主義時代のブルガリアを代表するオスマン史家ムタフチエヴァは、おおざっぱではあるが、一六世紀には現物地代四〇％、貨幣地代六〇％という数値を提示している。このため農民は、「年貢」を支払うためにも、どうしても作物の一部を町や周市で換金しなければならなかった。ムタフチエヴァは、前章で指摘した「ディルリク」、すなわち「生計・収入」という概念が、研究史上もっぱら土地及び農業生産にかかわる「fief」（フィーフ）すなわち「封土」としてのみ理解されてきたのに対して、農業生産以外の租税、たとえば都市関税などもディルリクとして与えられた事実を指摘することによって中央政府が、ディルリクを一定の領地としてではなく、一つの「収入」と考えていたと主張している(9・10)。この点は、「小農帝国」とはいえ、自給自足的イメージでは捉えられない、商業の盛んな中東に位置するオスマン帝国ならではのことである。

このように、一五世紀後半から一六世紀にかけて作成された「検地帳」によれば、ティマール制下の農村社会は最初から貨幣経済を前提としていた。そもそも「封土」の多寡は、徳川時代のような石高ではなく、「アクチェ」と呼ばれる銀貨の量で示されていた。国有地の借地税に相当する「耕作地税」、羊税、キリスト教徒ならば、ジズヤ（人頭税）、それに水車使用税、結婚税、罰金税といった社会的な性格を持つ税は貨幣納であった。そして、大事なことは、農村経済のこうした貨幣経済との密接な関係は、一六世紀を通じて発展した市場経済・貨幣経済の発展の中でティマール制が変質していく原因のひとつとなるのである。

ティマール制に関する以上の記述は、首都イスタンブルから至近の距離にある西アナトリアのように、すでにオスマン体制に十分に組み込まれた地域に当てはまる。これに対して、東部アナトリアやアルバニアのような地域に対しては、オスマン以前の伝統を温存しつつ、時間をかけてオスマン体制に組み込んでいく方法がとられた。ティマール制の多様な実態については、まず、アルバニアに関しては前章でみた（一七一頁参照）。主としてアナトリアとシリアに適用された「マーリキャーネ＝ディーヴァーニー」制は、旧支配層の既得権である税収の一部を安堵しつつ、ティマール制の枠内に組み込んでゆく方法である(11)。あるいは同じく東部アナトリアのクルド系住民の支配的な諸地域ではクルド系「一族内でのディルリク（徴税権――引用者）の世襲と租税調査をおこなわずにディルリクの保有」を認める制度やアク・コユンル朝時代に適用されたソユルガールの残存を認める等の方法がある(12)。さらには、遊牧民の定住化を促進するものとしてのティマール制(13・14)など、こうした多様な実態に関する実証的な研究が、最近のわが国でも進みつつあることを附言しておきたい。これらの方法はすべて、「ティマール制」を通じて中央集権体制を確立しようとする現実主義的な施策であった。

遊牧民

一六世紀におこなわれた検地によると、トルコ系遊牧民(15)はアナトリアのほぼ中央を流れるクズルウルマク川を境として、その東側に住む者はトルクメン（もしくはアシレト）、西側（バルカンも含む）に住む者はユルック（歩いていることが常態である者、すなわち遊牧民）と総称された(16)。

このうち、ユルックは行政によって「アンカラ・ユルック」のように居住地域名で呼ばれるか、名馬を産するタウロス山脈に比較的近いコンヤ近郊の「アトチェケン（馬の飼育者の意）」や「弓作り」のように国家に対して特殊な任務を果たす軍事的・経済的役割によって命名されている集団があった。「検地帳」の記載の仕方から判断すると、ユルックの各集団は著しく細分化され、もはやオグズ族本来の部族組織をほぼ完全に失っていた。その原因は、西アナトリアへの移住の時期が早く定住化が進んでいたこと、地形の関係から大規模な家畜の集団を収容できる広大な牧草地が存在しなかったこと、また、首都イスタンブルに近く中央政権の強い統制を受け、これに反抗した者たちがバルカンへ強制移住させられたことなど、自然環境や政治的要因に求めることができる。

これに対して、東アナトリアのトルクメンの場合は、大きな集団を形成し、オグズ族の部族組織を比較的よく維持していたと言われる(17)。それは、東アナトリアには、アナトリア有数の牧草地が集中的に存在しているという自然条件とともに、オスマン権力の中枢から遠隔の地にあり、政府もまた、遊牧民の反乱や、サファヴィー朝との連携を恐れて、かれらに対して強力な支配権を行使しなかったという、地理的・地政学的環境によるところが大きい。

ティマール制は基本的には定住民の把握の仕方であり、遊牧民の定住化政策ともいえる一面を含んでいた。しかし、東アナトリアの遊牧民のように、冬営地と夏営地とのあいだをときには二〇〇キロ以上もの距離を移動する遊牧民には、この制度は適用しにくかった。そこで政府は、オスマン王家の直轄とするか、州軍政官の「封土」(fief のうちの最大のもの〈ハス〉、第四章参照)に指定した。

オスマン帝国においては、郡の行政の中心は都市であるから、法官も都市に住んでいるのが常態である。ところが遊牧民の集団それ自体がひとつの「郡」に指定されている場合がある。その場合には、かれらに政府の命令を伝達し、かれら同士の係争を裁くために法官が任命される。その場合、法官も遊牧民と一緒に冬営地と夏営地とのあいだを往復した。西アナトリアでは、こうした法官を「ユルック・カーディー」と呼び、都市に居住する法官を「トプラク・カーディー」、すなわち「地つきのカーディー」と呼んでいる例が史料に見られる(18)。

これら二つのタイプに分けられる東西の遊牧民の内、とりわけ東部アナトリアの遊牧民が重要なので、本章においては、かれらについて今少し述べておこう。東アナトリアのトルクメンと、かれらが所有するヒッジの数について正確なことがわかっているわけではないが、たとえば、例外的に都市名で呼ばれている、そして最大の集団規模を誇る「アレッポ・トルクメン」は九〇〇〇戸（テント）強の「人口」だった（ヒツジ数は不明）。また、一五四〇年の史料によれば「ボズウルス」は約四六〇〇戸で一〇〇万頭のヒツジをもち（一戸平均二一七頭）、かつて存在した侯国名を持つ「ドゥルカドゥルル」は約二八〇〇戸で九五万頭ほど（一戸平均三四〇頭）のヒツジを所有していたという数字がある。当時ヒツジは三〇〇頭をもって「一群れ」として行政の側から把握され、「一群れ」につき一頭の「良い」ヒツジが夏営地（ないし冬営地）税として徴収されたが、このほかにもいろいろな名目で徴収される税を含めると、だいたいヒツジ一頭につき一銀貨（アクチェ）の租税負担が課せられていた[19]。

ヒツジは、その乳から得られる乳製品（バター・チーズ・ヨーグルトなど）ばかりでなく、毛・皮・肉・腱・内臓・頭・ひずめなどすべてが商品価値をもっている。遊牧民はこれらを原料として数多くの手工芸品・食料品を生産し、定住農耕民の生産する穀物・果物・野菜などと交換し、また都市民の手工業製品を購入することによって生活を維持していた。かれらが大きな集団をつくる夏営地にはしばしば大きな「市」がたった。たとえば、中央アナトリアのスィヴァス南方のイェニイルという名の夏営地では、一五八三年付の「検地帳」史料[20]によれば、奴隷、穀物、乾燥果実、ろしゃ（染色やメッキの触媒剤）、胡椒、ナデシコ（染色用か?）、インディゴ（インドから輸入される藍色染料）、家畜（ラクダ、ウマ、ウシ、ラバ、ヒツジ）、フェルト、絨毯、キリム（平織りの敷物）、チーズなど多彩な商品が売買されていることがわかる。

第二節 都市に暮らす人びと

都市の行政と秩序の維持

都市は、ほぼ例外なく行政の中心であった。この点、「都市の空気は自由にする」といわれ封建領主の支配の外で自立していた中世ヨーロッパの都市と違って、イスラム都市は、むしろ権力による支配の拠点であった。都市の行政で主要な役割を果たしたのは、郡の地方法官であるカーディーであった。大都市には州や県の軍政官に任じられたデヴシルメ出身者や同じ出自のイェニチェリが駐屯していたが、かれらの任務は主として、平時には治安の維持、戦時には在郷軍団の編成といった軍事的なものであった。

ふつうカーディーの官邸は、そのまま都市行政の中心となる「シャリーア法廷」でもあり、昼夜を問わず、主としてムスリム住民に対して開かれていた。ここには書記がいて「シャリーア法廷台帳」が作成された。これがオスマン帝国の地方史研究の最も重要な史料である。これを読んでいると、裁判に関わること以外にも、動産・不動産売買の証書、財産相続手続きとそのための遺産目録の作成といった民事的な記録以外に、中央から送られてきた勅令、逆にカーディーの側からの上奏文、ワクフ文書、租税の徴収に関する記録など、カーディーの職務の幅広さを示すさまざまな情報に出くわす。つまり、カーディーの官邸は、刑事・民事の訴訟を扱う「シャリーア法廷」であると同時に、中央の指令が伝達される場でもあり、またのちに述べる「ギルド」代表や名士（アーヤーン）などの出席を得て、管轄区である郡全体の生活の様々な規定事項の決定される場でもあった。

裁判は、証人による証言と証拠書類に基づいてカーディーがシャリーア（イスラム法）に準拠して判決を下す形式をとっている。刑事犯罪ならばカーディーは「ムフズル」と呼ばれる手下を使って刑の執行した。大事なことは、被告が判決に納得せず上訴する場合は、すでに述べたように、トプカプ宮殿の御前会議、場合によってはシェイヒュルイスラムのもとで審議されることも少なくなかった。ただし、これらは、ムスリム同士、あるいはムスリムと非ムスリムとの間に起こった係争に限られる。非ムスリム同士の係争はかれら独自の組織に任されていて、政府はこれに干渉することはなかった。農村部における事件や紛争の処理には「ナーイブ」と呼ばれる代理人が派遣された。村は行政の単位とされていなかったからである。カーディーの力をこえた大規模な反乱や紛争が起きた場合には州や県の軍政官の軍事力がものをいった(21)。

図５‐２　イェニチェリの振るう鞭で打たれる女性
16世紀，Henry Hendrowski，Codex Vindobonensis

都市のアメニティを提供するワクフ制度

乾燥し、高温な中東において、豊富な水と日陰、古代ローマの伝統を受け継いだ公共浴場（ハマーム）、そしてコーヒー・ハウスなど、都市は娯楽と人間の触れ合いにこと欠かない快適な空間であり、市壁と城砦に守られた安全な空間であった。イスラム社会では、こうした環境を保障する社会資本はワクフと呼ばれる寄進制度を通じて整備された。この制度は「サダカ」、つまり「余分な富の社会への還元」というイスラムの理念に基づいていた。その具体的な方法は、まず、スルタンも含むある人物が、官職や社会的地位、男女の区別に関係なく、個人の資格で、モスク、学校、病院、給食施設、給水場などの施設を建設し、これを「神」（アッラー）の名において公共の利用に供するため寄進する。ついで、多くの場合同一人物が、自分の私有財産である土地、家屋、店舗、菜園、果樹園、公共浴場などの所有権を放棄してアッラーに寄進し、そこから得られる賃貸収入をこれらの施設の維持・運営費、すなわち、光熱費、修繕費、その運営に携わる人の給与や学生の生活費などに充当するというものである。イスラム諸国の場合、さきに列挙した宗教・教育施設だけではなく、道路・水道・橋などの公共施設も含んでいるから、その対象は広範囲におよんでいる。それは、「聖」と「俗」の区別のないイスラムの特徴からきている。

ワクフ制度は、都市の物件の大半が「寄進」の名によって固定化されたために商工業の発展を阻害する要因であると、かつてはいわれることが多かったが、それは誤りである。なぜなら、寄進された店舗は、ワクフ管理人によって修理や改善をおこなうことで時代の要請に対応することができたからである。むしろ、自分の財産をワクフとして寄進することによってスルタンによる財産没収を回避して実質的な「所有権」を安全にすることができた。専制君主といえども、アッラーに寄進された物件を没収することはできなかったからである。他方では、イスラム法による分割相続規定による資本の分散を防ぐこともできた。なぜなら、イスラム法は男女を問わず個人の相続権を明確に定めていたため、ある人物の死後、その財産は残された者全員によって分割されたり、共同所有のもとにおかれたりしたからである。さらに重要なことがある。それは、都市の家屋や店舗の大半がワクフとして有力者によって建設されることが多かったため、資本をもたない職人や小商人は賃借料さえ工面できればどこへ行っても起業できるチャンスがあったから、人の移動を促進する結果をもたらしたことである。イスラム社会の特徴の一つである流動性、多民族・多宗教の共存がこの制度によって保障された側面がある。ワクフに指定された店舗でキリスト教徒やユダヤ教徒が店子《たなこ》となることはいっこうに差し支えなかったからである(22)。

暮らしの場——街区（マハッレ）

街区は、一般にモスクやマスジド（金曜の集団礼拝を伴わない小モスク）を中心に形成されており、都市民は街区ごとにその名を「検地帳」に登録されていた(23)。それを見ると、ムスリムと非ムスリムは街区ごとに住み分けているように見える。非ムスリムの場合も「民族」ごとに異なった街区に住んでいる。たしかに、おおかたはそうであった。しかし、当時のヴェネツィアのユダヤ人が「ゲットー」に住むことを余儀なくされていたようには、隔離されていなかった。非ムスリムがムスリムの多く住む街区に住んでいる場合もけっして少なくなかったことを示す史料は多い。たとえば、スレイマン一世時代のアンカラ（古名アンゴラ）は商工業、とりわけその郊外で飼育されるアンゴラ種のヤギの毛で織る高級なモヘアの産地として知られていた。その人口約一万一五〇〇人のうち、ムスリムが約一万人で、残りはアルメニア人、ギリシア人、ユダヤ教徒であった。合計八七の街区のうち七一がムスリム街区、九が非ムスリム街区、残りの七つの街区はムスリムと非ムスリムが混住する街区であった(24)。

商工民のきずな

バザールに店を持つ商工民は、エスナフなどと呼ばれて、ヨーロッパのギルドとある程度比較し得る同業組合を組織していた。各「ギルド」は原料の調達方法や製品の規格について市場監督官（ムフタスィブ）の監視のもとに一種の「商工業統制法」の細かい規定に従わねばならなかった。物価の決定に関しても、「ギルド」代表やアーヤーンと相談の上ではあるが、その最終決定権はカーディーの手に委ねられ、「ナルフ」と呼ばれる「物価表」が「シャリーア法廷台帳」に記載された。国家はカーディーとムフタスィブを通じて商工民を統制していたのである。とりわけイスタンブルの場合にそれが顕著であるが、それはビザンツ時代のコンスタンティノープルのギルドでもそうであったからといわれる。イスタンブルにくらべて地方都市のほうがより自由度が高かったようである。

このようにみてくると、政府による統制の面が強く出てしまうが、政府は「公共の利益」（マスラハ）というイスラム的な概念によって「市場」に介入したのである。他方では、「ギルド」にはその代表を筆頭とした長老組織があり、「ギルド」内部の規律、技術水準の維持、軽犯罪に対する処罰などに関して自治権をもっていた。重要なことは、皮なめし職人、馬具職人、鍛冶職人など、かつて天山山脈の奥で鍛冶師集団として柔然に仕えていた突厥時代を思い起こさせるようなトルコ人の得意とする職種の「ギルド」は結束が固く、「アヒー（兄弟）」と呼ばれる宗教的結社の伝統が固く維持されていたことである。「アヒー」とは、フトゥーワと呼ばれるアッバース朝宮廷の兄弟団的な結社に起源をもち、ルーム・セルジューク朝の弱体化とモンゴルの進出により人びとが自ら身を守る以外にすべをもたず社会的に不安定だった一三・一四世紀のアナトリアで発達した組織である。

「ギルド」は、ムスリム商工民の間に深く浸透していたイスラム神秘主義諸教団と密接な関係があった。その長老（シャイフ）は、職人たちに忍耐・禁欲・寛容などの宗教的・職業的倫理を説くなど、教団は、「ギルド」を側面から支えながら、都市民や農民の社会的組織化の中核となっていた。「ギルド」の多くは神秘主義教団の聖者を始祖と仰いでいた。各「ギルド」では、親方（ウスタ）—見習い職人（カルファ）—徒弟（チラク）の階梯が存在したが、カルファからウスタへの昇進の儀式では腰に帯を結んでシャイフの手に口づけをするなどイスラム神秘主義教団の儀礼が取り入れられていた。「ギルド」には皮革業、鍛冶業のようなトルコ人が得意とする職種やアルメニア人の建築業、ユダヤ教徒の両替業のような「民族」性にかかわる面もあったが、特に両替商（サッラーフ）のように、ムスリムが携わることのできない職種を除いては、それらは単なる目安に過ぎない。またムスリムと非ムスリムが共存するギルドもあったが、その代表はムスリムであった(25)。

トルコの経済史家メフメト・ゲンチは、一六世紀から一九世紀の半ばまで、オスマン帝国の経済政策は経済理念の三本の柱のバランスの上に成り立ってきたという説を提唱している(26)。その三原則とは、「帝国内供給優先主義」、「伝統主義」、「財政主義」である。「帝国内供給優先主義」は、供給の安定化を目的とし、同業者組合の独占的な権利の認可や価格統制に反映されていた。また、帝国内の供給を危うくする輸出が規制される一方で、帝国内に産物や製品をもたらす輸入は、自由ないし促進される。帝国内で生産された産物は、まず生産地周辺で、続いて首都イスタンブルで、そして、帝国内のそのほかの地域の順で需要が満たされるべく供給され、なおかつ余剰があった場合に、はじめて輸出が許可されるのが原則であった。必需品である穀物などの輸出は、原則として禁じられていた。

第二の「伝統主義」は、社会・経済関係の平衡を崩すような変化の原因をできるだけ排除し、過去の需給関係の平衡を維持しようとするものである。例えば、同業者組合の人員数を固定化するような政策である。つまり、変化よりは現状維持が重視され、過去の慣習や法に倣うことが優先される。第三の「財政主義」は国庫収入をできるだけ高める、ないしはある一定の水準より下げることを拒もうとする原理である(27・28)。

一方、経済史家加藤博は、「オスマン帝国は、市場経済と社会福祉とのバランスにおいて、ほかのイスラム王朝以上に、社会福祉に重点を置いた経済政策をとったということである」と述べている(29)。そして、これを本書の行論に沿ってさらに敷衍するならば、その背景には臣民の暮らしを守ることを第一義とする、たとえば、第一章で紹介した最初のトルコ系イスラム王朝であるカラ・ハン朝の『クタドゥグ・ビリグ』の一節「お前の国庫を開放してお前の富を分配せよ。お前の臣民を喜ばせよ。大勢の臣下を持ったならば、聖戦を行ってお前の財庫を満たせ。臣民の関心はいつも腹（を満たすこと）にあるからだ。かれらの飲食を欠かしてはならない」(二七頁参照)の背景にある古代ペルシア以来の「正義」の観念、あるいは匈奴・突厥を受け継いでモンゴル帝国で完成した定住民の商業力を存分に利用して部族民の生活を保障する遊牧国家の伝統的「財政主義」に連なる面がうかがわれるのではあるまいか。フィンドリーもまた「従士集団を統べる家産制国家の政治においては、支配者が食料、飲料、衣類を十分に供給することと引き換えに、家人たちは無条件の忠誠を誓うのであった」(30)と述べている。

バザールのにぎわい

中東の都市を語るにあたって外せないのが「バザール」である。バザールは、昼間はコーヒーを片手に長い時間をかけて商談に花を咲かせる人びとでにぎわったが、店主は夜になると店を閉じて自分の家に帰るので、あとの警備は夜警（アセス）に任されていた。かれらは街全体の警備を担当するイェニチェリと一緒に酔っ払いや盗人を取り締まった。

バザールの中心はベデスタンと呼ばれる屋根つきの堅牢な建物である。ここには両替商（サッラーフ）、貴金属商、香料商、薬種商、高級織物商など、金融と国際商業に携わる富裕な大商人（アラビア語のタージル、

図5-3　サライェヴォのバザール　筆者撮影

図5-4　イスタンブルのバザール　筆者撮影

中国文献の「大食人」）がいた。

かれらの間では、イスラム史の早い時期から「民族」や宗教の差異をこえた信用取引、為替、そして資本の共同出資のシステムが発達していた。オスマン帝国では、かれら大商人は「ギルド」規制からは自由な特権商人であった。スルタンからの特許を得て「個人」として、遠隔地交易やイスタンブルへの食糧供給ができる特権的な地位にあった。この分野での活躍が非ムスリム商人に限られたと思われがちであるが、それは一八世紀以後の情況からの類推にすぎない。一七世紀までは、ムスリム（トルコ人、アラブ人、イラン人）の大商人が黒海交易やキャラバン・ルートで重要な役割を果たしている。しかし、海上ルートの交易ではアルメニア系商人の、金融部門はユダヤ商人の得意とするところであった。スペインを追放されたユダヤ教徒を受け入れて優遇するなど、オスマン帝国ではむしろ、富裕な商人の存在を特別なものとして、宗教の別に関係なく、歓迎したのである(31)。かれらを代表するのが前章で紹介したユダヤ教徒ヨセフ・ナスィである（一七八頁参照）。かれに代表されるユダヤ教徒たちの活動は第一章で紹介した突厥帝国における「ソグド系ウイグル人」、モンゴル帝国におけるムスリム商人の存在を思い起こさせるものがある。

バザールのいまひとつの中心は「キャラバン・サライ」（あるいはハーン）と呼ばれる隊商宿である。本来はラクダのキャラバン（隊商）の宿泊施設であるが、都市の中心部にもほぼ同じ目的で建設された。その賃貸料・宿泊料が宗教・公共施設の維持費として寄進されている。一般に方形中庭式の堅牢な建物で一階が商品の置き場・倉庫となっており、二階が宿泊施設である。こうした大きな建物の他に、いわゆる日用品や食料を売る店が軒を連ねていたことはいうまでもない(32)。

都市と都市をむすぶもの――宿駅制度

広大なオスマン帝国の領域を縦横に結んで政府の指令が伝達され、軍隊が移動し、そして財貨が無事に届けられるためには旅の安全を保障する道路と宿駅の整備が必要であった。これはなにもオスマン帝国に限られることではなく、歴史上に現れたすべての帝国の宿命であった。オスマン帝国でも「メンズィル」（宿駅）制度があった。これは古代のアカイメネス朝ペルシア帝国の「王の道」や中世アラブの「バリード」、そしてとりわけモンゴル帝国の「ジャムチ」の制度を受け継いだものと考えられる。宿駅間を飛ぶように走る早馬の伝令は「ウラク」あるいは「タタール」と呼ばれた。

オスマン帝国では旅の安全を確保するために政府は山間の隘路や橋、海岸などに関所（デルベンド）を設け、近隣の農民に警備と橋などの修理を命じ、その代わりに免税措置を講じた。こうした免税制度はイル・ハン国の「タルハン制」を受け継いだものといわれる。宿駅は当時のラクダのキャラバンの一日の行程にあたる三〇～四〇キロごとに設けられた。ここにはキャラバン・サライがあったが、それらはスルタンや高官がワクフによって建設したものである。ここでは宗教や民族の区別なく無料で食事が供された。スレイマン一世の大宰相リュトフィ・パシャは、メンズィル制度を再編成したときに、各宿駅に早馬のための二〇頭前後の換え馬を用意させ、任期一年の宿駅の管理人を配置し、その監督下にはスュリュジュと名付けられた馬曳き（馬子）に道中の案内をさせたという(33)。

第三節　インド洋海域とオスマン帝国――アレッポ交易圏を中心に

「大航海時代」から「大交易時代」へ

一五世紀から一六世紀にかけてのヨーロッパ人によるアフリカ大陸南端経由のインド洋航路の開拓とアメリカ大陸への到達とは、古くは「地理上の発見」または「大航海時代」の名で呼ばれてきた。一五世紀に肉食の普及した西ヨーロッパにおいて、肉の貯蔵・腐敗防止のために香辛料に対する需要が高まったにもかかわらず、香辛料の生産地である東南アジア諸国との貿易はジェノヴァ・ヴェネツィアなどの北イタリア諸都市と、地中海に進出したマムルーク朝およびオスマン帝国との貿易によって阻まれたため、香辛料獲得の新たな手段として、エンリケ航海王子を筆頭に、アフリカ大陸西海岸を南下して喜望峰経由の新航路を開拓したことに始まると言われてきた。ただし、これは香辛料の獲得のみに注目する問題の矮小化である。高校の教科書にも出てくるポルトガルの「航海王子」エンリケの自伝を読むと明らかなように、かれの胸中には、香辛料の獲得などではなく、十字軍時代以来のヨーロッパで広く信じられていた説、すなわち、アフリカの奥地にいると、当時信じられていたキリスト教徒の王プレスター・ジョンと提携して、仇敵であるイスラム教徒を包囲攻撃することによって、かれらをキリスト教徒に改宗させることが神への奉仕に通じるという、古いレコンキスタ精神が宿っていた(34)。というのも、ヴァスコ・ダ・ガマが一四九八年に喜望峰をまわってカリカット（現コルカタ）に到着するずっと以前、一三世紀のインド洋方面では中国から東アフリカにいたる広大な海域にムスリム商人や航海者による商業ネットワークが張りめぐらされており、インドや東南アジア、南中国の沿海諸地域のイスラム化が進み、多くのイスラム政権が現れていたからである(35・36)。

このように、ポルトガルの海上進出は、「怨敵アラブ・イスラム文明の搦め手にまわってこれを包囲攻撃するという、文明レベルの世界戦略から出たものであり、香料貿易はその一環でしかなかった。イブン・マージドによってインド洋を直航して、カーリクート（現コルカタ）に達しておきながら、イスラム教徒の商船や海港をかたっぱしから襲撃し、略奪、破壊し、南インドのヴィジャヤナガル王国のようなヒンドゥー勢力と結んで、執拗にイスラム勢力に敵対を続けた」(37)。ポルトガル人のインド洋進出の水先案内人を務めたことで知られるアラブ人、イブン・マージドは、自分が案内したポルトガル人がインド洋であんなひどいことをするなら案内するのではなかった、と後悔したという。かれは、単なる水先案内人などではなく、この海域に関する著書をものした有名な航海家なのである(38)。つまり、ガマの新航路開拓とは、かれらの築き上げた航海技術に便乗しただけのことである。

従来の大航海時代史観によれば、ヨーロッパ人の主導によってなされた新航路の開拓によって、ヴェネツィアとオスマン帝国の香辛料貿易は衰退したとされ、その結果、インド洋と地中海を舞台にした貿易路は忘れられたのである。だが、イギリス史家越智武臣が「地理上の発見は、しばしばイタリア、ひいては地中海商業の終焉を画するものだと言われてきた。（中略）だが、地理上の発見が直ちにヨーロッパ経済の主流を変えるものではなかった。新大陸がヨーロッパに経済的意味を持ち始めるのは、やっと一八世紀になってからであり、また東インド貿易も、紅海からアレクサンドリア経由、地中海通商の道が、まもなく復活されたことを思えば、イタリア経済はあいかわらず潤い続けたのであった」(39)と述べているように、香辛料貿易は復活したのである。越智の言葉は、ヴェネツィアに偏りすぎているが、すでに一九六七年にオスマン朝史家の三橋冨治男は、「世界史の進展途上でレヴァント貿易がインド洋貿易に切り替えられる転回点を専らオスマン＝トルコの香料交易路阻害とポルトガルの東方水域への進出に求めるがごとき見解に対する再検討」を意図する論文において、一六世紀後半に「カイロ経由での地中海香料通商がヴェネツィアやラギューザ（ドブロブニク、クロアチア沿岸部の都市――引用者）の船艇によって再び大きく」盛り上がったことを指摘し、かつ、この時代にヴェネツィアがシリアでの活動の中心をダマスカスからアレッポへ移動させたと述べている(40)。この三橋の言葉は、一六世紀前半にオスマン帝国が一五一七年にカイロを征服して以後、カイロ経由のイタリアとの通商貿易が復活したという事実、および後述するように北シリアのアレッポがインド洋貿易に果たした役割を先取りしている。

フランスのマルセイユとレヴァント地方（現在のトルコ・シリアなどを含む地中海東岸地域）との貿易の研究者の立場から、フランス史家深沢克己も、「近世レヴァント貿易は、一五世紀末の喜望峰航路の開拓、一六・一七世紀以降の新大陸貿易の驚異的成長にもかかわらず、依然としてヨーロッパ国際経済の基幹部分の一つである。地中海が「忘れられた海」になったことはない。忘れたのは後世の歴史家だけである」と述べている(41)。

一五三〇年代以降スペインのセビリアに大量に入った新大陸銀がイタリアのジェノヴァを経てイスタンブルへ流入し始めるのは一五八〇年代に入ってからである(42)。ただし、これがヨーロッパの「価格革命」のような大きな変化をひき起こしたかどうかは、留保する必要がある。このようにしてオスマン帝国市場に流入した大陸銀は、のちに述べるインドの綿織物や中央アジア経由でもたらされる高価な黒貂の毛皮などの購入資金として流出していく。つまり、オスマン帝国はヨーロッパからインドを経由して最終的には中国へ流れ込んだと言われる「銀の大流通」(43)の一環に充分に巻き込まれていたのである。したがって、オスマン帝国の活動領域である中東や北アフリカを無視してヨーロッパ人の航海活動だけを主眼とした「大航海時代」という命名よりも、サファヴィー朝やオスマン帝国をも含めた交易圏が中国からインド洋・ペルシア湾・アラビア海・紅海を仲介して地中海へと数珠つなぎに連なる「グローバルな交易圏」、つまり「大交易時代」と名付けた方が良い。

ただし、ヨーロッパから中国への銀の流れは「大交易時代」によってはじめて始まるわけではない。オスマン帝国でいえば、一四九八年にヴァスコ・ダ・ガマが喜望峰を回ってカリカットに到着するずっと以前から、オスマン帝国とインドの間には、すでにある程度の通商関係があった。たとえば、インドのデカン高原のイスラム王朝バフマニー王国（一三四七〜一五二七年）の大臣、マフムード・ガーワーン（一四〇五〜八一）という人物は、一四七〇年代にオスマン帝国領土に手下を使って定期的にインドの布地を送りつけていた。また、一五〇三年から一五〇八年の間、中東とインドを旅行したイタリア人ルドヴィコは、「イラン、イエメン、シリア、タタリスタン、トルコ」からきた商人がカリカットにいたのを目撃している。かれはまた、当時オスマン帝国を意味する言葉である「ルーム」（ローマの意）と呼ばれていたディウで「継続的に滞在している四〇〇人のトルコ人商人を見た」と述べている(44)。その結果、すでに一五二八年頃にはインドの各種綿織物などの輸入品への支払いによる正貨の流出が問題となっていた。このように、オスマン帝国は、「大航海時代」ならぬ「大交易時代」の一コマとして、早くからインド洋海域と地中海とを結びつける役割を果たしていたのである。

ポルトガルとの抗争

一四九八年にヴァスコ・ダ・ガマがインドへの航路を開拓することによって実現した香辛料取引はポルトガルの王室に莫大な利益をもたらしたことは事実である。しかし、ポルトガルの意図がそれだけではなく、イスラム教徒そのものへの攻撃というレコンキスタ精神によることは、すでに述べたとおりである。イスラムの側から見ても、香辛料貿易の利益を守る必要はあったが、同時に、紅海やペルシア湾をポルトガルの攻撃から守ることは、全世界のムスリムによるメッカへの一生に一度の「大巡礼（ハッジ）」のための道を守ることでもあった。この責務を一五一七年まではマムルーク朝が担っていたが、この年にオスマン帝国がエジプトを征服し、メッカとメディナという、イスラムの両聖都の保護者を任じるようになると、それはオスマン帝国が担うべき責務となった。スレイマン一世が、一五三〇年代に紅海に面したスエズで造船事業を開始したちょうどその頃、ポルトガルに圧迫されたグジャラートの王の支援要請を受けて、新建造の艦隊七二隻をハーディム・スレイマン・パシャの指揮のもと、グジャラート（インド西部の州）のディウに派遣した。一五三八年のことである。この遠征は、結局成功しなかったが、その途中でアラビア半島の南端、紅海の出口に近いアデンを獲得し、帝国の支配領域をアラビア半島の南端に及ぼしたことの意義は大きい。

他方、スレイマン一世は、すでに、一五三四〜三五年にわたるサファヴィー朝とのバグダードをめぐる攻防の結果、その支配をバグダード、バスラ方面へと拡大してペルシア湾を通じてインドとの貿易を開く展望を得ていた。だが、インド洋とペルシア湾を繋ぐ位置にあるホルムズの要衝はなおポルトガルの手にあり、海上の交通は妨げられていた。このため、スレイマンは、一五五二年にスエズからふたたび艦隊を送りホルムズの攻略を試みた。

今回は、ピーリー・レイスと呼ばれる海軍提督が、スルタンの命を受けてインド洋に乗り出し、マスカット（現オマーン）を占領したが、ホルムズを墜とすことはできず、ホルムズ海峡がポルトガルに封鎖されそうになると、艦隊をバスラ沖に放置したままスエズに戻ったためにエジプトで処刑されてしまった。この人物は、この頃のオスマン知識人の幅広い世界認識を示す『世界地図』を作成し、またエーゲ海と地中海方面の詳しい情報を盛り込んだ『海洋の書』の著者と同じ人物と目されている。前者の地図の西インド諸島に関する部分ではコロンブスの地図を参照している(45)。

図5-5　ピーリー・レイスの世界地図
16世紀，トプカプ宮殿博物館蔵

その後も両国の間には抗争がつづいたが、一五六〇年代以後、ポルトガルは喜望峰経由の航路を、そしてオスマン帝国はペルシア湾と紅海ルートを利用するという棲み分けが両者の間で事実上成立した。結局、オスマン帝国はポルトガルをインド洋から駆逐することはできずに終わった。こうした結果については、地中海を舞台としていたオスマン海軍技術の限界、あるいは「陸の帝国」であるがゆえの海域世界への関心の薄さ、などが指摘されてきた。しかし最近では逆に、オスマン帝国をポルトガルやスペインと同じように「大航海」のアクターのひとつとして、その政策を検証することを通じてヨーロッパ中心主義を克服しようとする「オスマンの大航海時代」とでもいうべき議論も始まっている(46)。

ポルトガルはインド洋経由の交易路を確保したとはいえ、そのすぐのち、一五八〇年にスペインに一時併合された。一六四〇年にはスペインの衰退に乗じて独立を回復したとはいえ、このころには香辛料貿易の重要性そのものがもはや失われていた。そして、これに反比例するかのようにインドの綿織物とイランの生糸・絹織物の重要性が世界史の動向を左右する国際商品として重要性を獲得するのであり、その中継貿易のみならず、おおよそ二〇〇〇万人ほどの人口を擁する巨大な消費市場でもあるオスマン帝国の存在が重要性を帯びてくるのである。

こうして、オスマン帝国は一七・一八世紀を通じてなお持続するインド洋貿易のアクターとしてかかわり続けていくのであるが、重要なことは、オスマン帝国のインド洋海域への関心が、ポルトガルのように武力によって現地の人びとを制圧しようとするのではなくて、同じムスリムである現地の住民と融和するなかで、通商関係を継続できれば、それで良いとするものであった。それは、オスマン帝国が、農業生産に基盤を置いた「陸の帝国」であって、経済や財政の基盤を遠隔地貿易だけに置いていたのではないがゆえに、臣民である遠隔地商人に自由に能力を発揮させる中央ユーラシア以来の手法を旨としていたからであろう。この点が「銀の大流通」によって国家の性格を大きく変えることにつながった東南アジア島嶼部の諸国家（マラッカ王国など）とちがうところである(47)。

「アレッポ交易圏」の成立

オスマン帝国がヴェネツィア・スペインの連合艦隊を一五三八年のプレヴェザの海戦で破るなど地中海の制海権を獲得し、そして、前章で述べたキャピチュレーション通商特権をフランスをはじめ、イギリス、オランダなどのヨーロッパ諸国に与えたこととあいまって、ポルトガルとの抗争の過程で、オスマン帝国の支配がアラビア半島南岸にまで及んだことは、グローバルな「大交易圏」の一角であるインド洋から地中海にいたる広い世界を「オスマンの平和（パクス・オトマニカ）」のもとに包み込んだことを意味した。この点で、ハプスブルクのカール五世との対抗上、オスマン帝国との同盟関係にあったフランスに有利に働いたことは、以後、地中海経由での通商関係の上でフランスが他のヨーロッパ諸国に対して優位に立つこととなった。

東方のインド亜大陸に目を向ければ、中央ユーラシアから西進したバーブルが北インドに建国したムガル帝国（第二ティムール帝国ないしバーブル帝国と呼ぶこともある）は、次第に領土を南に拡大して、一六世紀にはグジャラート地方から、さらに南へ領土を広げつつあった。これまでのムガル帝国史研究では、その結果、ムガル帝国とヨーロッパ商人との交渉が一七世紀に入って盛んになり、オランダ、フランス、イギリスなどの東インド会社がインド西部海岸の港に商館を開き貿易をおこなったことがもっぱら指摘されている(48)。だが、ムガル帝国にとって、ヨーロッパ諸国に先立ってオスマン帝国への綿織物の輸出が重要であったことはしばしば忘れられている。インド史家長島弘によれば、サファヴィー朝とオスマン帝国による需要がインドの海上貿易の繁栄を支えた柱の一つであって、一六世紀初頭にインド洋の海上貿易に携わっていたのは、おもにムスリム商人で、アラビア海ではアラブ人やイラン人、ベンガル湾ではインド商人が活動していたと述べている(49)。また、インド史家小名康之も「デリー・サルタナット時代からそうであったが、特にムガル帝国時代に入ると、インド綿製品の手工業生産は発展し、綿糸、綿織物など当時世界最良の品を安く供給できた。インドが綿製品を輸出した先は、東南アジアや西アジアであったが、東南アジアを経由して中国へも伝えられた。ヨーロッパ諸国は一七世紀に入ると東インド会社を設立して、インドの綿製品を本格的に輸入するようになった」(50)と述べているが、ここでいう「西アジア」とはオスマン帝国に他ならないであろう。長島弘は別の著作では一六一〇年にバグダードからアレッポに到着したキャラバンのなかに一〇名のインド商人がおり、その主要な積み荷は藍（おそらくインド産）とラホール産の布が含まれていたこと、そして、当時のアレッポにはインド人ムスリムの職人がおり、ザカクル・フヌード（インド人街）と呼ばれる居住区があったことを確認している(51)。つまり、インド綿布の大量流入がイギリスの産業革命を誘引したことは、川北稔によって紹介されてよく知られている(52)が、それに先立って、インド綿織物の消費地としてオスマン帝国が存在したのである。

このようにして、ムガル帝国とオスマン帝国との綿織物交易が展開されたが、その核となったのが北シリアのアレッポ経由の交易路と、紅海経由の交易路の二つのルートであるが、ここでは、オスマン社会により大きな影響を与えたと思われるアレッポ経由のルートに焦点を絞ろう。そして、このルートを中心とした交易圏を「アレッポ交易圏」と呼ぶことにしよう。

この交易圏は二つの要素に分けることができる。そのひとつは、深沢が明らかにしたフランスを中心とするヨーロッパ諸国の東方貿易、すなわち「レヴァント貿易」の中継地としてのオスマン帝国の役割である。オスマン帝国は「レヴァント貿易」によって領内を通過する国際商品から多額の関税収入を得ていた。ただし、深沢は、「レヴァント貿易は、いわゆる「東インド」産品の中継貿易にのみ依存するわけではない。（中略）イラン以西の西アジア内陸地方は、ペルシア産生糸をはじめ、依然としてレヴァントへの重要な商品供給市

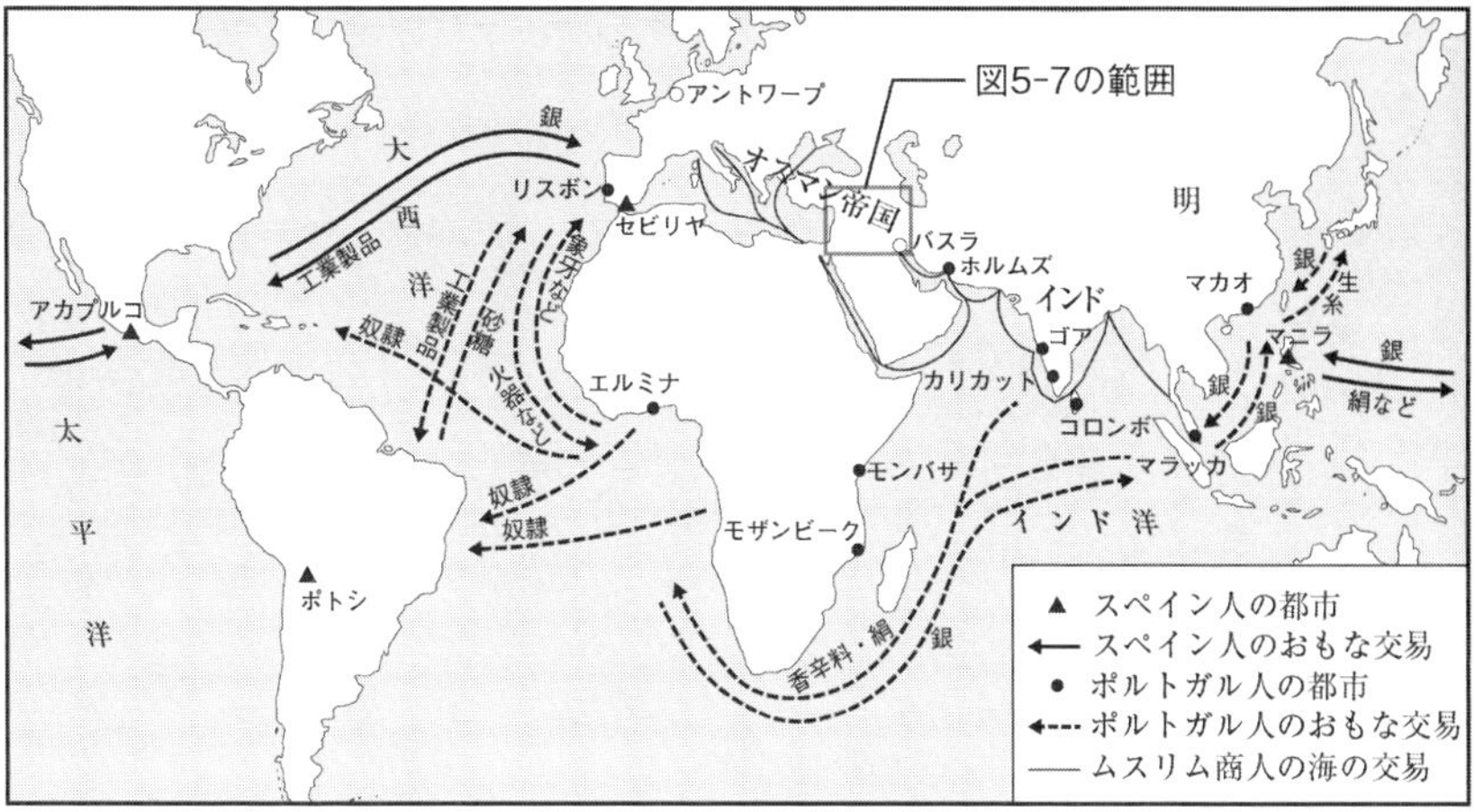

図5-6　大交易時代の世界

場であり、(中略)さらにレヴァント市場自体が、穀物やオリーヴ油、また生糸や綿花や羊毛など、多種多様な生産物を供給し、地中海商業の持続性を支える。この点については、近世初頭におけるオスマン帝国の領土拡張により、黒海沿岸からエジプトまで、またバルカン半島からメソポタミアまで、広大な地域に及ぶ政治的統一が実現したことの意義を強調しなければならない」と述べている(53)。これが「オスマンの平和」の真骨頂である。

図5-6にみるように、インド洋が西に向かって差し伸べた二つの腕であるペルシア湾と紅海とがイギリスの東インド会社をはじめとするヨーロッパ諸国のインド洋貿易の幹線である。家島は、こうした状況をカイロに代わるアレッポを中心とした「新しいキャラバン運輸の中継交易センターとして繁栄するようになった」(54)と評価している。オスマン帝国のインドとの交易路ももちろんこの二つのルートを通じておこなわれたが、ここでは、インド洋からホルムズとペルシア湾を通じておこなわれた交易に焦点を絞ろう。ただし、「一五三〇年以降になると、とりわけコーヒーの需要がメッカからカイロへ、そしてダマスカスやイスタンブルなどの西アジア諸都市で急速に高まったことが大きな引き金となって、モカを中継市場と

する紅海経由の海運と貿易活動が復活した」ことだけを紹介しておこう(55)。

この「交易圏」の今ひとつの重要な要素は、長い間ビザンツ帝国とイスラム世界との境域にあったティグリス・ユーフラテス両川の上流域にあたる南東部アナトリアやシリア・イラクの北部がアレッポを中心とした地域的な市場圏に組み込まれることによって、活性化されたことである。このように、アレッポ交易圏は、地域的な市場圏と国際的な交易圏との同心円的な二重構造を持っていたのである。

交易圏の核アレッポ

アレッポは、東西交通の要路にあり、古くから政治・文化の中心として栄えたが、オスマン帝国が一五一六年にこの都市を併合し、一つの州都として位置づけられると、遠く東南アジアからもたらされる香辛料やインドから来る綿織物・染料（インディゴ）などを地中海世界に運ぶ中継基地として未曾有の繁栄を謳歌した。イランからもたらされる絹もこれに大きな役割を果たすなど、この町はオスマン帝国を代表する国際貿易センターの一つとなったのである。アレッポには、これらの国際商品を扱うキャラバン・サライが林立し、それらの取引から生み出される関税収入はオスマン帝国の重要な収入源であった。一五四八年にヴェネツィアは領事館をダマスカスからアレッポに移した。一五五七年（異説あり）にはフランスがここに領事館を設置し、一五八一年（異説あり）にはイギリス・レヴァント会社がここに領事館を開設した。

オスマン帝国のアレッポ州総督は古くからこの町に存在する城塞の近くにサライ（館）を構え、イスタンブルの中央政府に模した行政・徴税機構を持ち、州の行政に携わった。町における日常的な業務を統括するのはイスラム法の専門家であるカーディー（地方法官）であった。町は基本的に商業地区と居住地区とから

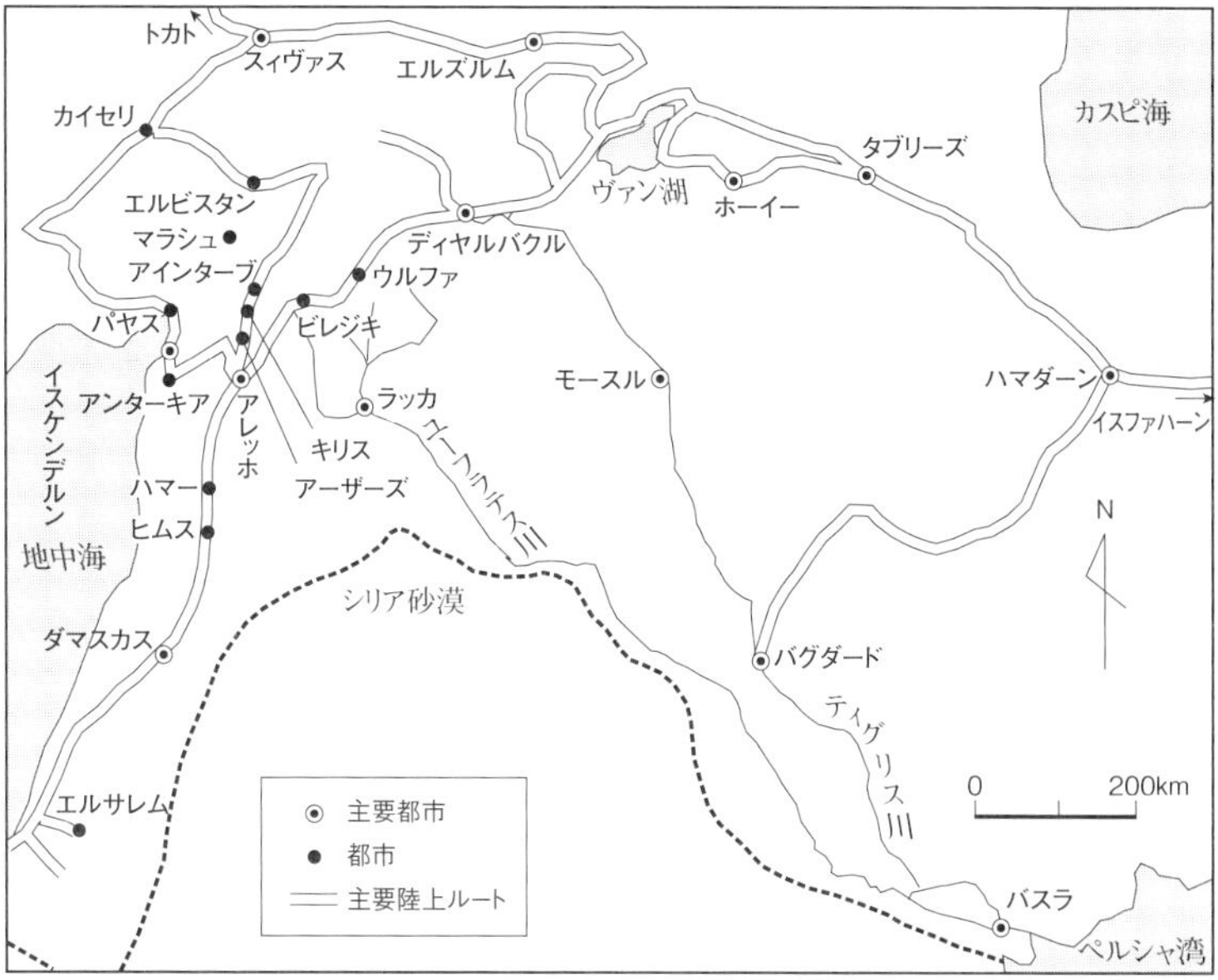

図5-7　アレッポ交易圏

なっていた。アンターキア門から城砦にいたる大商業地区（マディーナ）の中心がこの町最大のバザールで、隊商宿や店舗が軒を連ねていた。隊商宿はふつう二階建てで、一階はキャラバンなどで運ばれてきた商品の販売や倉庫として使われ、しばしばコーヒー・ハウスや床屋があった。二階は旅行者、出稼ぎ人、移動商人のための宿泊施設となっていた。

キャラバンがアレッポの郊外に到着すると、商品は「ギュムリュク（関税局の意）・ハーン」で課税される。そこからさらに、町に多数存在する隊商宿のどれかに運ばれる。もし商品が市内にとどまるならば、卸業者は商品を商人から買い、バザール内の小売業者のギルドとの間の一定の協定に従ってそれをかれらに分配する。バザール内部には無数の噴水と、公衆浴場、モスク、大きな公共便所がある。これらはすべてワクフ施設からの収入によって運営されている(56)。

この町の人口についても正確なことはよくわからない。アメリカのオスマン史家ブルース・マスターズは、「一七世紀の旅行家エヴリヤ・チェレビは四〇万人と記述しているが、かれが訪れた時はこの町の最盛期だったとはいえ誇張であるとし、フランスのアンドレ・レモンは一二万と推定している」と述べ、これはイスタンブルとカイロに続く第三番目であるという。そしてマスターズは、アレッポの成人キリスト教徒人口は一六四〇年二五〇〇人、一六九五年五三九一人、一七四〇年八一二〇人と推定している(57)。また、インド、イランなどアレッポ交易圏と関係の深い地域からやってきて住み着いた人が多数存在したに違いない。それとは逆に、アレッポの商人はインド、イラン、バグダード、エジプト、そして南東アナトリアの小さな町へと出かけていった。

アレッポには、日本でもよく知られた泡立ちのよい「アレッポ石鹸」や絹と綿の混紡による薄い高級織物（アラジャ）のような地場産業が発達していたが、なによりも、この国際都市アレッポを象徴するのが、「ムダーラバ」と呼ばれる契約投資をする大商人である。たとえば、少し時代が下るが、一七四九年に死亡したあるアレッポの商人の遺産目録によれば、この人物は、拠点であるハーン（隊商宿）に多額の現金、債権証書、商品を残している。

この町に合計一七点の店舗を所有していたかれは、ダマスカス、アレッポ、ブルサ、マルディン、キプロス、モースル、イスタンブル、エジプト、イエメンなどのオスマン領内各地で生産される絹および綿織物を大量に扱い、またインド、イラン、ヨーロッパ（とくにイギリス）製の布地を仕入れており、アダナにも絹製品の倉庫を持っていた(58)。これらの記述は、当時オスマン帝国内各地で手工業が発達していた事実とも対応している。

アレッポ交易圏の花形商品——①綿織物

アレッポ市場圏の花形商品は何といってもまずインドの綿織物を挙げねばならない。イギリスの東インド会社の活動が本格化する一七世紀に先立って、インド綿織物の輸出先としてのオスマン帝国市場の存在はインドにとって重要であった。「大航海時代」ならぬ「大交易時代」の一角を担ったオスマン帝国の最も重要な存在理由がここにある。

図5-8　アレッポ石鹸　著者撮影

インドとオスマン帝国との綿織物貿易が本格化するのは、すでに述べたようにポルトガルとの間に和解が成立した後のことである。その結果、ペルシア湾の海港ホルムズを経由してバスラ—バグダード—アレッポ経由でオスマン帝国とインドとの通商が本格的に始まったのである。それにはバスラ湾とそれを取り巻く地域でオスマン帝国とポルトガルの間で一六世紀を通じて長い抗争が続いていたが、一五五〇年に始まるオスマン帝国の攻撃が海上で失敗に終わると、自然に和解の状態になり、オスマン帝国はホルムズにおけるポルトガルの支配を承認した。インドとバスラ、アレッポ間の商業の繁栄に関する研究のもっとも明確な史料はホルムズ島の前代未聞の繁栄である。ホルムズは一六世紀の後半にバスラ—バグダード—アレッポおよびイランとの交易の中継地の役割を果たした。アレッポの町の一六世紀末へ向かっての発展は、イランの絹糸のかたわら、ホルムズ経由でバスラからくるインド商品、すなわち、綿織物の輸入によるところが大きい。

そこで、バスラ—バグダード—アレッポのルートを通ってアレッポに到着したラクダのキャラバン隊に関する史料を一つ紹介しよう。それは、一六一〇年五月にペルシア湾からバスラ—バグダードを経由してアレッポに到達したキャラバンに関する地方法官（カーディー）の報告書である。この報告書は、「東方からアレッポ州へ、それぞれ二〇万金貨（相当の——引用者）財産を持った二人のイラン人商人が到来し、死亡した。（中略）かれらには特定の相続人が存在しないため、かれらの全遺産は（イスラム法の規定により——引用者）国庫に属するため、アレッポ州の知事の主宰のもとに財務局長などの役人と地方名士（アーヤーン）代表四人（うち二人は、それぞれ「アラブ人族長（シャイフ）」と「商工業者代表」）からなる会議の結果、カーディーによって作成された」のである。報告書によると、まず、その規模は一一〇〇頭以上のラクダ、馬、ラバからなっていた。参加した人びとの民族構成は、アラブ人、トルコ人、イラン人のほかに、インド人（すべてムスリム）一〇人、ヨーロッパ人五人、それにアルメニア人とユダヤ教徒の総勢一二〇人からなるコスモポリタンな一団である。このうち、ヨーロッパ人（フレンク）はその名前からすべてイタリア系と思われるが、その一人は「コンスール」すなわち「領事」と記されており、かれの積み荷は一六梱である。一梱とはラクダ一頭分の積み荷であるから、一梱を二〇〇～二五〇キログラムと換算して、約三・二～四トンに相当すると考えることができよう。ただし、かれの積み荷の内容は記されていない。キャラバン全体の積み荷は、ラホール産綿布及び絹織物、藍色染料インディゴなどであって、香辛料の名は見えない。ただこの史料は積み荷に関する部分が大きく破損しているため、これらの総量は不明である(59・60)。

この史料にアルメニア人の名がみえるのと、後に述べるイランとの絹貿易同様に、インドとの貿易においても、アルメニア人は重要な役割を果たしていたと思われる。たとえば、一六九〇年にイギリスの東インド会社は、インドとオスマン帝国領内各地で商売をしているアルメニア人商人に対して、アレッポと地中海の道を放棄するよう要請したとき、かれらはこのうまみのある商売を手放すまいと抵抗したという(61)。

先に紹介した史料の一六一〇年という段階ではイギリスのインド洋貿易はまだまだ本格的に展開されていない。このためであろうか、この史料にはイギリス人と思われる人物はいないようである。それでも、一七世紀後半になると、「それまで香料とコショウを手に入れるための手段だった綿布が、ヨーロッパに販路を見いだし始めたのである。（中略）それでも一六二一年のインドからの綿布輸出は一二万反あまりでしかなかった。それが一六六四年には二七万反になり、さらにその二〇年後には一七〇万反を越すに至った」という(62)。羽田もまた、一六六四年にイギリスの東インド会社がインドから輸入したキャリコ（インド産綿織物の総称）二七万点あまりは、同会社の総輸入量の七三％あまりであったという(63)。それにもかかわらずインド綿布の流入は止まらず、度重なる「キャリコ輸入禁止法」にもかかわらず、ゆくゆくは産業革命を引き起こすことになる。

そうした世界史上の問題はさておき、ここではインドとオスマン帝国との綿織物交易に話を絞ろう。イナルジクは、二〇〇八年に出版した大著『トルコ織物史研究』(64)において、「Ⅲインド綿織物によるオスマン市場の席巻、一五〇〇～一八〇〇」という章を設けて（八三～一一一頁）、一六九〇年のバスラの関税表やアナトリア諸都市の「イスラム法廷台帳」をふんだんに利用して一七・一八世紀のアナトリア諸都市に輸入されたインド綿布のみならず、アナトリアの諸都市で生産され、ヨーロッパへも輸出された多様な綿・絹織物の膨大なリストを作成している。そこではターバン用の上質のモスリン、綿更紗、キルバースと呼ばれる並製の綿織物などが名を連ねている。一七世紀末のヴェネツィア領事の推測によれば、インドとの商業によってスルタンの金庫に毎年五〇万金貨の収入をもたらすという(65)。ただし、イナルジクは「この数値はおそらく紅海とバスラ湾経由の全商業からの収入である。バスラの比率は小さいと思われる」と述べ、オスマン語文書に基づいて、バスラ港でインドとホルムズからくる商品で得られる関税収入は一五五一年に約二万三二四六金貨、一五七五年に約一万九一九三金貨という数値を提示している。

しかし、オスマン側からインド方面に輸出する品物はわずかであった。たとえば、バスラの関税局の徴税請負台帳の記述によれば、ホルムズとインド諸港からくる商品は一五五一年に約一四〇万アクチェ銀貨（当時金貨一枚が六〇アクチェ銀貨計算）であったのに対して、バスラからの輸出は約五五万アクチェであったというから、オスマン帝国側の大幅な輸入超過である。しかし、オスマン側でこれに代わる商品を見つけることは困難であった。イギリスの東インド会社幹部は、一七世紀に、中東がこの点では受け身であったことを指摘していた。この時期に、紅海とバスラにオランダとイギリスの仲介でやってくるインドと東南アジアの産物（インドの綿織物とショールのほか、とくに香辛料と染料）に対して、オスマン側でこれに代わる商品を見つけることは困難であった。その結果である貿易赤字は金と銀の流出によって賄われていた。イェニチェリの子としてアレッポに生まれ、のちにイスタンブルのオスマン宮廷に出仕して大宰相の庇護を受けて修史官に任命されたムスタファ・ナイーマー（一六五五～一七一六）は、オスマン朝年代記の白眉といわれる通称『ナイーマーの歴史』の一六四八年の記述において、こうした状況を「インドの商品の購入によって多額な金が国庫から流出している。インドの商人はオスマン領内からは何も買わないし、かれらにとってその必要もな

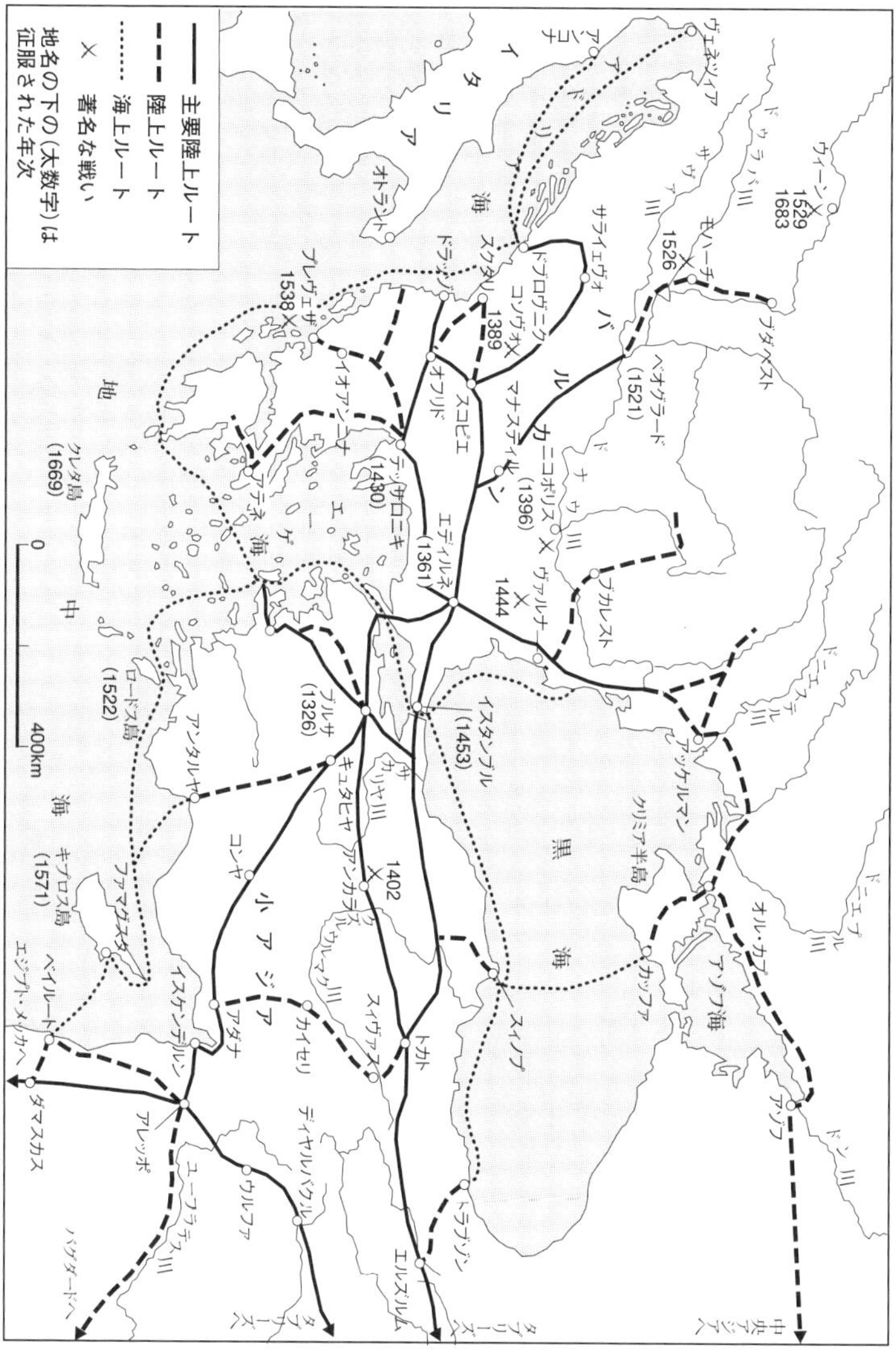

図5-9　16世紀アナトリアとバルカンの交易ルート（第三章図3-9と同図）

い。インドの商品からの関税収入だけではその流出による精神的損失を補うことは出来ない。世界の財宝はインドに、そしてコーヒーのためにイエメンに集まっている。自分の国で生み出される商品に関心を向ける必要がある。そうすれば金は国外に流出しない。関税収入によって得られる金を国内で生み出される商品の購入に向ければ、金は再び国内で循環する」(66)と、あたかも近代の「国産品愛用運動」にも似た意見を述べている。このころインド方面だけではなく、オスマン宮廷における儀礼用のローブ（ヒルア）の襟飾りに使われるシベリアから中央ユーラシアを経てもたらされる黒貂の毛皮にも大量の銀が流出していたことも付け加えておこう(67)。

このように、インドの綿織物産業にとってオスマン帝国は絶好の輸出市場であったに違いない。一六九〇年代にイギリスの東インド会社の代理人は、中東（オスマン帝国）へ送られる綿織物がヨーロッパへ送られるそれの五倍であると証言しているだけでなく、その結果の貿易赤字は金と銀の流出によって賄われていた。一七世紀のエディルネの町に住む布地輸入商の遺産目録にスペインから流入した大量の金貨・銀貨が記録されているのは偶然ではなかろう。要するに、インド―中東間の商業において一七世紀の発展に伴って、「大きな商業と金の循環が、ナイーマーの言ったように大金持ちのインド人商人を生みだした。たぶんヨーロッパ以前にオスマン帝国市場がインドの綿織物輸出のための基本的な市場になった」と、イナルジクは結論づけている(68)。かれの示したデータは、一五四三年から一六五九年にエディルネの町で死去した一九人の布地商とさらに一七五人の住民の遺産目録文書記録されていた各種のインド綿布のリストによるが、これは、ルトフィ・バルカンの研究(69)に依拠したものである。加えて、一五五一年と一五七五年のバスラの検地帳に基づくマントランの研究(70)に依りつつ、「ホルムズとインドから船で到達する商品から一五五一年には一三九万四七九九アクチェ、一五七一年一一五万五八三アクチェ」という数値を上げている。つまり、オスマン帝国はレヴァント貿易の中継地として機能しただけではなく、同時にオスマン帝国自身がこの交易の中での巨大な消費地でもあった。

そして、その最大の消費地は、いうまでもなく帝都イスタンブルであった。イスタンブルは国際的東西貿易の主要拠点の一つであり、そのガラタ地区にはヴェネツィア、ジェノヴァ、オランダ、イギリス、フランスなど各国の商人が居留地を形成している。イスタンブルの人口については諸説あって、なお判然としないが、それでも当時ヨーロッパ随一の大都市であったことには変わりはない。このオスマン帝国の首都は、上流階級向けの高級織物の消費市場であった。そこでは宮廷を筆頭に、富裕な特権身分をなす人びとが金糸銀糸を縫い込んだ豪華なインド製綿モスリンや高級なインド更紗、そして特にカシミール製のショールが好まれた。ただし、これらはいわゆる宮廷や富裕層の身にまとう奢侈品であって、民衆のものではない点に注意しなければならない。とはいえ、こうしたインド（およびイラン）との貿易については、イナルジクは、一六四〇年付のイスタンブルの物価表は「当時イスタンブルに流布していた土着および輸入の布地について完璧に教えてくれる」と述べて、その長いリストを逐一紹介している(71)。これをみるとインドやイランのみならずアナトリア各地の特産の布地が列挙されている。

やがて、インド綿織物は宮廷ばかりではなく、イスタンブルやアナトリアの社会にも受け入れられていく。イナルジクによれば、「一七・一八世紀において、たんに上流階級の間で買い手のつく高級なモスリンだけではなく、安いインドの更紗（綿布）と綿糸もまた、オスマン市場で人気があった。オスマン市場において需要のあるいくつかの綿製品が、同じ名前でインドの主な生産物・輸出物のあいだに存在した。これはアナトリアの綿織物工業がインドの綿製品の模倣をするのに手間取らなかったこと、両国の間における社会的諸条件、組織化、技術において類似性と親近性が」あったからであるという(72)。こうした事実は、インド綿布によるオスマン市場席巻のショックを和らげただけでなく、オスマンの側が、ただ模倣するに留まらず、インドの技術を咀嚼することによって、オスマン帝国における繊維産業の発展に刺激を与えたことを示している。とくにイスタンブル、イズミル、ブルサなどでインドの更紗技術を取り入れた綿布が生産され輸出された。

アレッポ交易圏の花形商品――②イランの絹

イランの絹も早い時期からブルサにもたらされていたが、世界史的に見て、イランの絹が重要性を獲得する発端は、サファヴィー朝のアッバース一世（在位一五八七～一六二九）が一六〇四年以降、アラクス（アラス）河畔の商業都市ジュルファのアルメニア人住民を首都イスファハーンの郊外（新ジュルファと呼ばれた）に強制的に移住させて、かれらに生糸輸出の独占権を与えたことに始まる(73)。アッバース一世の死後も、アルメニア人はサファヴィー朝の絹貿易を独占し続けた。イランの養蚕地帯はコーカサス山麓からカスピ海南岸にいたる北西部地方に集中していたが、これらの生糸はタブリーズ、イスファハーン、ヤズド、シーラーズなどで織物として製品化されてペルシア湾に面したホルムズ経由でバスラへ、あるいはハマダーン経由で陸路バグダードへもたらされ、そしてアレッポからイスケンデルン港へと搬出された。

このように、イランの絹はアルメニア商人の手を通じて国際商品化されたのである。深沢によれば、「彼ら（アルメニア人――引用者）はラシュトやティフリス（トビリシ）などの生糸集散地からアレッポとイズミルにいたるペルシア隊商路の各地に居住地を形成し、文字通り「離散の民」の商業ネットワークを組織したばかりでなく、生糸の輸出路に沿ってヨーロッパにも進出し、ロンドンとマルセイユでは活動を制限されたが、アムステルダムとリヴォルノに大規模なコロニーを形成し、貿易の担い手となった」と述べている(74)。シリア・メソポタミア方面の治安が不安定になると、一七世紀の間にペルシア隊商路はさらに北方に移動し、エレヴァンとエルズルム経由でアレッポとイズミルに到着したので、アナトリアの港町イズミルが急速に発展し、生糸貿易の主導権をアレッポと争うようになる。イズミルについては第八章であらためて取り上げる。

ところで、アルメニア人による貿易活動に関連して深沢が指摘している最も興味深い点は、更紗と捺染技術におけるかれらの貢献である。以下、深沢のいうところを要約すれば、おおよそ、つぎのようである。古来よりインド染色技術の優秀さは全く他の追随を許さず、その製品は旧世界のほぼ全域に輸出されていたが、オスマン帝国はその最大の販路の一つだった。西アジアでいつごろ更紗製造が始まったかはよく知られていないが、その本格的な導入はサファヴィー朝とオスマン帝国の時代だったと推測されるから、アルメニア人はその技術をかれらの商業ルートを通じて学んだのだと思われる。アカネ（茜）の西アジア最大の栽培地はイラン北西部ギーラーンなどのアルメニア地方である。これは先述のペルシア養蚕業の中心地にほぼ一致する。これを原料とした「トルコ赤」で染められた更紗こそヨーロッパ人が好んだレヴァントの織物であったが、この技術を開発したのがアルメニア人であった。かれらによるイランの絹の隊商路は、イランの「絹の道」であり、「更紗の道」であり、かつその「捺染技術伝播の道」でもあった。深沢はこの技法は、インドと西アジアを結ぶ国際商業網を掌握するアルメニア人の手で、レヴァントに伝えられたと述べているが、この技術を学び、みずから作り出した更紗をヨーロッパ各地に輸出するまでの技術を身に着けたのが、トカトなどのアナトリア諸都市であった。捺染工房を指す名詞が、アラビア語やペルシア語ではなく、「バスマ・ハーネ」すなわち「捺染の家」を意味するトルコ語だった事実は、アナトリアにおけるこの産業の隆盛を物語っている。オスマン帝国領内では、マケドニアのセレス、そしてイスタンブル、ブルサ、イズミル、トカト、アマスィヤ、ディヤルバクル、アインターブ、アレッポ、ハマーなどに捺染業があり、その製品の一部はクリミア、ロシア、ポーランド方面に、またはマルセイユと西地中海方面に輸出された(75)。

二つの交通手段

この「交易圏」を機能させていた二つの交通体系のひとつは、ティグリス・ユーフラテス川を利用した水運である。いまひとつは、ラクダによる陸上交通である（図5-7参照）。

インド洋からやってきた船はバスラまでそのままユーフラテス川を遡り、そこで川船に荷物を積み替えて南東アナトリアのビレジキまで遡る。積み荷はそこからラクダのキャラバンでアレッポを経てイスケンデルンの港へ運ばれる。バスラ―ビレジキ間の水運は一五～一六日を要する。現在ではトルコとシリアとの国境に位置する小さな田舎町にすぎないビレジキは、ユーフラテス水運に使われる川船の一大造船基地であった。一五六五年付のある史料によれば、この年にこの造船所で一五〇隻が新たに進水し、二五〇隻が修理された。ユーフラテス川は、ちょうどここで川幅が広くなるのである。この造船所は一八世紀に入ってもなお十分に機能していた(76)。

一七三三年一二月一三日付のアレッポ州知事に宛てたスルタンの勅令によれば、中央政府はきたるべきサファヴィー朝との戦争に備えてバグダード方面に展開している兵士のための糧食を運搬するために、新たに三〇〇隻の船をトプカプ宮殿の建築技師の指導によってこの造船所で建造すること、そして、それに必要な資材と職人の手配をすることなどを命じている。建造される予定の船は、長さ約一三～一七メートル、幅約四～五メートル、一隻につき、舵手一人、漕ぎ手四人という規模であった。必要な木材は北方のアナトリア山地からラクダ、ラバ、荷馬によって運ばれることになっていた(77)。ちなみに江戸時代の千石船は積載重量一五〇トン、全長二九メートル、幅七・五メートルというから、ユーフラテスの川船はこれよりふたまわりほど小さい規模であったといえようか。一方、ティグリス川は、バグダードより下流の地帯を除けば、水量が少なく浅いため、大型の船による航行は不可能である。このため、古くから「ケレキ」と呼ばれる筏をはじめとしたさまざまな軽量・小型の輸送手段が使われてきた。ケレキの作り方は、浮力をつけるためにヒツジあるいはヤギの皮袋四〇～六〇個を木の棒でつくられた骨組みに結わえ付ける。その上に葉のついた木の枝、ゴザ（蓙）、絨毯などが敷かれる。一隻のケレキは約七トンの荷物を積むことが出来るという。一七三四年付の兵士のための糧食の輸送に関する史料によれば、ケレキ三〇〇隻を建造するためヤギの皮袋二万五〇〇〇個をアレッポ州内で買い上げ、ディヤルバクルへの搬送が命じられている。

政府は、こうしてティグリス・ユーフラテス水運の整備を命ずる傍ら、地中海の港イスケンデルン（現トルコ）やラタキア（現シリア）からビレジキ、モースル、ディヤルバクルといった町へ兵士やその糧食の運搬のために、アレッポ周辺から大量のラクダの調達を命じていた。兵士や糧食はイスタンブルやエジプトからガリヨン船（ガレー船に代わる新型の帆船）で運ばれた(78)。

アレッポ交易圏を機能させるもうひとつの交通手段がラクダによるキャラバン隊である。これには二つの互いに異なる系統があった。そのひとつは、バスラ―バグダード―アレッポにいたるキャラバン隊である。これについては、すでに紹介した一六一〇年のアレッポのイスラム法官の記録にあるように、一〇〇〇頭を超える規模の大キャラバン隊である。

いまひとつのキャラバン・ルートは、アレッポに集荷された商品を地中海へ、あるいはアナトリアを縦断してイスタンブルへ、さらにはバルカン半島を越えて遠くウィーンまで運ぶルートである。ここでもラクダ、ラバ、荷馬などの家畜が利用されたが、輸送力の点から見てラクダが主力であった。このキャラバン隊の規模は一〇頭前後のラクダから構成される小さな隊列である。このラクダを飼育し、キャラバン隊に編成して活躍したのがトゥルクメン遊牧民であった。これら遊牧民集団の概要についてはすでに紹介した（一九一頁）。ここでは、かれらによって構成されるキャラバンについて述べる。

かれらトゥルクメンが飼育していた特殊なラクダをトルコ語で「トゥルゥ」というが、一般には「トルクメンのラクダ」として知られている。これは中央アジア産のフタコブラクダ（バクトリア種）のオスと、アラブのヒトコブラクダ（ドロメダ種）のメスとの掛け合わせによって生まれた、いわばヒトコブ半のラクダである。「トゥルゥ」は力が強く、冬の寒さにも、夏の暑さにも耐久力があり、トルコばかりではなく、イラン、アフガニスタン、北インドに帯状に分布しており、まさに熱帯地域と寒冷地域との中間地域に住む遊牧民たちの知恵の結晶と言える。この種のラクダの改良は紀元前二世紀のパルティア王国時代にティグリス・ユーフラテス両川の渓谷地帯にはじまったといわれるから、トルクメンは古代以来西アジアに受け継がれてきた技術を取り入れたことになろう。このラクダは一頭につき二〇〇～二五〇キロの荷を積んで、一日に二〇～二五キロ歩くという。一五七九年の勅令は、地中海のパヤス港から東部アナトリアのエルズルムへ七七〇万キロの小麦を運搬するために南東アナトリア各地から合計三万頭のラクダの調達を命じている。一五二一年のベオグラード遠征の時も、国家は遊牧民の飼育するラクダ三万頭を借り上げている。これらのラクダはトゥルクメンに曳かれて、ときには遠くウィーンにまで行った(79)。

アレッポ交易圏の変容

「アレッポ交易圏」を機能させる水運と陸運によるコミュニケーション手段は、ただ単にひと、もの、情報を移動させただけではなく、これに関係する多くの人びとの生活を成り立たせていた。ティグリス・ユーフラテス両川の上流域にあたり、ながいあいだビザンツ帝国とイスラム世界との境域にあった南東部アナトリアやシリア・イラク北部の諸都市が、アレッポを中心とした交易・市場圏の後背地として、かつイランとアナトリアに広がる国際貿易の中継地となることによって活性化された。また、当時アナトリアの東部・南東部の山岳地帯は、ティグリス・ユーフラテス両川で用いられる川船建造のための木材の供給地としての機能を果たしていたと同時に、高地の涼しい夏営地でトルコ系・クルド系遊牧民によって生産される乳製品や皮革・毛織物などがアレッポへ運ばれた。かれらはまた、この地域の気候風土に適合するよう改良したラクダを駆使して国際商業路の潤滑油の働きをしていたのである。

「アレッポ交易圏・市場圏」は、一六世紀後半から一八世紀半ばにかけて、イランの絹、そしてインドの綿織物などの国際商品の中継地として、またそれと連動する地域産業の発展によって長い持続性を保持した。一七世紀の半ばにエーゲ海沿岸のイズミルが後背地に産する綿花・綿織物・タバコ・アヘン・絨毯・乾燥果実（ブドウ・イチジク）などの輸出港として勃興したこと、また一八世紀になってサファヴィー朝が衰退し、やがて滅亡（一七三六年）するといった事態は、たしかにイランとアレッポとの交易路を不安定なものにし、イランの絹とそれを扱うアルメニア人商人はイズミルに流れた。だが、アレッポがレヴァント貿易の中心としての役割を終えるのは、やはり一八四〇年代以後、地中海航路が伝統的なガレー船や帆船から大型の蒸気船に変わり、商業の中心がアレッポのような内陸都市から港湾施設のあるイズミル、サロニカ（現ギリシアのテッサロニキ）、ベイルートなどの港湾都市に移行したことが大きな契機となった。アレッポ内部においてもこの頃からヨーロッパ商人との仲介によって上昇する非ムスリムとムスリムとの対立が生まれ、「パクス・オトマニカ」にもきしみが生じ始めた。アレッポとアナトリア方面との通商路においてラクダ曳きをしていたトゥルクメンたちも交易路のイズミルへの移動とともに西方へ移動しつつあった(80)。

しかし、アレッポ市場圏の最終的な消滅は、第一次世界大戦後のオスマン帝国の滅亡とその後の人為的な線引きによる「中東諸国体制」の成立とによって、アレッポ市場圏そのものがトルコ・イラン・シリア・イラクの国境によって分断されたことによる。ただし、アレッポやディヤルバクルなどの都市がそれによってただちに衰退したとは必ずしも言えない。しかし、東部アナトリアと北部イラクは、全体として、それぞれの「国民国家」の首都から遠く離れた辺境・後進地帯として位置づけられ、さまざまな経済・社会問題、そしてなによりも民族問題の火薬庫となったのである。

* *

下巻では、オスマン帝国衰退史観に代って、勃興しつつあるヨーロッパ諸国との「力の均衡」の時代を「オスマン的近世」論として紹介する。つづいて、オスマン文化とヨーロッパ文化との相互の関係を、オスマン宮廷の国際性、コーヒハウス文化の西方への伝播、近年のルネサンス再考論などを事例として紹介する。上巻との関係で言えば、帝国が継承した中央ユーラシアの騎馬遊牧民国家の「柔軟な統治形態」の伝統が近世を通じて次第に相対化されてゆくが、一九世紀以後の近代化政策、東方問題、非ムスリムの民族的主張などに直面する中で、オスマン帝国が滅亡する。トルコ共和国初期のナショナリズム政策によって、中央ユーラシアの伝統は消滅する。なお、最後に最近のウクライナ情勢をクリミア半島の動向を中心に簡単に触れおいた。

(78) 同註（56）。

(79) 同註（56）。

(80) 同註（6）。

関する次のような逸話を紹介している。すなわち，イギリス東インド会社の「ホーキンズはトルコ語を話すことができた。（ムガル帝国皇帝である――引用者）ジャハーンギール帝はそれをことのほか喜び，トルコ語で西洋の事情を聴きだしては楽しんだと伝えられる。こうしてジャハーンギール帝に気に入られたホーキンズは，ムガル貴族に列せられ，皇帝の与えたアルメニア人の女性と結婚し，（中略）イスラーム教徒と変わらぬ生活をするようになった」という。この話の真偽はともかく，ムガル帝国とオスマン帝国の貿易にアルメニア人が深くかかわっていたことをよく示す逸話ではある。中里成章「第2部　英領インドの形成」佐藤正哲・中里成章・水島司『世界の歴史 14　ムガル帝国から英領インドへ』中央公論社，1998 年。

(63)　羽田正『興亡の世界史 15　東インド会社とアジアの海』講談社，2007 年。

(64)　同註（44）。

(65)　N. Steensgaard, *The Asian Trade Revolution of the Sventeenth Century, The East India companies and the Decline of the Caravan Trade*, Chicago-London, 1973.

(66)　Mustafa Naima, *Tarih-i Naima*, IV, İstanbul, 1280(AH).

(67)　加藤九祚『西域・シベリア――タイガと草原の世界』中央公論社，1991 年。

(68)　同註（44）。

(69)　Ömer Lütfi Barkan, “Edirne Askeri Kassamına Ait Tereke Defteri”, *Belgeler*, III, 1968.

(70)　R. Mantran,“Rélemens fiscaux ottomans, la province de Bassora” *Journal of Economic and Social History of the Orient*, XII,1970.

(71)　同註（44）。

(72)　同註（44）。

(73)　同註（41）。

(74)　同註（41）。

(75)　同註（56）。

(76)　同註（56）。

(77)　永田雄三・斎藤美津子「18 世紀初頭オスマン－サファヴィー戦争期のアレッポ市場圏」『イスラム圏における異文化接触のメカニズム――人間動態と情報』東京外国語大学アジア・アフリカ言語文化研究所，1994 年。

に関する知識を総合的に受け継いだものであるという。新谷英治「『キターブ・バフリエ』の全体像とオスマン朝の地中海世界」『西南アジア研究』37，1992年9月。

(46) Ciancarlo Casale, *The Ottoman Age of Exploration*, Oxford University Press, Oxford, 2010.

(47) 同註（43）。

(48) サティーシュ・チャンドラ（小名康之・長島弘訳）『中世インドの歴史』山川出版社，1999年。

(49) 長島弘「16世紀インド海上貿易の構造――主要貿易品の分析を中心として」『東洋史研究』第32巻第2号，昭和51年（1976）9月。

(50) 小名康之「ムガル帝国の繁栄」鈴木董編『パクス・イスラミカの世紀』講談社現代新書，1993年。

(51) 長島弘「インド洋とインド商人」『岩波講座　世界歴史14　イスラーム・環インド洋世界』岩波書店，2000年。

(52) 川北稔「輸入代替としての産業革命」懐徳堂記念会編『世界史を書き直す日本史を書き直す――阪大史学の挑戦』和泉書院，2008年。

(53) 同註（41）。

(54) 同註（35）。

(55) 同註（35）。

(56) 永田雄三「アレッポ市場圏の構造と機能」佐藤次高・岸本美緒編『地域の世界史9　市場の地域史』山川出版社，1999年。

(57) Bruce Masters, *The Origins of Western Economic Dominance in the Middle East: Mercantilism and the Islamic Economy in Aleppo, 1600-1750*, New York University Press, New York and London, 1988.

(58) 同註（56）。

(59) 同註（56）。

(60) 永田雄三「17世紀初頭の地中海貿易に関する一トルコ語史料」『史学』第44巻，第一号，1971年10月。

(61) 同註（44）。

(62) 余談であるが，中里はイギリスの東インド会社のホーキンズなる人物に

(32) 同註（21）。

(33) 永田雄三「オスマン帝国時代 アナトリアの旅」『月刊シルクロード』6号，1978年6月。

(34) 金七紀男『エンリケ航海王子 大航海時代の先駆者とその時代』刀水書房，2004年。

(35) 家島彦一『イスラム世界の成立と国際商業——国際商業ネットワークの変動を中心に』岩波書店，1991年。

(36) ジャネット・アブー＝ルゴド『ヨーロッパ覇権以前——もうひとつの世界システム（上）』（佐藤次高，斯波義信，高山博，三浦徹共訳）岩波書店，2014年。

(37) 三木亘『悪としての世界史』文藝春秋，2016年。

(38) 家島彦一『海域から見た歴史——インド洋と地中海を結ぶ交流史』名古屋大学出版会，2006年。

(39) 越智武臣，「総説」『岩波講座　世界歴史14　近代1　近代世界の形成1』岩波書店，1969年。

(40) 三橋冨治男「東方水域におけるオスマン＝トルコ」『駿台史学』第20号，1967年。

(41) 深沢克己『商人と更紗——近世フランス＝レヴァント貿易史研究』東京大学出版会，2007年。

(42) その結果，これまで貴金属不足に悩んでいたオスマン経済は大きな打撃を受け，1584年にイスタンブルにおける金と銀の交換比率が一挙に2倍になったのを契機として急激なインフレに見舞われたことは，トルコの経済史家ルトフィ・バルカンの研究によって広く知られている。永田雄三「トルコにおける前資本主義社会と「近代化」——後進資本主義の担い手層をめぐって」大塚久雄編『後進資本主義の展開過程』アジア経済研究所，1973年。

(43) 岸本美緒編『歴史の転換期6　1571年銀の大流通と国家統合』山川出版社，2019年。

(44) Halil İnalcık, *Türkiye Tekstil Tarihi Üzerine Araştırmalar*, İstanbul, 2008.

(45) 『海洋の書』については，新谷の詳しい研究がある。それによれば，それは，プトレマイオスの『地理学』，アラブの地理学，ポルトラーノ海図，それに自分自身の豊富な体験をもとに書かれたもので，古代から続く地中海文明中部における遊牧民認識の変遷」『史林』93巻2号，2010年3月。

(15) 同註（6）。

(16) 永田雄三訳「イセンビケ・アルジャンル「オスマン帝国におけるアシレトとユリュクとの区別」」『東洋学報』第62巻　第3・4号，1981年3月。

(17) 同上。

(18) 同註（6）。

(19) 同註（6）。

(20) Ömer Lütfi Barkan, *XV ve XVIıncı Asırlarda Osmanlı İmparatorluğunnda Ziraî Ekonominin Hukûkî ve Mâlî Esasları: Birinci Cilt Kanunlar*, İstanbul, 1945.

(21) 永田雄三「暮らしのなかのオスマン帝国」永田雄三・羽田正『成熟のイスラーム社会』中央公論社，1998年。

(22) 永田雄三「前近代トルコにおける地域社会の形成とワクフ制度」慶応義塾大学東洋史研究室編『西と東と：前嶋信次先生追悼論文集』汲古書院，1985b年。

(23) 永田雄三・永田真知子「18・19世紀ボスニア地方の人びと」『アジア・アフリカ言語文化研究』46 － 47号，1994年3月。

(24) 同註（21）。

(25) 同註（21）。

(26) Mehmet Genç, *Osmanlı İmparatorluğunda Devlet ve Ekonomi*, İstanbul, 2002.

(27) 松井真子「オスマン帝国の専売制と1838年通商条約――トルコ・アヘンの専売制（1828 － 1839年）を事例として」『社会経済史学』64-3，1998年8・9月。

(28) 松井が整理したこのようなオスマン帝国の経済政策を，林はさらに「原則的には国内での需要に対する安定した供給を最優先し，そのためには奢侈品や安価な外国製品の輸入は認め，国内需要を犠牲にしての原材料品や食料の輸出には高率の関税を課した。広大なオスマン帝国が一つの「経済世界」だったせいである」と総括している。林佳世子『オスマン帝国の時代』山川出版社，1997年。

(29) 加藤博『イスラム世界の経済史』NTT出版，2005年。

(30) 同註（5）。

(31) 同註（28）。

第五章

（1）　永田雄三「16 世紀トルコの農村社会――1531 年付サルハン県「検地帳」分析の試み」『東洋学報』第 58 巻，第 3・4 号，1977 年 3 月。

（2）　井上浩一『ビザンツ帝国』岩波書店，1982 年。

（3）　永田雄三「西アジア封建社会論」『中世史講座 5　封建社会論』学生社，昭和 60 年（1985a 年）。

（4）　Halil İnalcık, 'Köy, Köylü ve İmparatorluk', *V. Milletlerarası Türkiye Sosyal ve İktisat Tarihi Kongresi; Tebriğler, Marmara Üniversitesi Türkiyat Araştırma ve Uygulama Merkezi, İstanbul 21-25, Auğutos 1989*, Ankara, 1990.

（5）　カーター・V・フィンドリー（小松久男監訳，佐々木紳訳）『テュルクの歴史――古代から近現代まで』明石書店，2017 年。

（6）　永田雄三「歴史上の遊牧民――トルコの場合――」永田雄三・松原正毅編『イスラム世界の人びと 3　牧畜民』東洋経済新報社，昭和 59 年（1984 年）。

（7）　永田雄三「トルコ」永田雄三・加賀谷寛・勝藤猛『世界現代史 11　中東現代史 I トルコ・イラン・アフガニスタン』山川出版社，1982 年。

（8）　林佳世子『興亡の世界史 10　オスマン帝国 500 年の平和』講談社，2008 年。

（9）　Mutafćieva, V. P., "De l'exploitation féodale dans les terres de population bulgarie sous la domination turque au XVe et XVIe siècles", *Études Historique*, Sofia, 1960.

（10）　永田雄三「オスマン朝のバルカン支配をめぐる諸問題――ティマール制に関する研究動向を中心として」『「トルコ民族とイスラム」に関する共同研究報告：昭和 47・48 年度』東京外国語大学アジア・アフリカ言語文化研究所，1974b 年。

（11）　三沢伸生「スレイマン 1 世の東アナトリア掌握過程――マラティヤ地方における「ティマール制」の展開」『東洋史研究』第 68 巻第 4 號，2010 年 3 月。

（12）　齋藤久美子「16 － 17 世紀アナトリア南東部クルド系諸県におけるティマール制」『アジア・アフリカ言語文化研究』78 号，2010 年 2 月。

（13）　同註（1）。

（14）　岩本佳子「「遊牧民」から「農民」へ――オスマン朝支配下のアナトリア

1400-2000年』国書刊行会，2020年。

(92) 岸本美緒『歴史の転換期6 1571年銀の大流通と国家統合』山川出版社，2019年。

(93) 杉山清彦はさらに，自身の専門領域である大清帝国を加えた「近世に並列した四帝国は，いずれも遊牧国家ではないが，その起源や軍事力・権力構造などにおいて中央ユーラシアに由来する特徴を持っており，その力によって大帝国を築いたということができる。同時に，暴力的に直接支配を行うのではなく，意思決定と軍事力を掌握した上で支配下の定住民を積極的に活用して共存するという方法で，広域統合と長期的安定を実現した。モンゴル帝国において完成態に達したこのような統合・支配のあり方は，帝国の形成・護持を担う“固い”核と，多様なものを受け入れ帝国の拡大・安定を支える“柔らかい”ひろがりという二面性として説明することができよう」と総括している。杉山のこの総括は，鈴木の言う「イスラム世界の柔らかい専制」（同註85）が念頭に置かれているようである。杉山清彦『大清帝国の形成と八旗制』名古屋大学出版会，2015年。

(94) 同註（90）。

(95) 帆刈浩之「モンゴル帝国と「世界史」の誕生」小田中直樹・帆刈浩之編『世界史／いま，ここから』山川出版社，2017年。

(96) 大阪大学歴史研究会編『市民のための世界史』大阪大学出版会，2014年。

(97) 南塚信吾・秋田茂・高沢紀恵責任編集『新しく学ぶ西洋の歴史――アジアから考える』ミネルヴァ書房，2016年。

(98) 岡本隆司『世界史序説――アジアから一望する』ちくま新書，2018年。

(99) 杉山正明『大モンゴルの世界』角川選書，1992年。

(100) 同註（62）。

(101) 岡田英弘編『清朝とは何か』藤原書店，『別冊環』16，2009年。

(102) 杉山清彦「複合国家としての大清帝国――マンジュ（満州）による集塊とその構造」歴史学研究会編『歴史学研究』2021年3月号。

(103) 宇山智彦「帝国と周縁・植民地の関係を比較する方法：統治治構造と相互認識」研究会「比較帝国論の方法を考える」（北海道大学古河記念講堂：2010年4月24日）。

(76)　同註（63）。

(77) Mustafa Naima, *Tarih-i Naima*, IV, İstanbul, 1280(AH).

(78)　加藤博「オスマン支配下のアラブ」鈴木董編『パクス・イスラミカの世紀』講談社，1993年。

(79)　同上。

(80)　同上。

(81)　クリミア・ハン国のこのような特別な扱いの理由として，小笠原は「オスマン王家が断絶したときには，クリミア・ハンの王族がオスマン朝の帝位を継ぐ，という伝承」を17世紀のスルタン，イブラヒム（在位1640～48）になかなか男子が生まれず，王家の血筋の存続が危ぶまれたときに，オスマン家の者に代わる傀儡のスルタンとしてクリミア・ハンの名前が候補にあげられたという例を挙げて紹介している。ただし，彼は，いわゆる「チンギス統原理」に関しては，これはモンゴルだけのローカルなものと位置づけている。小笠原弘幸『イスラーム世界における王朝起源論の生成と変容――古典期オスマン帝国の系譜伝承をめぐって』刀水書房，2014年。

(82)　同註（44）。

(83)　関哲行『スペインのユダヤ人』山川出版社，2016年。

(84)　宮武志郎「16世紀オスマン朝における一ユダヤ教徒と情報ネットワーク」『Bulletin（研究紀要）』普連土学園，No.1, 1994年6月。

(85)　鈴木董『オスマン帝国――イスラム世界の「柔らかい専制」』講談社現代新書，1992年。

(86)　杉山正明『モンゴル帝国の興亡　下』講談社現代新書，1996年。

(87)　杉山正明編『岩波講座世界歴史11　中央ユーラシアの統合』岩波書店，1997年。

(88)　森安孝夫『シルクロード世界史』講談社選書メチエ，2020年。

(89)　羽田正「東方イスラーム世界の成立」鈴木董編『パクス・イスラミカの世紀』講談社現代新書，1993年。

(90)　羽田正「三つの「イスラーム国家」」『岩波講座　世界歴史14　イスラーム・環インド洋世界』岩波書店，2000年。

(91)　ジョン・ダーウィン（秋田茂他訳）『ティムール以後――世界帝国の興亡

(64) ただ，近年，この制度はオスマン朝に始まるのではないと言う意見が提出されている。宮紀子によれば，チンギス・ハンの末子トルイに帰属する税収であるAGAR TMARという「モンゴル語」がオスマンの「ティマール」の語源とされるというのである。宮紀子『モンゴル時代の「知」の東西上下』名古屋大学出版会，2018年。

(65) 一方，川本正知は「アガル・タマルは、何語であるか不明なので発音も意味も正確にはわからない言葉であるが」といいつつ，これが征服地からのトルイの取り分であるアガル・タマルのことであるとしている（川本正知『モンゴル帝国の軍隊と戦争』山川出版社，2013年）。なお，1921年にイスタンブルで出版されたJames W. Redhouseの*A Turkish and English Lexicon*よれば，"tîmâr"はペルシア語とされており，その意味は①人間や家畜の面倒を見ること，②土地を耕すこと，③年額20,000アクチェ以下の「封土」という訳語が与えられている。

(66) 多田守「ディルリク制度からディルリク・カザー制度へ：18世紀のオスマン朝およびヨーロッパ諸国における近世国家体制をめぐって」『アジア・アフリカ言語文化研究』96号，2018年9月。

(67) 護雅夫「イスラム世界帝国の完成」『世界の歴史7　イスラム世界の発展』筑摩書房，1961年。

(68) 同註（44）。

(69) 同註（63）。

(70) 同註（1）。

(71) 同註（1）。

(72) 同註（51）。

(73) ビザンツ帝国のプロノイア制においても，米田治泰は「皇帝の恩恵として与えられるものであり，その委譲・世襲は許されず，皇帝はそれを回収することも可能であったし，（中略）プロノイアとして下賜されたのは土地ではなく，一定額の国税の徴収権である」というから，まさにティマール制の先駆的存在である。米田治泰『ビザンツ帝国』角川書店，1977年。

(74) 同註（46）。

(75) 同註（1）。

(47)　安藤志朗「トルコ系諸王朝の国政とイスラム」板垣雄三監修・堀川徹編著『講座イスラム世界3　世界に広がるイスラム』栄光教育文化研究所, 2002年。

(48)　Halil İnalcık, “Kanunname”, *DİA*, 2001.

(49)　永田雄三「オスマン朝法制史料のコンピュータ分析のための予備的考察」『日本オリエント学会創立35周年記念　オリエント学論集』刀水書房, 1990年。

(50)　Robert Anheggar & Halil İnalcık, *Ḳānūnnāme-i Sulṭānī ber mūceb-i ʿÖrf-i ʿOsmānī : II. Mehmed ve II. Bayezid Devirlerine ait Yasaḳnāme ve Ḳānūnnāmeler*, Ankara, 1956.

(51)　ただし，経済史家であるルトフィ・バルカンは，オスマン朝のカーヌーン・ナーメの多くは，学問的関心ないし役人に対する教育的必要性から編集されたもので実用のためのものではないという重大な史料批判を行なっている。彼によれば，(2) の県別に編纂されたものは，実際に適用するために役人の手元におかれたものであり，歴史史料とすることは可能であるとし，これらこそオスマン帝国社会経済史研究の基礎史料であると評価し，107点を収集・出版した。Ömer Lütfi Barkan, *XV ve XVIıncı Asırlarda Osmanlı İmparatorluğunnda Zirâî Ekonominin Hukûkî ve Mâlî Esasları: Birinci Cilt Kanunlar*, İstanbul, 1945.

(52)　同註（1）。

(53)　同註（49）。

(54)　Ahmed Akgündüz, “EBÜSSUÛD EFENDİ”, *DİA*, 1994.

(55)　松尾有里子「オスマン帝国におけるマドラサとイスラーム知識人（ウラマー）――ウラマー任官候補制度の導入をめぐって」『史潮』80，2016年。

(56)　同註（1）。

(57)　同註（46）。

(58)　同註（1）。

(59)　同註（4）。

(60)　同註（1）。

(61)　永田雄三『前近代トルコの地方名士――カラオスマンオウル家の研究』刀水書房，2009年。

(62)　松原正毅『遊牧の人類史――構造とその起源』岩波書店，2021年。

(63)　永田雄三「西アジア封建社会論」『中世史講座5　封建社会論』学生社，1985a年。

刀水歴史全書—歴史・民族・文明—

四六上製 平均300頁 随時刊 (価格は税別 書名末尾の☆は「電子ブックあり」のマーク)

樺山紘一
1 **カタロニアへの眼**（新装版）☆
歴史・社会・文化
1979, 2005(新装版) 000-X 四六上製 289頁＋口絵12頁 ￥2300
西洋の辺境，文明の十字路カタロニアはいかに内戦を闘い，なぜピカソら美の巨人を輩出したか。カタロニア語を習い，バルセロナに住んで調査研究した歴史家によるカタロニア文明論

R. C. リチャードソン／今井 宏訳
2 **イギリス革命論争史**
1979 001-8 四六上製 353頁 ￥2200
市民革命とは何であったか？ 同時代人の主張から左翼の論客，現代の冷静な視線まで，革命研究はそれぞれの時代,立場を反映する。論者の心情をも汲んで著された類書のない学説史

山崎元一
3 **インド社会と新仏教**☆
アンベードカルの人と思想〔付〕カースト制度と不可触民制
1979 ＊002-7 四六上製 275頁 ￥2200
ガンディーに対立してヒンドゥーの差別と闘い，インドに仏教を復興した不可触民出身の政治家の生涯。日本のアンベードカル研究の原典であり，インドの差別研究のほとんど最初の一冊

G. バラクロウ編／木村尚三郎解説・宮島直機訳
4 **新しいヨーロッパ像の試み**
中世における東欧と西欧
1979 003-4 四六上製 258頁 ￥2330
最新の中世史・東欧史の研究成果を背景に，ヨーロッパの直面する文明的危機に警鐘を鳴らした文明史家の広ヨーロッパ論。現代のヨーロッパの統一的傾向を最も早く洞察した名著。図版127点

W. ルイス，村上直次郎編／富田虎男訳訂
5 **マクドナルド「日本回想記」**☆
[再訂版] インディアンの見た幕末の日本
1979 ＊005-8 四六上製 313頁 ￥2200
日本をインディアンの母国と信じて密航した青年の日本観察記。混血青年を優しくあたたかく遇した幕末の日本と日本人の美質を評価。また幕末最初の英語教師として評価されて，高校英語教科書にものっている

J. スペイン／勝藤 猛・中川 弘訳
6 **シルクロードの謎の民**
パターン民族誌
1980 006-9 四六上製 306頁 ￥2200
文明を拒否して部族の掟に生き，中央アジア国境地帯を自由に往来するアフガン・ゲリラの主体パターン人，かつてはイギリスを，近くはロシアを退けた反文明の遊牧民。その唯一のドキュメンタルな記録

B. A. トゥゴルコフ／加藤九祚解説・斎藤晨二訳
7 **トナカイに乗った狩人たち**
北方ツングース民族誌
1981 024-7 四六上製 253頁 ￥2233
広大なシベリアのタイガを漂泊するエベンキ族の生態。衣食住，狩猟・遊牧生活から家族，氏族，原始文字，暦，シャーマン，宇宙観まで。ロシア少数民族の運命

G. サルガードー／松村 赳訳
8 **エリザベス朝の裏社会**
1985 060-3 四六上製 338頁 ￥2500
シェイクスピアの戯曲や当時のパンフレット“イカサマ読物”“浮浪者文学”による華麗な宮廷文化の時代の裏面。スリ・盗賊・ペテン師などの活躍する新興の大都会の猥雑な現実

P.F.シュガー, I.J.レデラー 編／東欧史研究会訳

9 **東欧のナショナリズム**

歴史と現在

1981　025-5　四六上製　578頁　￥4800

東欧諸民族と諸国家の成立と現在を，19世紀の反トルコ・反ドイツ・反ロシアの具体的な史実と意識のうえに捉え，東欧紛争の現在の根源と今後の世界のナショナリズム研究に指針を与える大著

R.H.C.デーヴィス／柴田忠作訳

10 **ノルマン人**　［品切］

その文明学的考察

1981　027-1　四六上製　199頁　￥2233

ヨーロッパ中世に大きな足跡をのこしたヴァイキングの実像を文明史的に再評価し，ヨーロッパの新しい中世史を構築する第一人者の論究。ノルマン人史の概説として最適。図版70余点

中村寅一

11 **村の生活の記録**　（下）［品切］

(上)上伊那の江戸時代 (下)上伊那の明治・大正・昭和

1981　028-X　029-8　四六上製　195頁, 310頁　￥1845 ￥1800

村の中から村を描く。柳田・折口体験をへて有賀喜左衛門らとともに，民俗・歴史・社会学を総合した地域史をめざした信州伊那谷の先覚者の業績。中央に追従することなく，地域史として独立し得た数少ない例の一つ

岩本由輝

12 きき書き**六万石の職人衆**

相馬の社会史

1980　010-7　四六上製　252頁　￥1800

相馬に生き残った100種の職人の聞き書き。歴史家と職人の心の交流から生れた明治・大正・昭和の社会史。旅職人から産婆，ほとんど他に見られない諸職が特に貴重

13 （欠番）

田中圭一

14 **天領佐渡**　（1）［品切］

(1)(2)村の江戸時代史 上・下(3)島の幕末

1985　061-1, 062-X, 063-8　四六上製　(1)275頁 (2) 277頁 (3) 280頁　(1)(2) ￥2000 (3)￥2330

戦国末～維新のムラと村ビトを一次史料で具体的に追求し, 天領の政治と村の構造に迫り, 江戸～明治の村社会と日本を発展的にとらえる。民衆の活躍する江戸時代史として評価され，新しい歴史学の方向を示す

岩本由輝

15 **もう一つの遠野物語**［追補版］☆

（付）柳田國男南洋委任統治資料六点

1994　＊130-7　四六上製　275頁　￥2200

水野葉舟・佐々木喜善によって書かれたもう一つの「遠野物語」の発見。柳田をめぐる人間関係，「遠野物語」執筆前後の事情から山人～常民の柳田学の変容を探る。その後の柳田学批判の先端として功績は大きい

森田安一

16 **スイス**［三補版］☆

歴史から現代へ

1980, 1995（三補版）　159-6　四六上製　304頁　￥2200

13世紀スイス盟約者団の成立から流血の歴史をたどり，理想の平和郷スイスの現実を分析して新しい歴史学の先駆と評価され，中世史家の現代史として，中世から現代スイスまでを一望のもとにとらえる

樺山紘一・賀集セリーナ・富永茂樹・鳴海邦碩

17 **アンデス高地都市**　［品切］

ラ・パスの肖像

1981　020-4　四六上製　図版多数　257頁　￥2800

ボリビアの首都ラ・パスに展開するスペイン，インディオ両文明の相克。歴史・建築・文化人類・社会学者の学際協力による報告。図版多数。若く多才な学者たちの協力の成功例の一つといわれる

A. ノーヴ／和田春樹・中井和夫訳 ［品切］

18 **スターリンからブレジネフまで**

ソヴェト現代史

1983　043-3　四六上製　315頁　￥2427

スターリン主義はいかに出現し，いかなる性格のものだったか？　冷静で大胆な大局観をもつ第一人者による現代ソ連研究の基礎文献。ソ連崩壊よりはるか前に書かれていた先覚者の業績

19 （缺番）

増井經夫

20 **中国の歴史書**

中国史学史

1984　052-2　四六上製　298頁　￥2500

内藤湖南以後誰も書かなかった中国史学史。尚書・左伝から梁啓超，清朝野史大観まで，古典と現代史学の蘊蓄を傾けて，中国の歴史意識に迫る。自由で闊達な理解で中国学の世界に新風を吹きこむ。ようやく評価が高い

G. P. ローウィック／西川　進訳

21 **日没から夜明けまで**

アメリカ黒人奴隷制の社会史

1986　064-6　四六上製　299頁　￥2400

アメリカの黒人奴隷は，夜の秘密集会を持ち，祈り，歌い，逃亡を助け，人間の誇りを失わなかった。奴隷と奴隷制の常識をくつがえす新しい社会史。人間としての彼らを再評価するとともに，社会の構造自体を見なおすべき衝撃の書

山本　新著／神川正彦・吉澤五郎編

22 **周 辺 文 明 論**

欧化と土着

1985　066-2　四六上製　305頁　￥2200

文明の伝播における様式論・価値論を根底に，ロシア・日本・インド・トルコなど非西洋の近代化＝欧化と反西洋＝土着の相克から現代の文明情況まで。日本文明学の先駆者の業績として忘れ得ない名著

小林多加士

23 **中国の文明と革命**

現代化の構造

1985　067-0　四六上製　274頁　￥2200

万元戸，多国籍企業に象徴される中国現代の意味を文化大革命をへた中国の歴史意識の変革とマルキシズムの新展開に求める新中国史論

R. タカキ／富田虎男・白井洋子訳

24 **パ ウ ・ ハ ナ**

ハワイ移民の社会史

1986　071-9　四六上製　293頁　￥2400

ハワイ王朝末期に，全世界から集められたプランテーション労働者が，人種差別を克服して，ハワイ文化形成にいたる道程。著者は日系３世で，少数民族・多文化主義研究の歴史家として評価が高い

原田淑人

25 **古代人の化粧と装身具**

1987　076-X　四六上製　図版180余点　227頁　￥2200

東洋考古学の創始者，中国服飾史の開拓者による古代人の人間美の集成。エジプト・地中海，インド，中央アジアから中国・日本まで，正倉院御物に及ぶ美の伝播，唯一の概説書

E. ル・ロワ・ラデュリ／井上幸治・渡邊昌美・波木居純一訳

26 **モンタイユー**（上）（下［新装版］）

ピレネーの村　1294〜1324

(上)1990 (下)2021　＊086-7　＊471-1　四六上製　367頁 425頁　￥2800 ￥3300

アナール派第３世代の代表作！　法王庁に秘蔵された異端審問記録から中世南仏の農村生活を人類学的手法で描き，フランス文学最高のゴンクール賞を受賞した。1975年本書刊行以来フランスで社会史ブームを巻き起こした

ダヴ・ローネン／浦野起央・信夫隆司訳

27 **自決とは何か** ［品切］

ナショナリズムからエスニック紛争へ

1988 095-6 四六上製 318頁 ￥2800

自殺ではない。みずからを決定する自決。革命・反植民地・エスニック紛争など，近現代の激動を“自決 Self-determination への希求”で解く新たなる視角。人文・社会科学者の必読書

メアリ・プライア編著／三好洋子編訳

28 **結婚・受胎・労働** ［品切］

イギリス女性史1500～1800

1989 099-9 四六上製 270頁 ￥2500

イギリス女性史の画期的成果。結婚・再婚・出産・授乳，職業生活・日常生活，日記・著作。実証的な掘り起こし作業によって現れる普通の女性たちの生活の歴史

M. I. フィンレイ／柴田平三郎訳

29 **民主主義―古代と現代** ［品切］

1991 118-9 四六上製 199頁 ￥2816

古代ギリシア史の専門家が思想史として対比考察した古代・現代の民主主義。現代の形骸化した制度への正統なアカデミズムからの警鐘であり，民主主義の本質に迫る一書

木崎良平

30 **光太夫とラクスマン**

幕末日露交渉史の一側面

1992 134-0 四六上製 266頁 ￥2524

ひろく史料を探索して見出した光太夫とラクスマンの実像。「鎖国三百年史観」をうち破る新しい事実の発見が，日本の夜明けを告げる。実証史学によってはじめて可能な歴史の本当の姿の発見

青木 豊

31 **和鏡の文化史** ［品切］

水鑑から魔鏡まで

1992 139-1 四六上製 図版300余点 305頁 ￥2500

水に顔を映す鏡の始まりから，その発達・変遷，鏡にまつわる信仰・民俗，十数年の蓄積による和鏡に関する知識体系化の試み。鏡に寄せた信仰と美の追求に人間の実像が現れる

Y. イチオカ／富田虎男・粂井輝子・篠田左多江訳

32 **一 世**

黎明期アメリカ移民の物語り

1992 141-3 四六上製 283頁 ￥3301

人種差別と排日運動の嵐の中で，日本人留学生，労働者，売春婦はいかに生きたか。日系アメリカ人一世に関する初の本格的研究の始まり，その差別と苦悩と忍耐を見よ（著者は日系二世）

鄧 搏鵬／後藤均平訳

33 **越南義烈史**☆

抗仏独立運動の死の記録

1993 143-X 四六上製 230頁 ￥3301

19世紀後半，抗仏独立闘争に殉じたベトナムの志士たちの略伝・追悼文集。反植民地・民族独立思想の原点（1918年上海で秘密出版）。東遊運動で日本に渡った留学生200人は，やがて日本を追われ，各地で母国の独立運動を展開して敗れ，つぎつぎと斃れるその記録

D. ジョルジェヴィチ, S. フィシャー・ガラティ／佐原徹哉訳

34 **バルカン近代史**

ナショナリズムと革命

1994 153-7 四六上製 262頁 ￥2800

かつて世界の火薬庫といわれ，現在もエスニック紛争に明け暮れるバルカンを，異民族支配への抵抗と失敗する農民蜂起の連続ととらえる。現代は，過去の紛争の延長としてあり，一朝にして解決するようなものではない

C. メクゼーパー, E. シュラウト共編／瀬原義生監訳, 赤阪俊一・佐藤専次共訳

35 **ドイツ中世の日常生活**

騎士・農民・都市民

1995 ＊179-6 四六上製 205頁 ￥2800

ドイツ中世史家たちのたしかな目が多くの史料から読みとる新しい日常史。普通の“中世人”の日常と心性を描くが，おのずと重厚なドイツ史学の学風を見せて興味深い

神山四郎　［比較文明学叢書１］

36 **比較文明と歴史哲学**

1995　182-0　四六上製　257頁　¥2800

歴史哲学者による比較文明案内。歴史をタテに発展とみる旧来の見方に対し，ヨコに比較する多系文明の立場を推奨。ボシュエ，ヴィコ，イブン・ハルドゥーン，トインビーと文明学の流れを簡明に

神川正彦　［比較文明学叢書２］

37 **比較文明の方法**

新しい知のパラダイムを求めて

1995　184-7　四六上製　275頁　¥2800

地球規模の歴史的大変動の中で，トインビー以降ようやく高まる歴史と現代へのパースペクティヴ，新しい知の枠組み，学の体系化の試み。ニーチェ，ヴェーバー，シュペングラーを超えてトインビー，山本新にいたり，原理と方法を論じる

B. A. トゥゴルコフ／斎藤晨二訳

38 **オーロラの民**

ユカギール民族誌

1995　183-9　四六上製　220頁　¥2800

北東シベリアの少数民族人口1000人のユカギール人の歴史と文化。多数の資料と現地調査が明らかにするトナカイと犬ぞりの生活・信仰・言語。巻末に調査報告「ユカギール人の現在」

D. W. ローマックス／林　邦夫訳

39 **レコンキスタ**

中世スペインの国土回復運動

1996　180-4　四六上製　314頁　¥3300

克明に史実を追って，800年間にわたるイスラム教徒の支配からのイベリア半島奪還とばかりはいいきれない，レコンキスタの本格的通史。ユダヤ教徒をふくめ，三者の対立あるいは協力，複雑な800年の情勢に迫る

A. R. マイヤーズ／宮島直機訳

40 **中世ヨーロッパの身分制議会**

新しいヨーロッパ像の試み（２）

1996　186-3　四六上製　214頁　¥2800

各国の総合的・比較史的研究に基づき，身分制議会をカトリック圏固有のシステムととらえ，近代の人権思想もここから導かれるとする文化史的な画期的発見，その影響に注目が集まる。図写79点

M. ローランソン, J. E. シーヴァー／白井洋子訳

41 **インディアンに囚われた白人女性の物語**

1996　195-2　四六上製　274頁　¥2800

植民地時代アメリカの実話。捕虜となり生き残った２女性の見たインディアンの心と生活。牧師夫人の手記とインディアンの養女となった少女の生涯。しばしば不幸であった両者の関係を見なおすために

木崎良平

42 **仙台漂民とレザノフ**

幕末日露交渉史の一側面No. 2

1997　198-7　四六上製　261頁　¥2800

日本人最初の世界一周と日露交渉。『環海異聞』などに現れる若宮丸の遭難と漂民16人の数奇な運命。彼らを伴って通商を迫ったロシア使節レザノフ。幕末日本の実相を歴史家が初めて追求した

U. イム・ホーフ／森田安一監訳，岩井隆夫・米原小百合・佐藤るみ子・黒澤隆文・踊共二共訳

43 **スイスの歴史**

1997　207-X　四六上製　308頁　¥2800

日本初の本格的スイス通史。ドイツ語圏でベストセラーを続ける好著の完訳。独・仏・伊のことばの壁をこえてバランスよくスイス社会と文化を追求，現在の政治情況に及ぶ

E. フリート／柴嵜雅子訳

44 **ナチスの陰の子ども時代**

あるユダヤ系ドイツ詩人の回想

1998　203-7　四六上製　215頁　¥2800

ナチスの迫害を逃れ，17歳の少年が単身ウィーンからロンドンに亡命する前後の数奇な体験を中心にした回想録。著者は戦後のドイツで著名なユダヤ系詩人で，本書が本邦初訳

今谷明・大濱徹也・尾形勇・樺山紘一・木畑洋一編

45 20世紀の歴史家たち

(1)日本編(上) (2)日本編(下) (5)日本編(続) (3)世界編(上) (4)世界編(下)

1997〜2006　四六上製　平均300頁　各￥2800

歴史家は20世紀をどう生きたか，歴史学はいかに展開したか。科学としての歴史学と人間としての歴史家，その生と知とを生々しく見つめようとする。書かれる歴史家と書く歴史家，それを読む読者と三者の生きた時代

日本編(上) 1997 211-8

1 徳富蘇峰（大濱徹也）
2 白鳥庫吉（窪添慶文）
3 鳥居龍蔵（中薗英助）
4 原勝郎（樺山紘一）
5 喜田貞吉（今谷明）
6 三浦周行（今谷明）
7 幸田成友（西垣晴次）
8 柳田國男（西垣晴次）
9 伊波普猷（高良倉吉）
10 今井登志喜（樺山紘一）
11 本庄栄治郎（今谷明）
12 高群逸枝（栗原弘）
13 平泉澄（今谷明）
14 上原専祿（三木亘）
15 野呂栄太郎（神田文人）
16 宮崎市定（礪波護）
17 仁井田陞（尾形勇）
18 大塚久雄（近藤和彦）
19 高橋幸八郎（遅塚忠躬）
20 石母田正（今谷明）

日本編(下) 1999 212-6

1 久米邦武（田中彰）
2 内藤湖南（礪波護）
3 山路愛山（大濱徹也）
4 津田左右吉（大室幹雄）
5 朝河貫一（甚野尚志）
6 黒板勝美（石井進）
7 福田徳三（今谷明）
8 辻善之助（圭室文雄）
9 池内宏（武田幸男）
10 羽田亨（羽田正）
11 村岡典嗣（玉懸博之）
12 田村栄太郎（芳賀登）
13 山田盛太郎（伊藤晃）
14 大久保利謙（由井正臣）
15 濱口重國（菊池英夫）
16 村川堅太郎（長谷川博隆）
17 宮本常一（西垣晴次）
18 丸山眞男（坂本多加雄）
19 和歌森太郎（宮田登）
20 井上光貞（笹山晴生）

日本編(続) 2006 232-0

1 狩野直喜（戸川芳郎）
2 桑原隲蔵（礪波護）
3 矢野仁一（挾間直樹）
4 加藤繁（尾形勇）
5 中村孝也（中田易直）
6 宮地直一（西垣晴次）
7 和辻哲郎（樺山紘一）
8 一志茂樹（古川貞雄）
9 田中惣五郎（本間恂一）
10 西岡虎之助（西垣晴次）
11 岡正雄（大林太良）
12 羽仁五郎（斉藤孝）
13 服部之總（大濱徹也）
14 坂本太郎（笹山晴生）
15 前嶋信次（窪寺紘一）
16 中村吉治（岩本由輝）
17 竹内理三（樋口州男）
18 清水三男（網野善彦）
19 江口朴郎（木畑洋一）
20 林屋辰三郎（今谷明）

世界編(上) 1999 213-4

1 ピレンヌ（河原温）
2 マイネッケ（坂井榮八郎）
3 ゾンバルト（金森誠也）
4 メネンデス・ピダール（小林一宏）
5 梁啓超（佐藤慎一）
6 トーニー（越智武臣）
7 アレクセーエフ（加藤九祚）
8 マスペロ（池田温）
9 トインビー（芝井敬司）
10 ウィーラー（小西正捷）
11 カー（木畑洋一）
12 ウィットフォーゲル（鶴間和幸）
13 エリアス（木村靖二）
14 侯外廬（多田狷介）
15 ブローデル（浜名優美）
16 エーバーハルト（大林太良）
17 ウィリアムズ（川北稔）
18 アリエス（杉山光信）
19 楊寛（高木智見）
20 クラーク（ドン・ベイカー 藤川隆男訳）
21 ホブズボーム（水田洋）
22 マクニール（高橋均）
23 ジャンセン（三谷博）
24 ダニーロフ（奥田央）
25 フーコー（福井憲彦）
26 デイヴィス（近藤和彦）
27 サイード（杉田英明）
28 タカキ，R．（富田虎男）

世界編(下) 2001 214-2

1 スタイン（池田温）
2 ヴェーバー（伊藤貞夫）
3 バルトリド（小松久男）
4 ホイジンガ（樺山紘一）
5 ルフェーヴル（松浦義弘）
6 フェーヴル（長谷川輝夫）
7 グラネ（桐本東太）
8 ブロック（二宮宏之）
9 陳寅恪（尾形勇）
10 顧頡剛（小倉芳彦）
11 カントロヴィッチ（藤田朋久）
12 ギブ（湯川武）
13 ゴイテイン（湯川武）
14 ニーダム（草光俊雄）
15 コーサンビー（山崎利男）
16 フェアバンク（平野健一郎）
17 モミリアーノ（本村凌二）
18 ライシャワー（W.スティール）
19 陳夢家（松丸道雄）
20 フィンリー（桜井万里子）
21 イナルジク（永田雄三）
22 トムスン（近藤和彦）
23 グレーヴィチ（石井規衛）
24 ル・ロワ・ラデュリ（阿河雄二郎）
25 ヴェーラー（木村靖二）
26 イレート（池端雪浦）

戸上　一

46 **千　利　休**

ヒト・モノ・カネ

1998　＊210-6　四六上製　212頁　￥2000

高価な茶道具にまつわる美と醜の世界を視野に入れぬ従来の利休論にあきたらぬ筆者が，書き下ろした利休の実像。モノの美とそれにまつわるカネの醜に対決する筆者の気迫に注目

大濱徹也

47 **日本人と戦争☆**

歴史としての戦争体験

2002　220-7　四六上製　280頁　￥2400

幕末，尊皇攘夷以来，日本は10年ごとの戦争で大国への道をひた走った。やがて敗戦。大東亜戦争は正義か不正義かは鏡の表と裏にすぎないかもしれない。日本人の“戦争体験”が民族共有の記憶に到達するのはいつか？

K.B.ウルフ／林　邦夫訳

48 **コルドバの殉教者たち**

イスラム・スペインのキリスト教徒

1998　226-6　四六上製　214頁　￥2800

9世紀，イスラム時代のコルドバで，49人のキリスト教徒がイスラム教を批難して首をはねられた。かれらは極刑となって殉教者となることを企図したのである。三つの宗教の混在するスペインの不思議な事件である

U.ブレーカー／阪口修平・鈴木直志訳

49 **スイス傭兵ブレーカーの自伝**

2000　240-1　四六上製　263頁　￥2800

18世紀スイス傭兵の自伝。貧農に生まれ，20歳で騙されてプロイセン軍に売られ，軍隊生活の後，七年戦争中に逃亡。彼の生涯で最も劇的なこの時期の記述は，近代以前の軍隊生活を知る類例のない史料として注目

田中圭一

50 **日本の江戸時代☆**

舞台に上がった百姓たち

1999　＊233-5　四六上製　259頁　￥2400

日本の古い体質のシンボルである江戸時代封建論に真向から挑戦する江戸近代論。「検地は百姓の土地私有の確認である」ことを実証し，一揆は幕府の約束違反に対するムラの抗議だとして，日本史全体像の変革を迫る

平松幸三編　2001年度 沖縄タイムス出版文化賞受賞

51 **沖縄の反戦ばあちゃん**

松田カメ口述生活史

2001　242-8　四六上製　199頁　￥2000

沖縄に生まれ，内地で女工，結婚後サイパンへ出稼いで，戦争に巻込まれる。帰郷して米軍から返却された土地は騒音下。嘉手納基地爆音訴訟など反戦平和運動の先頭に立ったカメさんの原動力は理屈ではなく，生活体験だ

52 **（缺番）**

原田勝正

53 **日 本 鉄 道 史**

技術と人間

2001　275-4　四六上製　488頁　￥3300

幕末維新から現代まで，日本の鉄道130年の発展を，技術の進歩がもつ意味を社会との関わりの中に確かめながら，改めて見直したユニークな技術文化史

J.キーガン／井上堯裕訳

54 **戦争と人間の歴史**

人間はなぜ戦争をするのか？

2000　264-9　四六上製　205頁　￥2000

人間はなぜ戦争をするのか？　人間本性にその起源を探り，国家や個人と戦争の関わりを考え，現実を見つめながら「戦争はなくなる」と結論づける。原本は豊かな内容で知られるＢＢＣ放送の連続講演（1998年）

M.シェーファー／大津留厚監訳・永島とも子訳

55 **エリザベート―栄光と悲劇**

2000 ＊265-6 四六上製 183頁 ￥2000

ハプスブルク朝の皇后“シシー”の生涯を内面から描く。美貌で頭が良く，自信にあふれ，決断力を持ちながらも孤独に苦しんでいた。従来の映画や小説では得られない“変革の時代”に生きた高貴な人間像

地中海学会編

56 **地中海の暦と祭り**

2002 230-4 四六上製 285頁 ￥2500

季節の巡行や人生・社会の成長・転変に対応する祭は暦や時間と深く連関する。その暦と祭を地中海世界の歴史と地域の広がりの中でとらえ，かつ現在の祭慣行や暦制度をも描いた，歴史から現代までの「地中海世界案内」

堀　敏一

57 **曹　　操**

三国志の真の主人公

2001 ＊283-0 四六上製 220頁 ￥2800

諸葛孔明や劉備の活躍する『三国志演義』はおもしろいが，小説であって事実ではない。中国史の第一人者が慎重に選んだ“事実は小説よりも奇”で，人間曹操と三国時代が描かれる

P.ブラウン／宮島直機訳

58 **古代末期の世界** ［改訂新版］

ローマ帝国はなぜキリスト教化したか

2002 ＊354-7 四六上製 233頁 ￥2800

古代末期を中世への移行期とするのではなく独自の文化的世界と見なす画期的な書。鬼才P.ブラウンによる「この数十年の間で最も影響力をもつ歴史書！」(書評から)

宮脇淳子

59 **モンゴルの歴史** ［増補新版］

遊牧民の誕生からモンゴル国まで

2018 ＊446-9 四六上製 320頁 ￥2800

紀元前1000年に中央ユーラシア草原に遊牧騎馬民が誕生してから，現在21世紀のモンゴル系民族の最新情報までを1冊におさめた，世界初の通史。2017年には，モンゴルでも訳書完成

永井三明

60 **ヴェネツィアの歴史**

共和国の残照

2004 ＊285-4 四六上製 270頁 ￥2800

1797年「唐突に」姿を消した共和国。ヴェネツィアの1000年を越える歴史を草創期より説き起こす。貴族から貧困層まで，人々の心の襞までわけ入り描き出される日々の生活,etc.ヴェネツィア史の第一人者による書き下ろし

H.バイアス／内山秀夫・増田修代訳

61 **敵　国　日　本**

太平洋戦争時，アメリカは日本をどう見たか？

2001 286-X 四六上製 215頁 ￥2000

パールハーバーからたった70日で執筆・出版され，アメリカで大ベストセラーとなったニューヨークタイムズ記者の日本論。天皇制・政治経済・軍隊から日本人の心理まで，アメリカは日本人以上に日本を知っていた……

伊東俊太郎　［比較文明学叢書 3］

62 **文明と自然**

対立から統合へ

2002 293-2 四六上製 256頁 ￥2400

かつて西洋の近代科学は，文明が利用する対象として自然を破壊し，自然は利用すべき資源でしかなかった。いま「自から然る」自然が，生々発展して新しい地球文明が成る。自然と文明の統合の時代である

P.V.グロブ／荒川明久・牧野正憲訳

63 **甦る古代人**

デンマークの湿地埋葬

2002 298-3 四六上製 191頁 ￥2500

デンマーク，北ドイツなど北欧の寒冷な湿地帯から出土した，生々しい古代人の遺体（約700例）をめぐる“謎”の解明。原著の写真全77点を収録した，北欧先史・古代史研究の基本図書

大濱徹也

64 **庶民のみた日清・日露戦争**
帝国への歩み
2003　316-5　四六上製　265頁　￥2200

明治維新以後10年ごとの戦争に明けくれた日本人の戦争観・時代観を根底に，著者は日本の現代を描こうとする。庶民の皮膚感覚に支えられた生々しい日本の現代史像に注目が集まる。『明治の墓標』改題

喜安　朗

65 **天皇の影をめぐるある少年の物語**
戦中戦後私史
2003　312-2　四六上製　251頁　￥2200

第二次大戦の前後を少年から青年へ成長した多くの日本人の誰もが見た敗戦から復興の光景を，今あらためて注視する少年の感性と歴史家の視線。変転する社会状況をくぐりぬけて今現われた日本論

スーザン・W. ハル／佐藤清隆・滝口晴生・菅原秀二訳

66 **女は男に従うもの？**
近世イギリス女性の日常生活
2003　315-7　四六上製　285頁　￥2800

16～17世紀，女性向けに出版されていた多くの結婚生活の手引書や宗教書など（著者は男性）を材料に，あらゆる面で制約の下に生きていた女性達の日常を描く（図版多数集録）

G. スピーニ／森田義之・松本典昭訳

67 **ミケランジェロと政治**
メディチに抵抗した《市民＝芸術家》
2003　＊318-9　四六上製　181頁　￥2500

フィレンツェの政治的激動期，この天才芸術家が否応なく権力交替劇に巻き込まれながらも，いかに生き抜いたか？　ルネサンス美術史研究における社会史的分析の先駆的議論。ミケランジェロとその時代の理解のために

金七紀男

68 **エンリケ航海王子**　［品切］
大航海時代の先駆者とその時代
2004　322-X　四六上製　232頁　￥2500

初期大航海時代を導いたポルトガルの王子エンリケは，死後理想化されて「エンリケ伝説」が生れる。本書は，生身で等身大の王子とその時代を描く。付録に「エンリケ伝説の創出」「エンリケの肖像画をめぐる謎」の２論文も

H. バイアス／内山秀夫・増田修代訳

69 **昭和帝国の暗殺政治**
テロとクーデタの時代
2004　314-9　四六上製　341頁　￥2500

戦前，『ニューヨーク・タイムズ』の日本特派員による，日本のテロリズムとクーデタ論。記者の遭遇した5.15事件や2.26事件を，日本人独特の前近代的心象と見て，独自の日本論を展開する。『敵国日本』の姉妹篇

E. L. ミューラー／飯野正子監訳

70 **祖国のために死ぬ自由**
徴兵拒否の日系アメリカ人たち
2004　331-9　四六上製　343頁　￥3000

第二次大戦中，強制収容所に囚われた日系２世は，市民権と自由を奪われながら徴兵された。その中に，法廷で闘って自由を回復しアメリカ人として戦う道を選んだ人々がいた。60年も知られなかった日系人の闘いの記録

松浦高嶺・速水敏彦・高橋　秀

71 **学 生 反 乱**
―1969―　立教大学文学部
2005　335-1　四六上製　281頁　￥2800

1960年代末，世界中を巻きこんだ大学紛争。学生たちの要求に真摯に向合い，かつ果敢に闘った立教大学文学部の教師たち。35年後の今，闘いの歴史はいかに継承されているか？

神川正彦　［比較文明学叢書　5］

72 **比較文明文化への道**
日本文明の多元性
2005　343-2　四六上製　311頁　￥2800

日本文明は中国のみならずアイヌや琉球を含め，多くの文化的要素を吸収して成立している。その文化的要素を重視して“文明文化”を一語として日本を考える新しい視角

藤川隆男編
73 **白人とは何か？**
ホワイトネス・スタディーズ入門
2005 ＊346-2 四六上製 257頁 ￥2200

近年欧米で急速に拡大している「白人性研究」を日本で初めて本格的に紹介。差別の根源「白人」を人類学者が未開の民族を見るように研究の俎上に載せ，社会的・歴史的な存在である事を解明する多分野17人が協力

W. フライシャー／内山秀夫訳
74 **太平洋戦争にいたる道**
あるアメリカ人記者の見た日本
2006 349-1 四六上製 273頁 ￥2800

昭和初・中期の日本が世界の動乱に巻込まれていくさまを，アメリカ人記者の眼で冷静に見つめる。世界の動きを背景に，日本政府の情勢分析の幼稚とテロリズムを描いて，小社既刊『敵国日本』と対をなす必読日本論

白井洋子
75 **ベトナム戦争のアメリカ**
もう一つのアメリカ史
2006 ＊352-3 四六上製 258頁 ￥2500

「インディアン虐殺」の延長線上にベトナム戦争を位置づけ，さらに，ベトナム戦没者記念碑「黒い壁」とそれを訪れる人々の姿の中にアメリカの歴史の新しい可能性を見る。「植民地時代の先住民研究」専門の著者だからこその視点

L. カッソン／新海邦治訳
76 **図書館の誕生**
古代オリエントからローマへ
2007 ＊356-1 四六上製 222頁 ￥2300

古代の図書館についての最初の包括的研究。紀元前３千年紀の古代オリエントの図書館の誕生から，図書館史の流れを根本的に変えた初期ビザンツ時代まで。碑文，遺跡の中の図書館の遺構，墓碑銘など多様な資料は語る

英国王立国際問題研究所／坂井達朗訳
77 **敗北しつつある大日本帝国**
日本敗戦７ヵ月前の英国王立研究所報告
2007 ＊361-5 四六上製 253頁 ￥2700

対日戦略の一環として準備された日本分析。極東の後進国日本が世界経済・政治の中に進出，ファシズムの波にのって戦争を遂行する様を冷静に判断。日本文化社会の理解は，戦中にも拘わらず的確で大英帝国の底力を見る

史学会編
78 **歴 史 の 風**
2007 ＊369-1 四六上製 295頁 ￥2800

『史学雑誌』連載の歴史研究者によるエッセー「コラム 歴史の風」を１巻に編集。1996年の第１回「歴史学雑誌に未来から風が吹く」（樺山紘一）から昨2006年末の「日本の歴史学はどこに向かうのか」（三谷 博）まで11年間55篇を収載

青木 健→99巻『新ゾロアスター教史』
79 **ゾロアスター教史** ［絶版］
古代アーリア・中世ペルシア・現代インド
2008 ＊374-5 四六上製 308頁 ￥2800

本邦初の書下ろし。謎の多い古代アーリア人の宗教，サーサーン朝国教としての全盛期，ムスリム支配後のインドで復活，現代まで。世界諸宗教への影響，ペルシア語文献の解読，ソグドや中国の最新研究成果が注目される

城戸 毅
80 **百 年 戦 争**
中世末期の英仏関係
2010 ＊379-0 四六上製 373頁 ￥3000

今まで我が国にまとまった研究もなく，欧米における理解からずれていたこのテーマ。英仏関係及びフランスの領邦君主諸侯間の関係を通して，戦争の前史から結末までを描いた，本邦初の本格的百年戦争の全体像

R. オズボン／佐藤 昇訳
81 **ギリシアの古代**
歴史はどのように創られるか？
2011 ＊396-7 四六上製 261頁 ￥2800

最新の研究成果から古代ギリシア史研究の重要トピックに新しい光を当て，歴史学的な思考の方法，「歴史の創り方」を入門的に，そして刺戟的に紹介する。まずは「おなじみ」のスポーツ競技，円盤投げの一場面への疑問から始める

藤川隆男
82 人種差別の世界史
白人性とは何か？
2011 ＊398-1 四六上製 274頁 ￥2300
差別と平等が同居する近代世界の特徴を，身近な問題（ファッション他）を取り上げながら，前近代との比較を通じて検討。人種主義と啓蒙主義の問題，白人性とジェンダーや階級の問題などを，世界史的な枠組で解明かす

Ch. ビュヒ／片山淳子訳
83 もう一つのスイス史
独語圏・仏語圏の間の深い溝
2012 ＊395-0 四六上製 246頁 ￥2500
スイスは，なぜそしていかに，多民族国家・多言語国家・多文化国家になったのか，そのため生じた問題にいかに対処してきたか等々。独仏両言語圏の間の隔たりから語る，今までに無い「いわば言語から覗くスイスの歴史」

坂井榮八郎
84 ドイツの歴史百話
2012 ＊407-0 四六上製 330頁 ￥3000
「ドイツ史の語り部」を自任する著者が，半世紀を超える歴史家人生で出会った人，出会った事，出会った本，そして様ざまな歴史のエピソードなどを，百のエッセイに紡いで時代順に語ったユニークなドイツ史

田中圭一
85 良寛の実像
歴史家からのメッセージ
2013 ＊411-7 四六上製 239頁 ￥2400
捏造された「家譜」・「自筆過去帳」や無責任な小説や教訓の類いが，いかに良寛像を過らせたか！ 良寛を愛し，良寛の眞実を求め，人間良寛の苦悩を追って，その実像に到達した，唯一，歴史としての良寛伝が本書である

A. ジョティシュキー／森田安一訳
86 十字軍の歴史
2013 ＊388-2 四六上製 480頁 ￥3800
カトリック対ギリシア東方正教対イスラームの抗争という，従来の東方十字軍の視点だけではなく，レコンキスタ・アルビショワ十字軍・ヴェンデ十字軍なども叙述，中世社会を壮大な絵巻として描いた十字軍の全体史

W. ベーリンガー／長谷川直子訳
87 魔女と魔女狩り
2014 ＊413-1 四六上製 480頁 ￥3500
ヨーロッパ魔女狩りの時代の総合的な概説から，現代の魔女狩りに関する最新の情報まで，初めての魔女の世界史。魔女狩りの歴史の考察から現代世界を照射する問題提起が鋭い。110頁を超える索引・文献・年表も好評

J.＝C. シュミット／小池寿子訳
88 中世の聖なるイメージと身体
キリスト教における信仰と実践
2015 ＊380-6 四六上製 430頁 ￥3800
中世キリスト教文明の中心テーマ！ 目に見えない「神性」にどのように「身体」が与えられたか，豊富な具体例で解き明かす。民衆の心性を見つめて歴史人類学という新しい地平を開拓したシュミットの，更なる到達点

W. D. エアハート／白井洋子訳
89 ある反戦ベトナム帰還兵の回想
2015 ＊420-9 四六上製 480頁 ￥3500
詩人で元米国海兵隊員の著者が，ベトナム戦争の従軍体験と，帰還後に反戦平和を訴える闘士となるまでを綴った自伝的回想の記録三部作第二作目 *Passing Time* の全訳。「小説ではないがそのようにも読める」(著者まえがき)

岩崎 賢
90 アステカ王国の生贄の祭祀 ［品切］
血・花・笑・戦
2015 ＊423-0 四六上製 202頁 ￥2200
古代メキシコに偉大な文明を打ち立てたアステカ人の宗教的伝統の中心＝生贄の祭りのリアリティに，古代語文献，考古学・人類学史料及び厳選した図像史料を駆使して肉迫する。本邦ではほとんど他に例のない大胆な挑戦

藤川隆男

91 **妖獣バニヤップの歴史**

オーストラリア先住民と白人侵略者のあいだで

2016 ＊431-5 四六上製 300頁＋カラー口絵８頁 ￥2300

バニヤップはオーストラリア先住民に伝わる水陸両生の幻の生き物。イギリスの侵略が進むなか，白人入植者の民話としても取り入れられ，著名な童話のキャラクターとなる。この動物の記録を通して語るオーストラリア史

ジョー・グルディ＆D.アーミテイジ／平田雅博・細川道久訳

92 **これが歴史だ！**

21世紀の歴史学宣言

2017 ＊429-2 四六上製 250頁 ￥2500

気候変動を始め現代の難問を長期的に捉えるのが歴史家本来の仕事。短期の視点が台頭する今，長期の視点の重要性の再認識を主張。歴史学研究の流れから，膨大な史料データ対応の最新デジタル歴史学の成果までを本書に

杉山博久

93 **直良信夫の世界**

20世紀最後の博物学者

2016 ＊430-8 四六上製 300頁 ￥2500

考古学，古人類学，古生物学，現生動物学，先史地理学，古代農業……。最後の博物学者と評されたその研究領域を可能な限り辿り，没後30年に顕彰。「明石原人」に関わる諸見解も紹介し，今後の再評価が期待される

永田陽一 野球文化學會学会賞受賞

94 **日系人戦時収容所のベースボール**

ハーブ栗間の輝いた日々

2018 ＊439-1 四六上製 210頁 ￥2000

「やる者も見る者もベースボールが本気だった」カリフォルニアから強制立ち退きでアメリカ南部の収容所に送られた若者たち。屈辱の鉄条網のなかで生き延びるための野球に熱中，数千の観衆を前に強豪チームを迎え撃つ

三佐川亮宏

95 **紀元千年の皇帝**

オットー三世とその時代

2018 ＊437-7 四六上製 430頁＋カラー口絵２頁 ￥3700

その並外れた教養と知性の故に，「世界の奇跡」と呼ばれた若き皇帝。彼の孤高にして大胆な冒険に満ちた儚い生涯と，「紀元千年」の終末論の高揚する中世ローマ帝国の世界に，今日のヨーロッパ統合の原点を探る旅

山﨑耕一

96 **フランス革命**

「共和国」の誕生

2018 ＊443-8 四六上製 370頁 ￥3000

「革命前夜のフランスの状況」から説かれる本書。１冊で，「革命」とは何か，複雑なフランス革命の諸々の動きと人々の生き方，共和国の成立からナポレオンの登場，帝政の開始までの，すべてを理解できる革命史が完成

ヒュー・ボーデン／佐藤昇訳

97 **アレクサンドロス大王**

2019 ＊442-1 四六上製 234頁 ￥2300

歴史の中に浮び上る真の姿。「西アジアで発見の重要文書から，アレクサンドロスは基本的に「西洋的な人物」であると考えなくなる」と，著者。最新の研究成果を踏まえ旧来のアレクサンドロス像に異議を唱えた入門書

トーマス・W. アルフォード／中田佳昭・村田信行訳

98 **インディアンの「文明化」**

ショーニー族の物語

2018 ＊438-4 四六上製 300頁 ￥3000

小さな部族のエリートが「白人的価値」と「インディアンの価値」の中で苦悩し翻弄されながら，両者の懸け橋を目指して懸命に生きた姿。アメリカ白人社会への強制的同化を受け入れ生き残る ⇒ 現代社会への問いかけ？

青木 健

99 **新ゾロアスター教史**

古代中央アジアのアーリア人・中世ペルシアの神聖帝国・現代インドの神官財閥

2019 ＊450-6 四六上製 370頁 ￥3000

10年前の本邦初の書下ろし（本全書79巻）が既に品切れて，全面改稿！ 最新の研究成果と巻末に詳細な日本におけるゾロアスター教研究の現状を記録。旧版の良さを生かしながら，本来の諸言語の音を取り入れる

森田安一

100 スイスの歴史百話☆

2021 ＊462-9 四六上製 310頁 ￥2700

ヨーロッパの中央に位置するスイスの歴史は，周囲の大国との関係を無視して語ることはできない。あえて，いやむしろスイスから語った百遍の歴史エピソードから，連綿と続くヨーロッパの物語を浮かび上がらせた

永田雄三

101 トルコの歴史〈上〉〈下〉

2023 〈上〉＊479-7〈下〉＊480-3 四六上製 上下共300頁 ￥2700

世界でも傑士のトルコ史研究者渾身の通史。匈奴，突厥などモンゴル高原から中央ユーラシアへ展開した騎馬遊牧民の一部トルコ系民族が，西へ移動。民族性を保持しつつ移住先文化と融合，洋の東西に展開した壮大な歴史

S. パツォルト／甚野尚志訳

102 封建制の多面鏡

「封」と「家臣制」の結合

2023 ＊475-9 四六上製 200頁（仮）

（2023年6月刊行予定）

桜井万里子

103 古代ギリシア人の歴史

2023 ＊445-2 四六上製 370頁（仮）

（2023年7月刊行予定）

〈歴史・民族・文明〉

刀水歴史全書 101

トルコの歴史〈上〉

2023年3月31日　初版1刷発行

著　者　永田雄三
発行者　中村文江

発行所　株式会社 刀水書房
〒101-0065　東京都千代田区西神田2-4-1 東方学会本館
TEL 03 3261-6190　FAX 03-3261-2234　振替00110-9-75805

印刷　亜細亜印刷株式会社
製本　株式会社ブロケード

 ISBN978-4-88708-479-7　C1322

《著者紹介》

永 田 雄 三　ながた　ゆうぞう

1939 年東京に生まれる。千葉大学文理学部卒業，慶応義塾大学大学院文学研究科修士課程修了，イスタンブル大学大学院文学研究科博士課程修了（PhD）。トルコ史専攻。東京外国語大学アジア・アフリカ言語文化研究所教授を経て，明治大学文学部教授。現在，公益財団法人東洋文庫研究員（1970 年～）

〔主著・論文〕

Muhsin-zâde Mehmed Paşa ve Âyânlık Müessesesi, Tokyo, 1976 (repr. İzmir, 1995).

Tarihte Âyânlar: Karaosmanoğulları Üzerinde Bir İnceleme, Ankara, 1997.

Tax Farm Register of Damascus Province in the Seventeenth Century: Archival and Historical Studies,（共著）Tokyo, Toyo Bunko, 2006.

『中東現代史Ⅰトルコ・イラン・アフガニスタン（世界現代史 11）』（共著）山川出版社 1982 年，『成熟のイスラーム社会（世界の歴史 15）』（共著）中央公論社 1998 年，『西アジア史Ⅱイラン・トルコ（新版世界各国史 9）』（編著）山川出版社 2002 年，『植民地主義と歴史学 ―― そのまなざしが残したもの』（共著）刀水書房 2004 年，『前近代トルコの地方名士 ―― カラオスマンオウル家の研究』刀水書房 2009 年，『世紀末イスタンブルの演劇空間 ―― 都市社会史の視点から』（共著）白帝社 2015 年

索　引

Ⅰ．　人名索引

II.　地名索引

カ 行

Ⅲ.　事項索引

サ　行

註

はじめに

(1) 三橋冨治男『トルコの歴史』紀伊國屋新書，1964 年。

(2) *The Cambridge History of Turkey*, 4 Vols., Cambridge University Press, Cambridge, UK, 2008-2013.

(3) 護雅夫「イスラム世界帝国の完成」『世界の歴史 7　イスラム世界の発展』筑摩書房，1961 年。

(4) 内藤智秀『西アジア民族史』今日の問題社，1943 年。

(5) 新井政美『オスマン VS ヨーロッパ――〈トルコの脅威〉とは何だったのか』講談社，2002 年。

(6) ロベール・マントラン（小山皓一郎訳）『トルコ史』白水社，1982 年。

(7) 永田雄三「第 13 回「トルコ歴史学大会」に参加して」『駿台史学』第 100 号，2000 年 3 月。

(8) 護雅夫・岡田英弘編『中央ユーラシアの世界』山川出版社，1990 年。

(9) 杉山正明『興亡の世界史 09　モンゴル帝国と長いその後』講談社, 2008 年。

(10) 松原正毅『遊牧の人類史――構造とその起源』岩波書店，2021 年。

第一章

(1) 林俊雄『興亡の世界史 02　スキタイと匈奴　遊牧の文明』講談社, 2007 年。

(2) 松原正毅『遊牧の人類史――構造とその起源』岩波書店，2021 年。

(3) 川瀬豊子「古代オリエント世界」永田雄三編『新版世界各国史 9　西アジア史Ⅱ　イラン・トルコ』山川出版社，2002 年。

(4) 杉山正明『岩波講座世界歴史 11　中央ユーラシアの統合』岩波書店，1997a 年。

(5) 森安孝夫『シルクロード世界史』講談社，2020 年。

(6) この事実を踏まえて，モンゴル高原をはじめとする北方の遊牧王朝と中国本土に拠った中国王朝の南北対峙がユーラシア東方史の基調を形作っていくという考え方から，最近，「東アジア」という言い方に代えて，西方の草原世

界との連続性を意識した「ユーラシア東方」という言い方が提唱されている。古松崇志『シリーズ中国の歴史　3 草原の制覇』岩波新書，2020 年。

（7）　カーター・V・フィンドリー（小松久男監訳，佐々木紳訳）『テュルクの歴史――古代から近現代まで』明石書店，2017 年。

（8）　同註（4）。

（9）　石田英一郎・江上波夫・岡正雄・八幡一郎『対談と討論　日本民族の起源』平凡社，1958 年。

（10）　佐原真『騎馬民族は来なかった』NHK ブックス，1993 年。

（11）　諫早直人『海を渡った騎馬文化――馬具から見た古代東北アジア』風響社，2010 年。

（12）　同上。

（13）　岸本美緒『中国の歴史』ちくま書房，2015 年。

（14）　古代史シンポジウム「発見・検証日本の古代」編集委員会編『騎馬文化と古代イノベーション』角川文化振興財団，2016 年。

（15）　護雅夫『遊牧騎馬民族国家――“蒼き狼”の子孫たち』講談社現代新書，昭和 42（1967）年。

（16）　林俊雄「草原世界の展開」小松久男編『新版世界各国史 4　中央ユーラシア史』山川出版社，2000 年。

（17）　同上。

（18）　同註（5）。

（19）　梅村担「オアシス世界の展開」小松久男編『中央ユーラシア史』山川出版社，2000 年。

（20）　同註（6）。

（21）　同註（16）。

（22）　梅村担『内陸アジア史の展開』山川出版社，1997 年。

（23）　堀川徹「トイ」小松久男他編『中央ユーラシアを知る事典』平凡社，2005 年。

（24）　同註（4）。

（25）　同註（19）。

（26）　同註（16）。

（27）　同註（5）。

(28) 安藤志朗「トルコ系諸王朝の国制とイスラム」板垣雄三監修・堀川徹編著『講座イスラム世界３　世界に広がるイスラム』栄光教育文化研究所，2002年。

(29) 同註（７）。

(30) 同註（６）。

(31) 同註（４）。

(32) こうした状況を，中国史家岡本は，結局「寒冷化で久しく混乱をきたしていた東西のアジアは，古代文明とは異なるイスラーム・唐という新たな広域秩序体系の成立でひとまずまとまりと安定を取り戻した」と総括している。岡本隆司『世界史序説――アジア史から一望する』筑摩書房，2018年。

(33) 同註（５）。

(34) 同註（32）。

(35) 同註（６）。

(36) 同註（４）。

(37) 同註（32）。

(38) 同註（16）。

(39) ウイグル史家梅村担は「紀元５，６世紀には確認でき10世紀以降さらに拡大するトルコ系民族の西方発展は，中央ユーラシア全域に及んだ。そして後代，アナトリア半島（小アジア）を中心として東欧の一部を含み，中東全体を制覇したオスマン・トルコ帝国の出現も，中央アジアのトルコ化，つまりトルコ族の住地の拡大にその大きな根源を持つといわなければならない」と述べている。梅村担「中央アジアのトルコ化」間野英二責任編集『アジアの歴史と文化８　中央アジア史』同朋舎，1999年。

(40) 同註（19）。

(41) 同註（５）。

(42) 同註（19）。

(43) 広辞苑　第六版。

(44) 同註（15）。

(45) 同註（７）。

(46) 松原正毅 「遊牧研究と地域研究」江川ひかり編『近現代ユーラシアにおける遊牧社会の変容に見る新生活原理の構築』（挑戦的萌芽研究〈課題番号

16K13279〉研究成果報告書，令和元年〈2019 年〉12 月）。

(47)　森安孝夫『興亡の世界史 05　シルクロードと唐帝国』講談社，2007 年。

(48)　伊東俊太郎『十二世紀ルネサンス』講談社，2006 年。

(49)　牧野信也訳『ハディース ── イスラーム伝承集成』（中央公論社，全 3 巻，1994 年／中公文庫 全 6 巻，2001 年）。

(50)　同註（5）。

(51)　同註（39）。

(52)　同註（22）。

(53)　山田ゆかり訳『幸福の知恵　クタドゥグ・ビリグ　トルコ民族の長編物語』明石書店，2018 年。

(54)　H. İnalcık, *The Ottoman Empire; The Classical Age 1300-1600*, London, 1973.

(55)　同註（7）。

(56)　同註（54）。

(57)　Linda T. Darling, *A History of Social Justice and Political Power in the Middle East, The Circle of Justice from Mesopotamia to Globalization*, London and New York, 2013.

(58)　同註（54）。

(59)　「この書物にはイスラムに改宗して以来約 1 世紀をへたころのテュルクが，自らをどのようにイスラム的な世界観や歴史の中に位置づけていたかをうかがわせる内容が含まれている。また，テュルクはすべて『旧約聖書』創世記に登場する大洪水の話で有名なノアの子であるヤペテの子孫であるとしており，この節はカーシュガリー以後もテュルクの歴史をイスラム教徒が書く場合に必ずといってよいくらい引用される伝説である」。井谷鋼造「トルコ民族の活動と西アジアのモンゴル支配時代」永田雄三編『新版世界各国史 9　西アジア史 II イラン・トルコ』山川出版社，2002 年。

(60)　杉山正明『モンゴル帝国の興亡下』講談社，1996 年。

(61)　同註（7）。

(62)　志茂碩敏「モンゴル帝国の支配と東西世界の交流」間野英二責任編集『アジアの歴史と文化 9　西アジア史』角川書店，2000 年。

(63)　志茂碩敏『モンゴル帝国史研究　正篇：中央ユーラシア遊牧諸政権の国家構造』東京大学出版会，2013 年。

(64)　宮脇淳子「大清帝国にいたる中国史概説」岡田英弘編『清朝とは何か』藤原書店，2009 年。

(65)　同註（７）。

(66)　杉山正明『遊牧民から見た世界史――民族も国境もこえて』日本経済新聞社，1997b 年。

第二章

（１）　林俊雄「草原世界の展開」小松久男編『新版世界各国史４　中央ユーラシア史』山川出版社，2000 年。

（２）　梅村担『内陸アジア史の展開』山川出版社，1997 年。

（３）　井谷鋼造「トルコ民族の活動と西アジアのモンゴル支配時代」永田雄三編『新版世界各国史９　西アジア史Ⅱ　イラン・トルコ』山川出版社，2002 年。

（４）　同上。

（５）　井上浩一『ビザンツ文明の継承と変容』京都大学出版会，2009 年。

（６）　川瀬豊子「古代オリエント世界」永田雄三編『新版世界各国史９　西アジア史Ⅱ　イラン・トルコ』山川出版社，2002 年。

（７）　永田雄三「オスマン帝国時代アナトリアの旅」『月刊シルクロード』6, 株式会社シルクロード，昭和 53 年（1978）6 月。

（８）　羽田正「東方イスラーム世界の形成と変容」永田雄三編『新版世界各国史９　西アジア史Ⅱ　イラン・トルコ』山川出版社，2002 年。

（９）　羽田正編『YAMAKAWA SELECTION イラン史』山川出版社，2020 年。

(10)　ニザーム・アルムルク（井谷鋼造・稲葉穣訳）『イスラム原典叢書　統治の書』岩波書店，2015 年。

(11)　同上。

(12)　カーター・Ｖ・フィンドリー（小松久男監訳，佐々木紳訳）『テュルクの歴史――古代から近現代まで』明石書店，2017 年。

(13)　Linda T. Darling, *A History of Social Justice and Political Power in the Middle East, The Circle of Justice from Mesopotamia to Globalization*, London and New York, 2013.

(14)　同註（12）。

(15)　同註（３）。

(16)　森安孝夫『シルクロード世界史』講談社，2020年。
(17)　オマル・ハイヤーム（小川 亮作訳）『ルバイヤート』岩波書店，1979年。
(18)　フィルドゥスィー（黒柳恒男訳）『王書――ペルシア英雄叙事詩』平凡社，昭和44年（1969年）。
(19)　同註（3）。
(20)　ニザーミー（岡田恵美子訳）『ホスローとシーリーン』平凡社，昭和52年（1977年）。
(21)　ニザーミー（岡田恵美子訳）『ライラとマジュヌーン』平凡社，1981年。
(22)　同註（3）。
(23)　清水宏祐「イラン世界の変容」永田雄三編『新版世界各国史9　西アジア史II　イラン・トルコ』山川出版社，2002年。
(24)　同註（12）。
(25)　マルコ・ポーロ（長澤和俊訳）『東方見聞録』小学館，1965年。
(26)　家島彦一『イブン・バットゥータの世界大旅行』平凡社，2003年。
(27)　永田雄三「トルコ」永田雄三・加賀谷寛・勝藤猛『世界現代史11　中東現代史I　トルコ・イラン・アフガニスタン』山川出版社，1982年。
(28)　永田雄三「中央アジアから西アジアへ」護雅夫・岡田英弘編『民族の世界史4　中央ユーラシアの世界』山川出版社，1990年。
(29)　堀井　優『近世東地中海の形成---マムルーク朝・オスマン帝国とヴェネツィア人』名古屋大学出版会，2022年。
(30)　同註（3）。
(31)　同註（28）。
(32)　三橋冨治男『トルコの歴史』紀伊國屋新書，1964年。
(33)　林佳世子『興亡の世界史10　オスマン帝国500年の平和』講談社，2008年。
(34)　同上。
(35)　伊東俊太郎『十二世紀ルネサンス』講談社，2006年。
(36)　同註（33）。
(37)　北川誠一「モンゴル-イスラーム-ヨーロッパ三極構造」川床睦夫責任編集『シンポジウム　イスラムとモンゴル』中近東文化センター，1989年。
(38)　菅原睦・太田かおり訳『デデ・コルクトの書――アナトリアの英雄物語集』

平凡社，2003 年。

(39)　同註（12）。

(40)　高橋保行『東方の光と影』春秋社，1991 年。

(41)　同上。

(42)　踊共二「ヨーロッパ世界の形成と変容」武蔵大学人文学部ヨーロッパ比較文化学科編『ヨーロッパ学入門（改訂版）』朝日出版社，2007 年。

(43)　Metin And, *Drama at the Crossroads*, Istanbul, 1991.

(44)　今松泰「Column 02 聖者と伝承」東長靖・今松泰『イスラームを知る 15 イスラーム神秘主義の輝き――愛と知の探究』山川出版社，2016a 年。

(45)　Jerry Brotton, "St George between East and West", MacLean, Gerald(ed.), *Re-orienting the Renaissance, Cultural Exchanges with the East*, New York, 2005.

(46)　Ahmet Yaşar Ocak, *İslâm-Türk İnançlarında Hızır yahut Hızır-İlyas Kültü*, İstanbul, 1985.

(47)　家島彦一『海域から見た歴史――インド洋と地中海を結ぶ交流史』名古屋大学出版会，2006 年。

(48)　Cingöz, Meltem "Hıdrellez", *İstanbul Ansiklopedisi*, Cilt 4; İstanbul, 1994.

(49)　同註（46）。

(50)　永田雄三通訳・江川ひかり記録「メティン・アンド氏連続講演会」『トルコ文化研究』創刊号，1986 年。

(51)　同註（23）。

(52)　今松泰「フロンティアと混沌の世界」東長靖・今松泰『イスラム神秘思想の輝き――愛と知の探究』山川出版社，2016b 年。

(53)　H. İnalcık, *Türklük Müslümanlık ve Osmanlı Mirası*, İstanbul, 2014.

(54)　三木亘『悪としての世界史』文藝春秋，2016 年。

(55)　安藤志朗 「トルコ系諸王朝の国制とイスラム」板垣雄三監修・堀川徹編著『講座イスラム世界 3　世界に広がるイスラム』栄光教育文化研究所，2002 年。

(56)　宮脇淳子『モンゴルの歴史――遊牧民の誕生からモンゴル国まで』刀水書房，2002 年。

(57)　堀川徹「モンゴル帝国とティムール帝国」小松久男編『中央ユーラシア史』

山川出版社，2000a 年。

(58)　堀川徹「VI　トルコ・モンゴル時代（11-19 世紀）西アジア社会の諸相　2. イクター制　ソユルガル制　ティマール制」間野英二責任編集『アジアの歴史と文化 9　西アジア史』同朋社，2000b 年。

(59)　佐口透『東西文明の交流 4　モンゴル帝国と西洋』平凡社, 昭和 45 年（1970 年）。

(60)　同註（58）。

(61)　同註（57）。

(62)　志茂碩敏「モンゴル帝国の支配と東西世界の交流」間野英二責任編集『アジアの歴史と文化 9　西アジア史』角川書店，2000 年。

(63)　志茂碩敏『モンゴル帝国史研究　正篇：中央ユーラシア遊牧諸政権の国家構造』東京大学出版会，2013 年。

(64)　杉山正明『興亡の世界史 09　モンゴル帝国と長いその後』講談社, 2008 年。

(65)　岩本佳子『帝国と遊牧民――近世オスマン朝の視座より』京都大学学術出版会，2019 年。

(66)　小笠原弘幸『オスマン帝国――繁栄と衰亡の 600 年史』中公新書, 2018 年。

(67)　宇野延浩・松田孝一「モンゴル帝国の成立と展開」小松久男他編『中央ユーラシア史研究入門』山川出版社，2018 年。

(68)　Judith Pfeiffer(ed.), *Politics, Patronage, and the Transmission of Knowledge in 13th-15th Century Tabriz,* Leiden, Brill, 2014.

(69)　同註（62）。

(70)　Kate Fleet, “Introduction” *The Cambridge History of Turkey*, Vol.1, Cambridge Univ. Press, Cambridge, UK, 2009.

(71)　Charles Melville, “Anatolia under the Mongols”, *The Cambridge History of Turkey*, Vol.1, Cambridge Univ. Press, Cambridge, UK, 2009.

(72)　同上。

(73)　Abdülkadir Yuvalı, “İlhanlılar” *Diyanet Vakfi İslâm Ansiklopedisi (DİA)*, 2020.

(74)　同註（13）。

(75)　志茂碩敏『モンゴル帝国史研究　序説――イル汗国の中核部族』東京大学出版会，1995 年。

第三章

（1） カーター・V・フィンドリー（小松久男監訳，佐々木紳訳）『テュルクの歴史 ── 古代から近現代まで』明石書店，2017年。

（2） 杉山正明『大モンゴルの世界』角川書店，1992年。

（3） 小山皓一郎「オスマン朝の始祖オスマンと「オスマン集団」の性格」『東洋学報』50巻3号，1967年。

（4） 林佳世子『興亡の世界史10　オスマン帝国500年の平和』講談社，2008年。

（5） 山崎洋・山崎淑子共訳『ユーゴスラビアの民話　II』恒文社，1980年。

（6） 同註（4）。

（7） 永田雄三「オスマン帝国支配下のバルカン」矢田俊隆編『世界各国史13 東欧史（新版）』山川出版社，1977年。

（8） 同註（4）。

（9） 米林仁「オスマン朝初期のベイレルベイリク制 ── アナドル・ベイレルベイリクの設置時期をめぐって」『アジア・アフリカ言語文化研究』24，1982年。

（10） 今澤浩二「オスマン朝初期における宰相制の展開」『オリエント』56／2，2013年。

（11） スティーブン・ランシマン（護雅夫訳）『コンスタンティノープル陥落す』みすず書房，1983年。

（12） 永田雄三「「イスラム世界」と地中海」『明大アジア史論集』10号，2005年。

（13） 原聖「精神史としての起源史 ── ブルターニュにとってのブリタニアとケルト」谷川稔編『歴史としてのヨーロッパ・アイデンティティ』山川出版社，2003年。

（14） 江川温「西欧の民族観とヨーロッパ・アイデンティティ」谷川稔編『歴史としてのヨーロッパ・アイデンティティ』山川出版社，2003年。

（15） すなわち，「オスマン帝国という存在が非ムスリム臣民にとっては「ローマ」であって，バシレイオスは「ローマ皇帝」であった。そして，メフメト2世もそのことを十分に知っていたのである」。藤波伸嘉「オスマンとローマ ── 近代バルカン史学史再考」『史学雑誌』122-6，2013年6月。

（16） すなわち，「ビザンツ帝国の特徴が専制君主であるとすれば，整った官僚制であり，それを支えていたのは「皇帝の奴隷」とみずから称していた官僚，

特に宦官であった。彼らは，皇帝に仕えることに自己の存在意義を見いだしていたのである」。井上浩一『ビザンツ文明の継承と変容』京都大学出版会，2009 年。

(17)　林佳世子『オスマン帝国の時代』山川出版社，1997 年。

(18)　ニッコロ・マキアヴェッリ（河島英昭訳）『君主論』岩波書店，1998 年。

(19)　同註（4）。

(20)　イスタンブルの語源はギリシア語の「イス・ティン・ポリン（「町へ」）であるが，オスマン帝国時代は，コスタンティニイェ，あるいは王朝風に「スルタン陛下の居所」など多くの風雅な名で呼ばれていた。この町がいつ現在の名前に改名されたのかを特定することは不可能で，特定の法令や規則によるものではない。

(21)　小笠原弘幸『オスマン帝国――繁栄と衰亡の 600 年史』中央公論新社，2018 年。

(22)　陳舜臣『イスタンブール』文藝春秋，1998 年。

(23)　川本は，オスマン朝におけるトプカプ宮殿の建設にいたる歴史を概観し，まず「15 世紀以前のアナトリアの人びとは都市内には高層の楼閣を備えた小規模な宮殿を造営し，あわせて中小の建造物が点在する郊外や牧地の庭園を活動の場とした」と述べる。これに続いて，「中庭とそこでの儀礼を主眼にした新式の宮殿は，イスタンブルのトプカプ宮殿ではなく，そこから数十年代を遡ったエディルネ旧宮殿においてすでに誕生していた。（中略）エディルネ宮殿は，ティムールがケシュに築かせた「白の宮殿」が巨大な中庭とその正面に謁見空間を備えた構成を取っており，何らかのモデルとなっていた可能性」があるという。川本はさらに，「9 世紀にアッバース朝が完成させた中庭を中心とする宮殿類型が，中央集権化を目指した大規模な儀礼空間を必要とした 15 世紀オスマン朝において再受容されたと考えられる。このようにしてオスマン朝ではエディルネ旧宮殿からエディルネ新宮殿，そしてトプカプ宮殿へと続く中庭型宮殿の系譜が誕生した」と総括して，イスラム世界の宮殿建築史におけるトプカプ宮殿の位置を定めている。中庭の機能が重要視されたのは，臣下であるイェニチェリを主体とする常備軍団（後述）と謁見する場としての広い空間が必要だったからである。川本は，さらに，トプカプ宮

殿の台所史料を駆使して，オスマン朝のスルタンたちが宮殿を離れて長期間郊外の牧地に滞在したことを明らかにし，「ルーム・セルジューク朝やサファヴィー朝などの諸王朝が慣習としていた牧地滞在とその儀礼的活用は，オスマン朝にも程度の差こそあれ受け継がれていたと考えられるのである」と，オスマン朝が「遊牧的王権」の性格をわずかながら維持していることを指摘している。川本智史『オスマン朝宮殿の建築史』東大出版会，2016 年。

(24)　同註（12）。

(25)　Faruk Sümer（護雅夫訳）「アナトリア移住前後のチュルク ── オグズ族」『内陸アジア史論集』，1964 年。

(26)　三橋冨治男「オスマン・トルコ初期におけるアナトリアとマワラン・ナフルの学術交流」『史学』32 巻 2 号，1959 年，7 月。

(27)　堀川徹「オスマン朝とティムール朝 ── その政治的・文化的関わり」『日本トルコ友好協会　ニューズレター』第 6 号，2011 年 4 月。

(28)　Halil İnalcık “The Ottoman Civilization and Palace Patronage”, Halil İnalcık & Günsel Renda (eds.), *Ottoman Civilization*, Vol. 1, Ankara, 2004.

(29)　Mark Pinson, (ed.), *The Muslims of Bosnia-Herzegovina*, Harvard University Press, Cambridge, Massachusetts, 1994.

(30)　マーク・マゾワー（井上廣美訳）『バルカン ── ヨーロッパの火薬庫の歴史』中央公論新社，2017 年。

(31)　秋山晋吾「オスマン帝国のバルカン」南塚信吾他編『新しく学ぶ西洋の歴史 ── アジアから考える』ミネルヴァ書房，2016 年。

(32)　永田雄三「バルカンにおけるイスラームの拡大」板垣雄三監修・堀川徹編著『講座イスラム世界 3　世界に広がるイスラーム』栄光教育文化研究所，2002b 年。

(33)　同註（29）。

(34)　堀井優『近世東地中海の形成 ── マムルーク朝・オスマン帝国とヴェネツィア人』名古屋大学出版会，2022 年。

(35)　同註（1）。

(36)　鈴木董『オスマン帝国 ── イスラム世界の「柔らかい専制」』講談社，1992 年。

(37)　永田雄三「暮らしのなかのオスマン帝国」永田雄三・羽田正『成熟のイス

ラーム社会』中央公論社，1998 年。
(38)　三橋冨治男『オスマン＝トルコ史論』吉川弘文館，1966 年。
(39)　Abdülkadir Özcan, “Devşirme”, *DİA*, 1994.
(40)　ジョン・ダーウィン（秋田茂他訳）『ティムール以後――世界帝国の興亡 1400-2000 年』国書刊行会，2020 年。
(41)　同註（4）。
(42)　小笠原弘幸「オスマン朝におけるテュルクの系譜――オグズ伝承から「系譜書」へ」小松久男編『テュルクを知るための 61 章』明石書店　2020 年。
(43)　同註（4）。
(44)　鈴木董『オスマン帝国とイスラム世界』東京大学出版会，1997 年。
(45)　同註（4）。
(46)　同註（4）。
(47)　Linda T. Darling, *A History of Social Justice and Political Power in the Middle East, The Circle of Justice from Mesopotamia to Globalization*, London and New York, 2013.
(48)　護雅夫「イスラム世界帝国の完成」『世界の歴史 7　イスラム世界の発展』筑摩書房，1961 年。
(49)　清水和裕『軍事奴隷・官僚・民衆――アッバース朝解体期のイラク社会』山川出版社，2005 年。
(50)　同註（44）。
(51)　同註（21）。
(52)　同註（49）。
(53)　同註（2）。
(54)　川本正知『モンゴル帝国の軍隊と戦争』山川出版社，2013 年。
(55)　護雅夫「Nökür 考――「チンギス・ハン国家」形成期における」『史学雑誌』61/8，1952 年。
(56)　志茂碩敏「モンゴル帝国の支配と東西世界の交流」間野英二責任編集『アジアの歴史と文化 9　西アジア史』同朋社，2000 年。
(57)　志茂碩敏『モンゴル帝国史研究　序説－イル汗国の中核部族』東京大学出版会，1995 年。
(58)　クリストファー・ベクウイズ（斉藤純男訳）『ユーラシア帝国の興亡――

世界史四千年の震源地』筑摩書房，2017 年。

(59) 荒井悠太「主従関係のアサビーヤ――イブン・ハルドゥーンの王朝論における非血縁的結合の分析」『東洋学報』第 102 巻第 1 号，2020 年 6 月。

(60) C. Max Kortepeter, *The Ottoman Turks: Nomad Kingdom to World Empire*, İstanbul, 1991.

(61) Günar, Zerrin, “Nöker”, *DİA*, 2007.

(62) Ömer Lütfi Barkan, *XV ve XVIıncı Asırlarda Osmanlı İmparatorluğunnda Ziraî Ekonominin Hukûkî ve Mâlî Esasları: Birinci Cilt Kanunlar*, İstanbul, 1945.

(63) 永田雄三「西アジア封建社会論」『中世史講座 5　封建社会論』学生社，昭和 60 年（1985a 年）。

第四章

(1) 林佳世子『興亡の世界史 10　オスマン帝国 500 年の平和』講談社, 2008 年。

(2) 宮武志郎「ユダヤ教徒ネットワークとオスマン朝」『岩波講座世界歴史 11　イスラーム・環インド洋世界』岩波書店，2000 年。

(3) 同註（1）。

(4) 小笠原弘幸『オスマン帝国――繁栄と衰亡の 600 年史』 中央公論新社，2018 年。

(5) 新谷英治「オスマン朝とイスタンブールの隆盛」間野英二編『アジアの歴史と文化 9　西アジア史』角川書店，2000 年。

(6) 同註（4）。

(7) 同註（1）。

(8) Faruk Sümer（護雅夫訳）「アナトリア移住前後のチュルク - オグズ族」『内陸アジア史論集』1964 年。

(9) 間野英二『バーブル――ムガル帝国の創設者』山川出版社，2013 年。

(10) 久芳崇『東アジアの兵器革命　十六世紀中国に渡った日本の鉄砲』吉川弘文館，2010 年。

(11) 佐々木紳「オスマン帝国の歴史と近世」清水光明編『「近世化」論と日本――「東アジア」の捉え方をめぐって』勉誠出版，2015 年。

(12) 同註（1）。

(13)　しかし，長谷部史彦によれば，スレイマン一世の大宰相リュトフィ・パシャ（在任 1539 ～ 41）は「強大な力をもち，イスラームの信仰を守護し，勧善懲悪を旨とする公正なスルタンは，クライシュ族出身でなくてもカリフとなりうる」という政治論を著してスルタンがカリフをかねる「スルタン＝カリフ制」を正当化したという。長谷部史彦『オスマン帝国治下のアラブ社会』山川出版社，2017 年。

(14)　同註（1）。

(15)　家島彦一『イスラム世界の成立と国際商業――国際商業ネットワークの変動を中心に』岩波書店，1991 年。

(16)　佐藤次高『マムルーク』東京大学出版会，1991 年。

(17)　加藤和秀「モンゴル人のイスラム観」川床睦夫責任編集『シンポジウム　イスラムとモンゴル』中近東文化センター，1989 年。

(18)　板垣雄三『歴史の現在と地域学――現代中東への視角』岩波書店, 1992 年。

(19)　Kate Fleet, "Introduction" *The Cambridge History of Turkey*, Vol.1, Cambridge Univ. Press, Cambridge, UK, 2009.

(20)　三橋冨治男「オスマン帝国とヨーロッパ」『岩波講座世界歴史 15　近代 2』岩波書店，1969 年。

(21)　「ヨハネ騎士修道会」『ブリタニカ国際大百科事典　小項目事典　6　ホエーワン』ＴＢＳブリタニカ，1974 年。

(22)　桃井治郎『海賊の世界史――古代ギリシアから大航海時代，現代ソマリアまで』中公新書，2017 年。

(23)　同註（18）。

(24)　同註（18）。

(25)　新井政美『オスマン VS ヨーロッパ――〈トルコの脅威〉とは何だったのか』講談社，2002 年。

(26)　永田雄三「マルティン・ルターはなぜころされなかったのか」歴史教育者協議会編『100 問 100 答・世界の歴史』河出書房新社，1990b 年。

(27)　堀川徹「シャイバーン朝とオスマン帝国」『西南アジア研究』34 号, 1991 年。

(28)　同上。

(29)　永田雄三「暮らしのなかのオスマン帝国」永田雄三・羽田正『成熟のイス

ラーム社会』中央公論社，1998 年。

(30) 堀川徹「オスマン朝とティムール朝――その政治的・文化的関わり」『日本トルコ友好協会　ニューズレター』第 6 号，2011 年 4 月。

(31) 川本智史『オスマン朝宮殿の建築史』東京大学出版会，2016 年。

(32) ニザーム・アルムルク（井谷鋼造・稲葉穣訳）『イスラム原典叢書　統治の書』岩波書店，2015 年。

(33) 佐々木紳「歴史のなかのギュルハーネ勅令」『歴史評論』824 号，2018a 年 12 月。

(34) 佐々木は，この八連句を紹介するにあたって，「リンダ・ダーリングによれば，それは古代オリエントのシュメール法に兆し，サーサーン朝期に体系化されてイスラーム諸王朝に継承され，さらにオスマン帝国期にいたって「正義の輪」（中略）と名付けられた」と述べている。佐々木紳「オスマン帝国とデモクラシー」『史潮』84 号 2018 b 年 12 月。

(35) 同註（1）。

(36) 同註（4）。

(37) 同註（1）。

(38) 同註（1）。

(39) 同註（4）。

(40) 同註（29）。

(41) 同註（1）。

(42) 松尾有里子「オスマン朝中期におけるウレマー：専門的職業ヒエラルヒーの形成とその担い手たち」『お茶の水史学』39，1996 年 11 月。

(43) 松尾有里子「16 世紀後半のオスマン朝におけるカザーの形成とカーディー職――『ルメリ・カザスケリ登録簿』の分析を通じて」『史学雑誌』108-7，1999 年 7 月。

(44) 林佳世子『オスマン帝国の時代』山川出版社，1997 年。

(45) 小野浩「とこしえなる天の力のもとに」『岩波講座世界歴史 11　中央ユーラシアの統合』岩波書店，1997 年。

(46) カーター・V・フィンドリー（小松久男監訳，佐々木紳訳）『テュルクの歴史――古代から近現代まで』明石書店，2017 年。